Der Archivar

Mitteilungsblatt für deutsches Archivwesen

herausgegeben vom Nordrhein-Westfälischen Hauptstaatsarchiv

Beiband 3

Vom Findbuch zum Internet

Erschließung von Archivgut vor neuen Herausforderungen

Referate des 68. Deutschen Archivtags

23. – 26. September 1997
in Ulm

veranstaltet vom
Verein deutscher Archivare

Verlag Franz Schmitt Siegburg
1998

Verein deutscher Archivare

Redaktion dieses Bandes: Diether Degreif

in Verbindung mit
Peter Dohms, Antjekathrin Graßmann, Reiner Groß, Wilfried Reininghaus,
Heiner Schmitt, Gerhard Taddey

Satz und Layout: Susanne Heil

Die Deutsche Bibliothek – CIP-Einheitsaufnahme

Vom Findbuch zum Internet: Erschließung von Archivgut vor neuen
Herausforderungen; Referate des 68. Deutschen Archivtags, 23.–26. September 1997
in Ulm / veranst. vom Verein deutscher Archivare.
[Red. dieses Bd.: Diether Degreif ...].
– Siegburg: Schmitt, 1998 (Der Archivar; Beibd. 3)
ISBN 3-87710-188-7

DER ARCHIVAR. Mitteilungsblatt für das deutsche Archivwesen.

Herausgegeben vom Nordrhein-Westfälischen Hauptstaatsarchiv, Zweigarchiv Schloß Kalkum.
Schriftleitung: Peter Dohms in Verbindung mit Ottfried Dascher, Antjekathrin Graßmann, Renate
Köhne-Lindenlaub, Norbert Reimann und Hans Schmitz. Druck und Vertrieb: Franz Schmitt,
Siegburg.

Vorwort

Mit diesem Band legt der Verein deutscher Archivare zum dritten Mal in Folge eine geschlossene Dokumentation über den im Jahr zuvor veranstalteten Deutschen Archivtag vor. Sie enthält den Text des vielbeachteten Eröffnungsvortrags des Bundesbeauftragten für die Unterlagen des Staatssicherheitsdienstes der ehemaligen DDR Joachim Gauck, die Referate der beiden gemeinsamen Arbeitssitzungen, der vier Sektionssitzungen sowie eine Dokumentation des Forums Gehobener Dienst. Die insgesamt 33 Einzelbeiträge machen das breite Spektrum des Archivtags unter dem Rahmenthema „Vom Findbuch zum Internet – Erschließung von Archivgut vor neuen Herausforderungen" deutlich. Es lag dabei wie bei den vorhergehenden Bänden in der Entscheidung der Referenten, ob sie ihren Beitrag in der Vortragsform belassen oder aber für die Veröffentlichung überarbeiten und ggf. durch Quellennachweise etc. ergänzen wollten. Ich danke allen Beteiligten noch einmal, daß Sie sich als Referentinnen und Referenten auf dem Archivtag zur Verfügung gestellt haben und darüber hinaus unserer Bitte zur Erstellung einer Druckfassung nachgekommen sind. Der zusammenfassende Tagungsbericht sowie die Berichte über die Fachgruppensitzungen und die dort gehaltenen Referate wurden wie bisher in den regulären Heften der Zeitschrift „Der Archivar" veröffentlicht.

Durch diesen „Beiband 3" der Zeitschrift „Der Archivar" nimmt das vor einigen Jahren vom Vorstand entwickelte Konzept, nämlich die Deutschen Archivtage als die zentralen regelmäßig stattfindenden Fachveranstaltungen im Archivbereich, die größten ihrer Art in Europa, in einer fortlaufenden Reihe zu dokumentieren, allmählich Gestalt an. Auch in den kommenden Jahren soll dieser Weg fortgesetzt werden.

An der Redaktion dieses Bandes haben neben Herrn Dr. Diether Degreif, dem Schriftführer des Vereins, und Herrn Dr. Peter Dohms, dem Schriftleiter der Zeitschrift „Der Archivar", die jeweiligen Sitzungsleiter mitgewirkt. Satzherstellung und Layout lagen wieder in den bewährten Händen von Frau Susanne Heil. Ihnen allen möchte ich für Ihre Mitarbeit herzlich danken.

Münster, im August 1998

Dr. Norbert Reimann
Vorsitzender

Inhalt

68. Deutscher Archivtag 1997 in Ulm

Eröffnung

Gemeinsame Arbeitssitzung
unter Leitung von *Diether Degreif*

Archivische Findmittel: Die Arbeit der Archivare und die Erwartungen der Benutzer
Sektionssitzung unter Leitung von *Antjekathrin Graßmann*

Effizienz durch Kooperation
Sektionssitzung unter Leitung von *Reiner Groß*

Massenakten zur Zeitgeschichte
Gemeinsame Arbeitssitzung unter Leitung von *Gerhard Taddey*

Dokumentation „Forum Gehobener Dienst"

mit Beiträgen von.
Dorothee Le Maire (Stadtarchiv Ettlingen), *Horst Gehringer* (Stadtarchiv München), *Annelie Jägersküpper* (Gemeindearchiv Rheinstetten)

Anhang

Eröffnung des 68. Deutschen Archivtags in Ulm

Norbert Reimann
„Vom Findbuch zum Internet" – Erschließung von Archivgut
vor neuen Herausforderungen. Zur Wahl des Rahmenthemas
für den 68. Deutschen Archivtag 1997 in Ulm[1]

Zwischen den beiden Ulmer Archivtagen von 1970 und heute liegt die
Zeitspanne von mehr als einem Vierteljahrhundert. Daher bietet es sich an,
Vergleiche zu ziehen, um Kontinuität und Wandel unserer Fachtagung zu
beleuchten. Mit 420 Teilnehmern hatte der Ulmer Archivtag von 1970 einen
Rekord zu verzeichnen. Für den diesjährigen Archivtag haben sich ca. 830
Teilnehmerinnen und Teilnehmer angemeldet, so daß sich die Zahl knapp
verdoppelt hat. Daß sich die Teilnehmerzahlen an den Deutschen Archivtagen seit einigen Jahren in einer Größenordnung zwischen 800 und 900 einge-
pendelt haben und nicht rückläufig sind, ist zweifellos bemerkenswert, sind
doch die Träger sowohl der öffentlichen wie der privaten Archive auf Grund
der angespannten Haushaltslage bei der Genehmigung von Dienstreisen
sicherlich kritischer und restriktiver geworden. Ich deute dies als Zeichen
dafür, daß Form und Inhalt der Archivtage an aktuellen Problemen ausgerichtet sind und im großen und ganzen – bei aller möglichen Kritik im einzelnen – den Erwartungen zu entsprechen scheinen.

Der inhaltliche Vergleich zwischen beiden Tagungen ist insofern interessant,
als damals wie heute die archivische Erschließung zentraler Gegenstand der
Beratungen war bzw. sein wird. Dies beweist, daß die Erörterung unserer
fachlichen Kernaufgaben von gleichbleibender Aktualität ist. „Das Erschlie-
ßungsangebot der Archive" und „Die Publikation von Erschließungsmitteln"
waren die Themen der beiden gemeinsamen Arbeitssitzungen 1970. Die Ausführungen der 13 Haupt- und Ko-Referenten der damaligen Sitzungen – von
denen übrigens sechs auch heute wieder anwesend sind – , die man in der
Zeitschrift „Der Archivar" nachlesen kann, konzentrierten sich auf das Pro-

---

1 Auszug aus der Begrüßungsansprache zur Eröffnung des Archivtages. – Die hier dargelegten
   Gedanken wurden z. T. bereits kurz zuvor im Festvortrag des Verfassers zum 75 jährigen
   Jubiläum des Vereins Schweizerischer Archivare und Archivarinnen (VSA) am 11. 9. 1997 in
   Zug unter dem Titel „Die Archive in der heutigen Gesellschaft" vorgetragen und unter dem
   gleichen Titel in einer Sonderveröffentlichung des VSA 1998 publiziert.

blem einer an den Bedürfnissen der Benutzer orientierten Erschließung sowie die Erschließung von Massenakten. Beides steht auch in diesem Jahr im Mittelpunkt. Hingegen spielte die Informationstechnik, d.h. die EDV, für die archivische Erschließungsarbeit damals praktisch noch keine Rolle. Der technische Aspekt beschränkte sich auf den Einsatz des Mikrofilms bei der Publikation archivischer Quellen. Ich bin überzeugt, daß sich interessante Vergleichsmöglichkeiten ergeben, wenn auch die Referate des diesjährigen Archivtags gedruckt vorliegen.

„Vom Findbuch zum Internet – Erschließung von Archivgut vor neuen Herausforderungen", so hat der Vorstand des VdA den diesjährigen Archivtag überschrieben. Er wollte dadurch akzentuieren, daß es sowohl darum geht, die traditionellen Methoden der Erschließung, nämlich die Erstellung von provenienzorientierten oder sachthematischen Inventaren, mit zeitgemäßen Mitteln weiterzuentwickeln, als auch darum, neue Formen und Wege des Zugangs zu archivischen Quellen zu finden und aufzuzeigen, die sich zum einen aus der technologischen Entwicklung ergeben, zum anderen aber durch neue oder geänderte Fragestellungen, die an die Archive heute herangetragen werden, erforderlich geworden sind.

Maßstab für die Effizienz und Zweckmäßigkeit der archivischen Erschließungsmethoden sind nach wie vor die Erwartungen und Ansprüche, die die potentiellen Benutzer an die Archive herantragen.

Dabei ist zu bedenken, daß sich die Benutzerstruktur in den letzten Jahren nachhaltig diversifiziert hat. Neben den klassischen Benutzergruppen wie Historiker, Heimat- und Familienforscher sind neue getreten: Schülergruppen, Projektgruppen von Volkshochschulen und Vereinen, einzelne interessierte Bürger, aber auch in zunehmendem Maße Forscher aus anderen Bereichen wie den Sozialwissenschaften, der Volkskunde, Architektur, des Umweltschutzes und viele andere kommen heute häufiger als früher in die Archive.

Entscheidendere Faktoren jedoch für eine geänderte Bedeutung der Archive im Bewußtsein der Öffentlichkeit sind die politischen Veränderungen der letzten Jahre. So werden seit der sogenannten „Wende" die Staats-, Kommunal- und Wirtschaftsarchive in den neuen Bundesländern von Besuchern und Anfragen, die keine historischen Anliegen haben, sondern auf die realen Lebensbedingungen der Bevölkerung ausgerichtet sind, bis an die Grenze ihrer Leistungsfähigkeit gefordert. Eigentumsnachweise, Arbeits- und Rentennachweise und politische Rehabilitierung sind die wichtigsten Anliegen.

Ich denke, der gleich folgende Eröffnungsvortrag von Herrn Joachim Gauck wird den letzten Aspekt der archivischen Arbeit besonders beleuchten, so daß ich an dieser Stelle darauf nicht weiter eingehen muß.

Unsere heutige Gesellschaft ist eine Informationsgesellschaft. Erhebung, Vorhaltung und Vermittlung von Informationen haben in ihr einen hohen Stellenwert, mit schon seit Jahren kontinuierlich steigender Tendenz.

Kaum eine Institution hält eine solche Fülle an Informationen bereit wie ein Archiv. Allerdings unterscheiden sich archivische Informationen in mancherlei Hinsicht von Informationen in Datenbanken und Dokumentationsstellen. Letzte werden in der Regel abstrakt vorgehalten. Nur die Information als Inhalt ist relevant. Sie muß oder sollte zumindest korrekt sein, die Form ihrer Überlieferung ist jedoch austauschbar. Anders bei archivischer Information: Hier ist die Information an ein konkretes Medium, den Informationsträger, und an einen bestimmten Kontext gebunden. Die Vermittlung von archivischer Information ist dadurch schwieriger und aufwendiger. Die Information selbst ist dafür aber umfassender, aussagekräftiger und durch den Sachzusammenhang eher vor falscher Interpretation oder mißbräuchlicher Auswertung geschützt.

Aufgabe der Archive ist es, diese kontext- und mediumgebundenen Informationen in geeigneter Weise der Gesellschaft nach ihren unterschiedlichen Fragestellungen und Ansprüchen zugänglich zu machen. Hier ist die fachliche Beratung des Archivars gefragt, der den Benutzer vorurteilsfrei und objektiv zu den gesuchten Quellen und Informationen führen und ihm ggf. auch bei der Entschlüsselung der Texte – dies beziehe ich nicht in erster Linie auf die Paläographie – unterstützen sollte. Neben der Bewertung dürfte dieses der Bereich sein, in dem die archivarische Berufsethik in besonderer Weise zum Tragen kommt.

Es kann nicht von jedem Benutzer verlangt werden, sich über Provenienz oder Behördengeschichte eines bestimmten Archivbestandes vor der Benutzung zu informieren. Vielfach erwartet dieser auch nur eine Antwort auf eine punktuelle Frage. Die Archive sollten in der Lage sein, auch auf solche Fragen, die z.B. oft von der Presse oder aus den Büros der politischen Repräsentanten an sie gerichtet werden, schnell und präzise Auskunft zu geben. Hierdurch können sie ihr Ansehen in der Öffentlichkeit nachhaltig festigen und ihre Kompetenz als informationsverwaltende Fachdienststelle unter Beweis stellen.

Dieser zuletzt angesprochene Punkt führt uns bereits direkt zu dem Aspekt der Archive als Service-Einrichtungen. Professionelle Dienstleistungen spielen in unserer Zeit eine immer wichtigere Rolle. Professionalität und Engagement, nicht laienhafte Begeisterung sind heute gefragt. Auch Archive müssen den deutlich gestiegenen Ansprüchen der Gesellschaft unter diesem Gesichtspunkt gerecht werden. Zunächst einmal ist festzuhalten, daß in den meisten Ländern dem Bürger heute durch die Archivgesetzgebung ein generelles Recht auf Benutzung öffentlicher Archive zusteht, selbst wenn dieses hin und wieder durch Forderung nach der Glaubhaftmachung eines sog. „berechtigten Interesses" formal eingeschränkt sein sollte. Der Benutzer – und damit prinzipiell jedes Glied der Gesell-schaft – ist damit nicht mehr Bitt- oder Antragsteller, dem der Souverän vertreten durch den Archivar – die Einsicht in die Unterlagen der öffentlichen Gewalt sozusagen als „Gnadenakt" bewilligt. Dies ist sicherlich ein bedeutsamer Unterschied zu früher.

Leider zeigt die Praxis immer wieder, daß diese „Gnadenakt-Mentalität" in den Köpfen mancher Archivare an öffentlichen Archiven nach wie vor weit verbreitet ist. Gewiß, formale Regelungen muß es geben, zur Aufrechterhaltung eines geordneten Betriebsablaufes, zur Gleichbehandlung der Benutzer, zum Schutz des Archivgutes, zur Sicherung von Persönlichkeitsrechten und aus vielen anderen Gründen. Doch sollten alle Bestimmungen immer wieder daraufhin überprüft werden, ob sie wirklich noch notwendig und zeitgemäß sind und ob vieles nicht benutzerfreundlicher geregelt werden kann.

Öffentliches Archivgut gehört dort, wo Archivgesetze es zur Benutzung freigeben – und das ist inzwischen fast überall in Europa der Fall –, zweifellos zu jenen Quellen, aus denen sich der Bürger nach unserer Verfassung (Artikel 5 GG) frei und ungehindert zu informieren das Recht hat. Artikel 10 der Europäischen Menschrechtskonvention zielt in die gleiche Richtung. Mag es manchem Archivar bisweilen auch schwerfallen, seine wohlbehüteten Schätze jedem, der sie verlangt, vorlegen zu müssen (wobei konservatorische Belange und Sperrfristen selbstverständlich berücksichtigt sein müssen!) – die Archive sollten diese geänderte Rechtslage meiner Ansicht nach begrüßen, ist doch mit dem Recht des Bürgers auf Einsichtnahme in das Archivgut auch die Pflicht der Öffentlichen Hand verbunden, in geeigneter Weise für die Archive zu sorgen und die Rahmenbedingungen für optimale Benutzungsmöglichkeiten zu schaffen.

Aus dem oben angesprochenen Gesichtspunkt des kontext- und provenienzbezogenen Charakters des Archivgutes ergibt sich, daß das an der Provenienz und dem Überlieferungszusammenhang orientierte Findbuch der primäre sachgerechte Erschließungsweg für Archivgut ist. Dies sollte m.E. auch in Zukunft prinzipiell so bleiben. Die Frage ist jedoch, ob das maschinenschriftliche oder gedruckte Findbuch als solches *allein* künftig noch den Erwartungen der Benutzer gerecht werden kann. Wenn die verzeichneten Aktentitel auch in digitalisierter Form in Datenbanken verfügbar sind, ergeben sich vielfältige neue und zusätzliche Zugriffsmöglichkeiten, die dem Benutzer nicht vorenthalten werden sollten. Aus seinen Erfahrungen in Bibliotheken, Dokumentationsstellen, ja sogar Museen bringt er hohe Erwartungen mit, auf die auch die Archive eingehen müssen.

Zu bedenken ist zweifellos auch die Stellung der Archive innerhalb des Bereiches Archiv-Bibliothek-Dokumentation. Deren unterschiedliche Aufgaben wie auch deren Gemeinsamkeiten darf ich in diesem Kreise als bekannt voraussetzen. Im öffentlichen Bewußtsein sind die Gemeinsamkeiten zweifellos viel stärker als die Unterschiede verankert. Die unterschiedlichen Ansätze sollen nicht verwischt werden. Andererseits müssen wir aber zur Kenntnis nehmen, daß die Überschneidungsbereiche sich deutlich ausgeweitet haben und die Grenzen zwischen ihnen vielfach unscharf sind. Jedes öffentliche Archiv verfügt heute über eine Dokumentationsabteilung, in der ergänzendes dokumentarisches Material gesammelt und erschlossen wird. In den meisten Stadtarchiven z.B. sind die dokumentarischen Sammlungen oft die am häufigsten nachgefragten Bestände.

Daß die moderne Informationstechnologie zusätzlich den ABD-Bereich methodisch und inhaltlich näher zusammenrücken läßt, kommt hinzu. Die erste Arbeitssitzung am heutigen Vormittag wird dieser Frage besondere Aufmerksamkeit zuwenden.

Das Stichwort „Informationszeitalter" ist sicherlich kein leeres Schlagwort. Wir alle spüren, welchen Stellenwert Informationen, deren Sicherung und deren Vermittlung heute bei uns einnehmen. Informationsberufe haben daher Hochkonjunktur. Der Beruf des Archivars ist zweifellos zu den Informationsberufen zu rechnen. Er müßte somit ein moderner Zukunftsberuf in einer Branche mit nicht abzusehenden Wachstumsraten sein. Die immer noch weit verbreiteten Klischeevorstellungen vom Archivarsberuf als einer rückwärtsgewandten, nostalgischen Beschäftigung mit längst vergangenen Zeiten stehen dazu in einem absoluten Kontrast. Wir müssen uns – selbstkritisch – fragen, warum das so ist und ob wir genügend für die Vermittlung eines realistischen und zukunftsorientierten archivarischen Berufsbildes in der Öffentlichkeit tun.

Die Informationstechnologie überrollt uns in einem Maße, das 1970 sicherlich auch nicht in Ansätzen vorauszuahnen war. Während das Faxgerät, heute für jede Institution und für viele Privatleute selbstverständlich, vielleicht etwa fünf Jahre gebraucht hat, um sich allgemein durchzusetzen, erleben wir derzeit, wie der Internetanschluß sich geradezu lawinenartig ausbreitet. Wohin uns die technische Entwicklung in den nächsten Jahren noch führen wird und wann – endlich – einmal eine Beruhigung eintreten wird – ob überhaupt –, kann heute niemand von uns einschätzen. Sicher ist jedoch, daß sich die Archive permanent mit der Entwicklung auseinandersetzen müssen, wenn sie ihre gesellschaftliche Funktion ernst nehmen und nicht ins Abseits gedrängt werden wollen.

Die Fülle der Informationen, die erhoben und verbreitet werden, wächst in gleicher Weise lawinenartig. Die durch die Technik gegebenen Möglichkeiten der unbegrenzten Reproduzierbarkeit der Informationen, der Umformung, der Änderung (bis hin zur bewußten Verfälschung!), der Speicherung und der Vermittlung könnte dazu führen, daß auf kurz oder lang unserer Gesellschaft ein Informationschaos, vielleicht sogar ein Informationskollaps droht. Informationen, die niemand mehr einordnen kann, die man nicht mehr auf ihre Richtigkeit und ihre korrekte Zuordnung hin überprüfen kann, sind sinnlos und werden zum Ballast.

Ich sehe daher die Gefahr, daß unsere Gesellschaft sich irgendwann genötigt finden könnte, sich in gewissen, möglicherweise immer kürzer werdenden Abständen von solchen „informatorischen Altlasten" zu befreien, um die Geräte, vielmehr aber noch die Köpfe, für jene Informationen freizuhalten, die von aktueller Notwendigkeit sind. Daß dabei auch Informationen von dauerhafter Bedeutung über Bord geworfen werden könnten, ist sicherlich nicht von der Hand zu weisen.

Ich vermute, daß hier die große gesellschaftliche Aufgabe der Archive in der Zukunft liegen wird. Sie müssen die unverzichtbaren Informationen dauerhaft sichern und verfügbar halten. Die traditionellen Aufgaben der Bewertung und Erschließung werden vor diesem Hintergrund nicht nur immer wichtiger, sie werden geradezu existentiell für unsere Kulturgesellschaft und unsere Zivilisation insgesamt.

Hinzu kommen die spezifischen Probleme, die die neuen Informationsmedien mit sich bringen: ihre Vergänglichkeit, ihre Manipulierbarkeit, vor allem ihre unbedingte Abhängigkeit von einer immer komplizierteren und in immer kürzeren Abständen sich selbst überholenden Technik. All diese Probleme sind noch weit von einer Lösung entfernt. Vor diesem Hintergrund müssen wir möglicherweise den Begriff des Archivgutes, d.h. der an einen konkreten, dinglichen Träger gebundenen Information, neu definieren, wenn wir nicht doch vielleicht zu dem Schluß kommen, daß Dokumente und Informationen von bleibender Bedeutung auch in Zukunft grundsätzlich in eine dingliche Form, auf Papier oder Film, zu bringen sind, jedenfalls in eine Form, die eine Erfassung auch allein mit den menschlichen Sinnesorganen ohne die zwingende Einschaltung komplizierter technischer Einrichtungen möglich macht, um sie dauerhaft vor Vernichtung oder Unlesbarkeit (was das gleiche wäre) zu schützen. Ich möchte es bei diesen wenigen Anmerkungen hierzu bewenden lassen. Wir werden darüber noch oft und ausführlich diskutieren müssen.

Die traditionellen Aufgaben der Archive – Sicherung der historischen Quellen – Rechtssicherung – Sicherung der Kontinuität von Verwaltungshandeln – haben zweifellos nicht an Bedeutung verloren. Neue Fragestellungen der Benutzer, oder allgemeiner ausgedrückt, der Gesellschaft, sind jedoch hinzugekommen und fordern von den Archiven, andere, zusätzliche Wege zur Erschließung zu beschreiten. Die plakative Formulierung des diesjährigen Rahmenthemas „Vom Findbuch zum Internet" sollte dieses deutlich machen. Der 68. Deutsche Archivtag 1997 in Ulm will diese Fragen diskutieren und versuchen, mögliche Lösungswege aufzuzeigen. Ich hoffe, er wird mit fruchtbaren, u.U. auch kontroversen Referaten und Diskussionsbeiträgen diesem Anspruch gerecht und möchte Sie alle bitten, im Rahmen ihrer Möglichkeiten aktiv zum Gelingen unserer Tagung beizutragen!

Sehr verehrter Herr Gauck, ich verrate Ihnen kein Geheimnis, wenn ich in Erinnerung rufe, daß die Einrichtung einer besonderen Dienststelle für die Aufbewahrung und vor allem die Auswertung der Hinterlassenschaft des Staatssicherheitsdienstes der DDR seinerzeit in Fachkreisen der Archive keineswegs auf ungeteilte Zustimmung gestoßen ist, war doch aus archivfachlicher Sicht eine klare Zuständigkeit des Bundesarchivs für die Akten dieser liquidierten Behörde gegeben. Die Politik hat, aus Gründen, die man akzeptieren muß, eine andere Entscheidung getroffen. Dadurch ist eine Archiveinrichtung neu entstanden, die zu den größten der Bundesrepublik gehört. Ca. 180 km Akten und sonstige Unterlagen werden im Archiv des Bundesbeauftragten aufbewahrt, erschlossen und ausgewertet. Diese Tatsache allein muß schon Grund genug dafür sein, die Arbeit dieser Einrichtung in die archivfachliche Diskussion einzubeziehen.

Zudem hat gerade die Arbeit der „Gauck-Behörde" dazu beigetragen, in der Öffentlichkeit deutlich zu machen, daß Archive auch über den rein historisch-wissenschaftlichen Bereich hinaus von politischer und gesellschaftlicher Relevanz sind. Dies waren die Gründe, die den Vorstand des VdA dazu bewogen haben, Sie, sehr verehrter Herr Gauck, zu bitten, heute den Eröffnungsvortrag zu halten. Ich danke Ihnen sehr, daß Sie unserem Wunsch so ohne Umschweife nachgekommen sind und erteile Ihnen hiermit das Wort.

Joachim Gauck
Die Arbeit mit den Quellen der SED-Diktatur als Förderung des Demokratiediskurses

Herr Minister, Herr Oberbürgermeister, verehrter Herr Vorsitzender, meine sehr geehrten Damen und Herren,

es ist nicht selbstverständlich, daß ich hier rede. Daß ich den Archivtag sogar eröffnen darf, spricht dafür, daß die „Rückwärts-Gewendetheit", von der Sie in Ihrem Referat sprachen, als unterstellter Gestus Ihrer Kolleginnen und Kollegen offensichtlich nicht oder nicht besonders ausgeprägt vorhanden ist. Meine Mitarbeiter und ich haben, als die von Ihnen angesprochene politische Entscheidung gefällt wurde, in der Tat gerade aus Archivarskreisen einiges zu hören bekommen, was uns nicht geschmeckt hat. Ich will dem nicht nachhängen. Aber ich gebe vorab zu bedenken, daß es möglicherweise gerade die von Ihnen erwähnte politische Entscheidung gewesen ist, die vielen Bürgern dieses geistig immer noch geteilten Landes eine Beheimatung in der aktuellen Demokratie ermöglicht hat.

Jeder öffentliche Auftritt, besonders aber Vorträge in den alten Bundesländern und im Ausland, nötigen mich, mir selbst gegenüber Rechenschaft abzulegen über das, was meine Mitarbeiter und ich tun. Und zu denken an jene, die uns überhaupt erst in die Lage versetzt haben, das zu tun, was wir heute tun.

Wir denken gerade in diesen Herbsttagen voller Dankbarkeit an jene Frauen und Männer, die nach einer langen Tradition des Gehorsams in Ostdeutschland, gezüchtet von wechselnden Diktatoren, den Mut gehabt haben, aufzustehen und zu rebellieren, Bürgersinn zu entwickeln und auf die Straße zu gehen. Die Proteste damals waren verbunden mit zielgerichteten revolutionären Aktionen, insbesondere, als man Anfang Dezember 1989 zunächst in den Regionen und schließlich am 15. Januar 1990 in Berlin die Gebäude des Ministeriums für Staatssicherheit besetzte. Damit tat das protestierende Volk zweierlei Dinge:

Erstens durchkreuzte es das Konzept von Modrow, eine „Stasi-light" zu errichten. Zweitens verhinderten die Menschen, daß das Archivgut des MfS unwiederbringlich vernichtet wurde, denn die Vernichtung hatte bereits be-

gonnen. Es spricht für die Aufgeklärtheit der protestierenden Bevölkerungsgruppen, daß man meinte, es entstünde Schaden, wenn der Verlust von
Herrschaftswissen zugelassen würde. Dieses Herrschaftswissen, das war
unser Ziel, gehört in die Hände und Köpfe des einst unterdrückten Volkes.

Die Volkskammer, das im März 1990 erste und letzte frei gewählte Parlament
der DDR, hatte durch die Besetzungen ein brisantes Erbe in die Hand bekommen. Sie mußte nun im Einklang mit dem partizipatorischen und
emanzipatorischen Politikansatz der Bürgerrechtsbewegung und der ihr folgenden Bevölkerungsgruppen über die weitere Bearbeitung der Archivalien
entscheiden.

Das Parlament, dem ich damals für Bündnis 90 angehörte, hat am 24. August
1990, also deutlich vor der Wiedervereinigung unseres Landes, beschlossen:
Die Nutzung der Archivalien der diktatorischen und totalitären Herrschaft ist
zu gestatten. Es hat eine Formulierung gefunden, die später Eingang fand in
das jetzt gültige Stasi-Unterlagen-Gesetz: Die Archive werden geöffnet für
die „politische, juristische und historische Aufarbeitung der Vergangenheit."
Mit diesem Akt der Gesetzgebung fiel eine doppelte, ich möchte fast sagen
revolutionäre, oder bescheidener, wenigstens innovative Entscheidung:

Erstens verabschiedete sich ein deutsches Parlament von dem etatistischen
Denkansatz, der der Überzeugung ist, die besten Hüter von Informationen
seien der Staat und seine Organe. Zum Zweiten verabschiedete sich die ganze
Nation von einer „Schlußstrichmentalität", deren Auswirkungen gerade nach
dem 2. Weltkrieg in besonderer Weise zu spüren waren. Unser Verschweigen
und Verdrängen in der restaurativen Nachkriegsära insbesondere unter der
Ägide von Konrad Adenauer – dem ich ansonsten viel Gutes nachsagen kann
-, das Gnadenfieber, das damals über unser Land wallte, verbannte die Schatten der Vergangenheit und damit auch die Leiden der Opfer ins Abseits.

Eine der Folgen der 68er Revolte im westlichen Teil unseres Vaterlandes war
die geistige und moralische Umorientierung unserer Nation. Die Söhne und
Töchter jener schweigenden Nachkriegsdeutschen fanden am Schweigen
keinen Gefallen mehr und sie begannen – angriffslustig und agressiv – Fragen
zu stellen. Und sie ließen sich nicht abspeisen. Sie nahmen die Fragen auf, die
Karl Jaspers unmittelbar nach Kriegsende schon gestellt hatte, nämlich in
welchen verschiedenen Dimensionen uns Schuld begegnet und mit welchen
Instanzen wir sie aufzuarbeiten haben. Den westlichen Teil unserer Nation

haben die Ereignisse von 1968 dazu gebracht, zu erkennen, daß Verdrängen, Verschweigen und „unter-den-Teppich-kehren" nicht dazu geeignet sind, eine Nation geistig zu befreien und ihr zu helfen, Zukunftsaufgaben anzufassen.

Der Ostteil Deutschlands hatte nicht das Glück, so früh zu solchen Erkenntnissen zu gelangen. Trotzdem haben deutsche Abgeordnete aller Fraktionen im Osten 1990 die innovative Nutzung von Geheimdienstakten beschlossen. Gegen alle Einwände, die unterstellten, das wissende Volk würde möglicherweise ein blutrünstiges Volk. Gegen alle Bedenken, daß der allgemeine Zugang zu den Informationen den inneren Frieden gefährde. Gegen diese Einreden und auch gegen die Besorgnisse mancher konservativer oder auch linksliberaler Publizisten und Politiker hier im Westen hat sich der innovative Ansatz durchgesetzt. Über die Gründe dafür möchte ich mit Ihnen zusammen nachdenken.

Als die Abgeordneten die Entscheidung fällten, zum ersten Mal in der Geschichte die komplette Hinterlassenschaft eines Geheimdienstes der allgemeinen Nutzung zuzuführen, zeigte sich darin ein bemerkenswerter Perspektivenwechsel. Die Repräsentanten der Demokratie hatten erkannt, daß jede Art von „Schlußstrichgesetzgebung" einen fatalen Mangel enthält, nämlich fehlenden Respekt vor der Würde der Unterdrückten. Schlußstrichpolitik hat immer nur einen Begünstigten, das ehemalige repressive Establishment. Für die Gesellschaft insgesamt hat sie stets negative Folgen.

So haben wir in Deutschland die Option der Öffnung und des Hineingehens in die Informationen einer repressiven Macht für die richtige gehalten. Das war der Perspektivenwechsel: Die Interessen und Persönlichkeitsrechte der Täter und Verstrickten von einst hatten in den Hintergrund zu treten und die Interessen der unterdrückten Mehrheiten wurden konstitutiv bei der Herstellung eines Gesetzes.

Ich habe eben davon gesprochen, daß der partizipatorische und emanzipatorische Grundansatz der Demokratiebewegung im Osten dem Projekt der Aktenöffnung zugrunde liegt. Interessanterweise aber gibt es auch eine sehr westliche und sehr moderne Wurzel des Stasi-Unterlagen-Gesetzes. Ich verdanke es dem Intellekt und dem Innovationsvermögen meines ehemaligen Stellvertreters, Dr. Hansjörg Geiger, der im Jahre 1991 in die Fachdebatte unter die zögernden Rechts- und Innenpolitiker einen Gedanken eingebracht hat, der sich auch in der westlichen Welt erst in den letzten Jahrzehnten zögernd entwickelt hat. Ich spreche vom Topos des Rechtes auf informationelle Selbstbestimmung. Sie wissen, daß wir in Deutschland zur Sicherung dieses Grundrechtes kein eigenes Gesetz haben wie die US-Amerikaner in ihrem Freedom-of-Information-Act. Gleichwohl gilt in der Bundesrepublik das Recht auf informationelle Selbstbestimmung, seit das Bundesverfassungsgericht im casus Volkszählung selbiges definiert hat. Hier haben die höchsten deutschen Richter in einer ihrer häufigen Nachhilferunden für die Politik mit Rückgriff auf Grundaussagen unseres Grundgesetzes in Artikel 2 und 1 definiert, daß in einer modernen Informationsgesellschaft eine Handlungsfähigkeit des Bürgers nur dann garantiert ist, wenn der Bürger weiß, welche Informationen über ihn wo gespeichert sind. Und daß der Bürger auch nicht hinnehmen muß, daß jede Art von Information über ihn an jedem Ort gespeichert werden darf. Gemeinschaftsanliegen können zwar, das ist jedem Menschen klar, persönliche und private Interessen überlagern. Deshalb gibt es kein schrankenloses Recht auf informationelle Selbstbestimmung. Aber es gibt dies generelle Recht, und damit begibt sich in das deutsche Rechtsdenken etwas von der angelsächsischen oder angloamerikanischen Tradition hinein, in der die Interessen des einzelnen Bürgers eher konstitutiv sind als die Bedürfnisse des Staates.

Ich bin sehr dankbar, daß wir mit dem Stasi-Unterlagen-Gesetz ein Element der bürgernahen, innovativen und modernen Gesetzgebung vor uns haben und keineswegs ein Gesetz, das aus konservativer Sorge vor irgendwelchen „Ex-Roten" entstanden ist. Ein Gesetz aus der Mitte des im guten Sinne republikanischen, aufklärerischen Denkens.

Mit großer Freude erinnere ich mich an ein Wort des Grünen-Abgeordneten des Deutschen Bundestages, Gerald Häfner, der in einer Parlamentsdebatte das Stasi-Unterlagen-Gesetz zu einem „Schmuckstück der bürgernahen Gesetzgebung" erklärt hat. Wir müssen uns angesichts der Aufgaben, die dem Bundesbeauftragten zugewiesen sind, fragen, ob wir dem Anspruch denn auch gerecht werden. Deshalb lassen Sie mich noch einmal die Praxis reflektieren, auch so etwas wie eine Zwischenbilanz vornehmen. Danach möchte ich mich noch einmal der Frage widmen, warum diese Arbeit nicht nur für die Ostdeutschen und die Wiederherstellung ihrer Würde, sondern für unseren gesamten Demokratiediskurs so wichtig ist. Ich bin meinen Vorrednern sehr dankbar, daß sie mir eigentlich alle Stichworte gegeben haben. Ich werde diese Stichworte nicht alle aufgreifen, aber Sie werden spüren, daß sie in eine unverabredete Nähe kommen, wenn thematische Schwerpunkte Ihrer Reden und der meinigen zusammengebracht werden.

Zunächst einmal will ich sagen, daß es mich außerordentlich beglückt hat, daß Sie, Herr Vorsitzender, von der „Gnadenaktmentalität" mancher Ihrer Kollegen gesprochen haben. Wenn es sie nach so langer Demokratie hier im Westteil unseres Landes immer noch gibt, diese „Gnadenaktmentalität", dann werden wir ein bißchen gelassener mit der Langsamkeit des Mentalitätswechsels unserer ostdeutschen Landsleute und auch eines Teils der Archivarskolleginnen und -kollegen umgehen. Alle unsere Politikgestalter und Spezialisten im Ostblock, die über Jahrzehnte Haltungen des Absolutismus gelernt haben – in Lebensprozessen und in konkreten Handlungsanweisungen etwa für Archivare – alle diese Menschen haben viel länger als Sie verinnerlicht, welch wichtige Bedeutung die Regierenden haben. Sie haben verinnerlicht, wie groß die Gnade ist, wenn uns diese bedeutenden Personen aus der Fülle ihrer Privilegien etwas zuteilen, und sei es nur die Gnade des Zugangs zu Archivgut. Es kann nicht ausbleiben, daß eine so lange gezüchtete Mentalität von Abhängigkeit, von Gnadenerwartungen und Gnadenerweisen, daß eine solche Mentalität sich nicht über Nacht und auch nicht in sieben Jahren ändert. Ich habe manchmal das Gefühl, daß wir ebensolange Zeit brauchen werden, uns von dieser abhängigen Mentalität zu verabschieden, wie es gedauert hat, sie in uns hineinzulegen. Deshalb ist es so wichtig, daß wir den jungen Leuten, die weniger verbogen worden sind durch diktatorische Verhältnisse, mehr Gestaltungsfreiraum in der Gesellschaft und in der Kultur unseres Landes einräumen.

Ich möchte die Anwesenheit osteuropäischer Gäste nutzen, um ihnen voller Freude zu sagen, daß es ein schönes Gefühl ist, wenn der Gesetzgeber im Interesse der einst unterdrückten Mehrheiten entscheidet. Es gibt keinerlei Grund zu der Annahme, daß das wissende Volk besonders unfriedlich oder blutrünstig wäre. Es gibt aber Anhaltspunkte dafür, daß derjenige, den man für wert erachtet Informationen zu erhalten, wiederum diejenigen, die das tun und das System, das ihm diese Wertschätzung gibt, in einer ganz neuen und interessanten Weise achtet. Insbesondere deshalb freue ich mich, daß unsere Kolleginnen und Kollegen in Tschechien und Ungarn sich gerade jüngst entschlossen haben, die Akten der Repressionsorgane nicht nur für Überprüfungen zu nutzen, sondern auch den allgemeinen Aktenzugang gesetzlich zu regeln. In Ungarn bedurfte es dazu eines Umwegs über das dortige Verfassungsgericht, in Tschechien hat das Parlament im vergangenen Jahr so entschieden.

Auf die Frage, ob es sich lohnt, die Zeugnisse der Repression aufzubewahren, für sie Haushaltsmittel in beträchtlichem Umfang aufzuwenden, auf diese Frage „Lohnt es sich, oder wäre Feuer nicht besser?", ist zu antworten: In einem Land von zweimal gebrannten Kindern wäre es wider den Geist der Aufklärung, die Politikdenkmale einer negativ strukturierten Zeit zu vernichten. Das politische Erinnern hat sich nicht nach den Kriterien zu richten, die walten, wenn auf Familienfesten Erinnerungswogen hochgehen: Problematische Ehen verwandeln sich am Jubelfest zu einer Kette immerwährender Liebestage, die Konfliktstrukturen bleiben unerwähnt im Keller. Der Himmel war hoch, die Sonne schien, es wurden Kinder geboren und nur Gutes geschah. Zwischendurch gab es Goldmedaillen, Feste und Spiele, Autobahnen wurden gebaut und überhaupt, es war alles nicht so schlimm.

Die ständig wiederkehrende Erinnerungssemantik und -metaphorik nach den Diktaturen hat einen fatalen Nexus zur Ausklammerung aller negativen Erfahrungen. „Der Führer hat die Autobahnen gebaut, es gab Vollbeschäftigung und keine Kriminalität". So wußten es meine und Ihre Großmütter in den 50er Jahren. In meinen nordostdeutschen Niederungen wissen heute immer mehr Menschen, daß ja im Sozialismus auch alles nicht so schlecht war. Wir hatten die Kindergärten, die Vollbeschäftigung und keine Kriminalität. Ich lasse keinen Vortrag aus, meine Damen und Herren, um an die Ähnlichkeit des Erinnerungsgutes aus zwei ganz unterschiedlichen historischen Epochen unter ganz unterschiedlichen ideologischen Prämissen zu erinnern. Hätten wir in der DDR nur eine Autobahn mehr gebaut als die nach Rostock, sie hätten doch glattweg dasselbe Spruchgut als Erinnerung aus höchst niederträchtigen Diktaturen.

Sofern sie zum Lager der Unaufgeklärten gehören, mögen meine ostdeutschen Mitmenschen es gar nicht, wenn ich so über sie spreche. „Aber der Sozialismus hatte doch eine viel bessere Ideologie!", bekomme ich zu hören. Das mag sogar stimmen, aber wenn wir den Perspektivenwechsel, von dem ich sprach, einmal für unsere eigene Erkenntnis bemühen und die Geschichte eben nicht von den herrschenden Ideologien sondern von unten her interpretieren, dann stellen wir eine erschreckende Ähnlichkeit des ohnmächtigen Bürgers zweier höchst unterschiedlicher Ideologien fest. Diese erschreckende Ähnlichkeit geht mir nicht aus dem Kopf.

An dieser Stelle stoßen wir auf die zentrale politische Bedeutung der Unterlagen der Repressionsorgane. Natürlich kann man die DDR auch bloßstellen, indem man über Margot Honeckers Schulen spricht, über die Kaderpolitik des SED-Klüngels, über ihre desaströsen Wirtschaftsentscheidungen und manches andere. Aber immer finden sich leichte Ausreden. Wenn wir aber die Repressionsapparate anschauen, dann gibt es keine Ausreden mehr. Hier zeigt sich in aller Brutalität, wie der herrschende Kleinbürger, der seine Macht absolut gesetzt hat, in Wahrheit über die Arbeiter und Bauern dachte, die er ja zu neuer Bedeutung führen wollte.

Welch eine Mischung aus brutaler Arroganz und beklemmender Neurose. Arrogant ist diese Macht, indem sie auf Legitimation, auf die Wahl durch das Volk, verzichtet. Nie hat sich ein kommunistischer Diktator wählen lassen, und die meisten andern auf dieser Welt auch nicht. Das haben sie nicht nötig. Dank ihres Programmes der Erlösung können sie glattweg auf die Legitimation durch die Massen verzichten. Und indem die modernen und die antiken Diktatoren auf Legitimation und Legitimität verzichten, beweisen sie vor aller Augen ihre unglaubliche Arroganz. Sie verzichten auf die Lernprozesse des europäischen und nordamerikanischen Demokratieprojektes, das unter vielen, vielen Niederlagen und mit zahlreichen Problemen verbunden gelernt hat, dem einzelnen seinen zentralen Sitz im Leben des Gemeinwesens zu gewähren. Sie haben das alles nicht nötig, denn sie haben eine Erlösungslehre, die sie als fast schon religiöses Telos über die Gesellschaft breiten.

Und nun zur Neurose. Wer lange genug auf Legitimation verzichtet, so lernen wir aus der Geschichte der Diktatoren, ist irgendwann nicht mehr vor Krankheit und Neurose gefeit. Es beginnt mit einem schleichenden Wirklichkeitsverlust der Herrschenden. Das Fehlen von Legitimation und Legitimität erzeugt ein schlechtes Gewissen. Schlechtes Gewissen erzeugt Angst. Aus dieser Angst heraus sieht das diktatorische System Feinde in Zahl und Qualität, daß es schier unfaßbar ist. So geschieht es, daß ganz normale Ordensfrauen, etwas kryptische Lyrikerinnen, chaotische Malerinnen, normale Kirchenleute, Gewerkschafter, halbwegs intelligente Journalisten, Schriftsteller und auch der everybody als Diplomingenieur, plötzlich zum Feind gemacht werden, obwohl sie es vielleicht gar nicht sind.

Das klassische Beispiel der Herstellung von Feinden ist für mich das Schicksal der Autorin Christa Wolf. Christa Wolf ist immer Mitglied der SED gewesen. Sie war zeitweilig sogar Teil des Herrschaftssystems, als sie im Zentralkomitee Platz nahm. Sie hat als junge Frau – so waren ihre Überzeugungen damals – ganz kurz mit dem MfS kooperiert, ohne schwere Folgen, es war wirklich nur eine Episode. So nah war sie dem System. Aber irgendwann hat sie ihrer Individualität und ihrer Kreativität Raum gegeben. Sie fing auf eigenständige Weise an zu fragen, zu schreiben und eben nicht nur die Ziele zu loben, sondern sehr nachdenklich nach dem Ort unseres Lebens zu fragen. Sie fing an, Antworten zu geben, die nicht immer die gewünschten waren. „Kein Ort. Nirgends", wer hört das schon gerne? Und obwohl Christa Wolf weit davon entfernt war, sich als Feindin des Systems zu fühlen, sondern im Gegenteil Teil des Systems war, fingen die herrschende Macht und ihr Repressionsorgan an, sie zur Feindin zu erklären, massiv zu bespitzeln und zu überwachen. Sie wurde zur Feindin, ohne daß sie es wußte. Wenn wir die Akten des Repressionsapparates aufschlagen, sehen wir es aber. Das Erinnerungsgut der Betroffenen würde schwerlich diese Eindeutigkeit feststellen können, mit der die Staatsmacht eine Person zum Feind macht, die sich als integraler Bestandteil dieses Gemeinwesens fühlt. Nur der Rückgriff auf die Quellen erlaubt uns einen deutlichen Blick.

Die Erinnerungspotentiale der Menschen sind unglaublich wichtig. Wir werden sie immer nutzen. Aber das, was wir in den Akten vorfinden, ergänzt unsere Erinnerungsmöglichkeiten und -fähigkeiten. Es gibt uns neue Möglichkeiten der Gesellschaftskritik und der Gesellschaftsanalyse. So sehen wir am geheimdienstlichen Umgang mit dieser Autorin den Prozeß der Produktion von Feinden. Ich kann nicht anders, als das als eine politische Neurose zu bezeichnen. Und ich werde nie aufhören, den Diktatoren aller Couleur diese Mischung aus Arroganz und Neurose anzuhängen. Sehr gern nehme ich die Kontroversen an, die sich aus solchen Zuschreibungen ergeben.

Ich werde in diesem Vortrag keine Stasigreuel benennen. Ich will Sie nicht emotional einfangen, sondern ich möchte, daß Sie mit den Augen wacher Zeitgenossen die politische Rolle der Repressionsorgane betrachten.

Wir haben in den Unterlagen, gerade denen der Geheimdienste, ein neues Erkenntnismittel von politischem Rang. Wir erkennen: Totalitäre Herrschaft baut sich eine künstliche Stabilität durch riesige Apparate. 90.000 hauptamtliche Stasimitarbeiter für weniger als 17 Millionen Menschen, das hatten wir noch nicht in Deutschland. Wenn man sich zusätzlich vergegenwärtigt, daß die Gewaltenteilung ausgehöhlt und an ihre Stelle eine überstarke Parteizentrierung gesetzt war, so können wir ermessen, daß die Herrschenden wie die

Fürsten zu besten absolutistischen Zeiten regiert haben. Nicht nach den Gaben und Ressourcen der Menschen richtete sich ihre Kaderpolitik, sondern nach Treue und Ergebenheit. Sie hatten die Justiz fest in ihrer Hand. Darüber hinaus konnten die freien Gewerkschaften, die freie Presse, die freie Forschung, die garantierte Meinungsfreiheit und die Freiheit, Vereine zu bilden und Parteien zu gründen, nach Belieben ausgelöscht werden. Sie bauten sich so eine „Überstabilität". Mehr Sicherheit war nie. Das Geheimnis der Anhäufung von Sicherheitselementen in einem Gemeinwesen ist, daß keine tatsächliche Sicherheit entsteht sondern ein zerbrechliches System von „Übersicherheit". Einen „übersicher" auftretenden Menschen schauen wir kritisch an, weil wir spüren, in ihm müssen sehr viele Unsicherheiten und Ängste zu Hause sein. Genauso ist es nötig, einen kritischen, politisch analysierenden Blick auf jene Systeme zu werfen, die mit dieser Anhäufung von Sicherheitspotentialen die vergebliche Strategie einer inneren Befriedung und einer inneren Stabilität verfolgen. Demokratien haben derartiges nicht nötig. Sie gewinnen ihre Stabilität indem Sie auf Legitimation durch freie Wahlen und gleiches Recht für alle setzen.

Wir brauchen eine neue Bereitschaft, die Fülle der Fakten ernstzunehmen, durch die sich totalitäre Herrschaft selbst delegitimiert. Wir brauchen dagegen keine Schlußstrichpolitik. So sehr ich beispielsweise den jüngeren Egon Bahr schätze wegen seiner Politik des Wandels durch Annäherung, so sehr lehne ich seine jetzt häufig zu hörende Schlußstrich-Rhetorik ab. Jene, die in ihren zahlreichen Gesprächen mit den Repräsentanten der Macht eine besondere Gefühlslage für die Interessen der ehemaligen Macht entwickelt haben, eignen sich nur sehr bedingt für die öffentliche Einrede in Richtung Schlußstrich. Auch hier hat es ein Element von Wirklichkeitsverlust gegeben, das wir kritisch anschauen sollten. Wir brauchen kein Schlußgesetz wie Egon Bahr es fordert. Wir brauchen auch kein nachträgliches Lob für Konrad Adenauer für die Einstellung von Hans Globke als Staatssekretär im Kanzleramt, wie Egon Bahr es vor zwei Jahren formulierte. Wir brauchen eine kritische Befassung mit jenen Zeiten unseres Landes, als die politische Moral und die Interessen der Mehrheiten nichts galten, die Machterhaltung der Diktatoren aber alles. Es kann schon sein, daß man aus Gründen der Konsensfindung gelegentlich den Vertretern der nicht legitimierten Macht ein Stück entgegen kommen mußte. Solch diplomatisches Tun ist aber immer dann gefährlich, wenn man sich der Grundlagen des eigenen Gemeinwesens nicht mehr sicher ist und in den nicht demokratischen Systemen dafür irgendeine Art von Alternative sieht. Weder die erste noch die zweite deutsche Diktatur hatte aber auch nur ansatzweise irgendeine Art von positiver Alternative für unser demokratisches Gemeinwesen zu bieten.

Jeder, der diesen fundamentalen Gegensatz zwischen der parlamentarischen Demokratie und den repressiven Strukturen von totalitärer Herrschaft verwischt, fügt damit dem Demokratiediskurs Schaden zu. Wir brauchen eine auf Quellen gestützte, neue, von Lagersicherheiten abrückende Erkenntnisbereitschaft, gerade auch der westdeutschen linken und liberalen Intelligenz, gegenüber den Repressionsstrukturen des Ostens. Es muß uns zu denken geben, daß wichtige westdeutsche Forscher, die sich mit dem Phänomen DDR befaßt haben, mit der Deutung der DDR-Phänomene aus deren inneren Zusammenhängen heraus zwangsläufig auf die Reflexion des Bereiches Geheimdienst und Repression verzichteten, weil im Innern das Quellenangebot für diesen Bereich natürlich nicht gewährt wurde. Aus einem menschlich angenehmen Ansatz heraus, das andere System nicht zu verteufeln sondern aus sich heraus verstehen zu wollen, konnten so weiße Flecken des Wissens aus ideologischen Gründen akzeptiert werden. Plötzlich haben wir eine sogar mit wissenschaftlicher Reputation daherkommende Selektion von Wirklichkeit, weil auf einen bestimmten Quellenfundus verzichtet wird. Damit können wir zwar recht friedvoll über das andere System sprechen, wir begeben uns aber einer Möglichkeit, die demokratische Politik und auch demokratisch fundiertes Wissen und Forschen immer haben muß, wir begeben uns der Möglichkeit der Delegitimierung des Nichtlegitimierten.

Indem wir damit einen Teil unseres intellektuellen und moralischen Auftrages preisgeben, vermindern wir oft auch die Fähigkeit zur Akzeptanz unseres eigenen Gemeinwesens. Wie beschämend ist es, wenn Intellektuelle und Publizisten, die weltweiten Menschenrechtsverletzungen und Verweigerungen von Bürgerrecht angeprangert haben, jenseits der Elbe nichts dergleichen auszumachen vermochten. Da ist es hilfreich, in den Repressionsquellen nachzulesen, was deutsche Diktatoren mit deutscher Gründlichkeit und unglaublicher Arroganz alles zustande brachten.

Egal, wie sie begründet ist, die Selektion von Wahrnehmung, die daraus folgende mangelnde Urteilsfähigkeit gegenüber Systemen der Unterdrückung ist keine Tugend. Sie ist eklatantes Versagen im intellektuellen Bereich, sie ist ein Stück Mittelalter in der Moderne. Darum bedürften gerade liberale Intellektuelle keiner besonderen Aufforderung, jene Entmächtigungsstrategien auch der sogenannten Linken im Osten zu delegitimieren. Wer in der

Moderne das tut, was die Demokratiebewegung in Europa verändern wollte, nämlich den Untertan zum Normalfall zu machen, der verdient keine besonderen mildernden Umstände und ganz bestimmt keine Rücksicht der Wissenden.

Auch dies gehört zum aufklärerischen Diskurs. Wir sind es nicht leid geworden, am Abend dieses Jahrtausends den aufklärerischen Diskurs zu führen. Immer noch denken wir, daß Wissen besser ist als Nichtwissen. Zwar freuen wir uns an zugespitzten Feuilletonistenworten oder Dichtersentenzen wie der von Gottfried Benn, der in dem Gedicht „Eure Etüden" der Öffentlichkeit mitteilte, „Dummheit und Arbeit haben, das ist das Glück". Aber das kann doch nicht das Programm weder eines altgedienten noch eines neuberufenen Demokraten sein. Deshalb ist Ihre Arbeit, deshalb ist Ihre bewahrende Denkmalspflege so wichtig. Deshalb ist die schöpferische Einbeziehung des ganz alten Archivguts aus ganz fremden unterdrückerischen Zeiten in den aktuellen Demokratiediskurs so wichtig. Weil er uns die Zukunftsaussichten des Demokratieprojektes viel klarer vor Augen hält, als wir es je irgend sonst begreifen, wenn wir uns über unsere Politiker in Bonn oder über die mangelnden Mittel der öffentliche Hände streiten. Dann geraten wir in die deutsche Nationaltugend des Mißbehagens und des mangelnden Glaubens an uns selbst.

Archivaren und Historikern muß ich nicht sagen, daß wir diese Kultur des Mißbehagens nicht erst nach der Einheit erfunden haben. Ich muß es mir nur manchmal tröstend vor Augen halten, weil ich diese ganz unterschiedlich östlich dumpf und in westlich anderer Tonart vorgetragene Jammerorgie unserer Gegenwart nur schwer erträglich finde. Und deshalb meine Hochschätzung des neu erschlossenen Quellengutes. Deshalb meine Definition dieser Quellen als „Politikdenkmäler" von erheblichem Wert. Deshalb meine Warnung vor dem Schlußstrich. Der Demokrat scheut die Informationen der Vergangenheit nicht.

Wir werden in den nächsten Jahren und Jahrzehnten eine immense Aufräumarbeit zu bewältigen haben. So, wie wir vor einigen Jahren aus den Unterlagen der Stasi lernten, den Aufstand des 17. Juni 1953 historisch neu zu bewerten, so werden die Entmächtigungsstrategien der Herrschenden und die Zivilcourage jener Bürger, die sich eben nicht einkaufen ließen, und von denen wir ebenfalls Zeugnisse in den Akten finden, immer neue Erkenntnisse von immer neuen Herrschaftsfeldern und Einzelindividuen unseren Demokratiediskurs befördern. Ich hoffe nur, daß wir das Durchhaltevermögen haben, ihn zu führen, und daß dieser Diskurs nicht in der allgemeinen Neigung zur Unlust und in der Jammermentalität versinkt.

Wir haben gute Voraussetzungen. Die Entwicklungsgeschichte des Menschen und die Entwicklungsgeschichte der Gesellschaften zeigt uns, daß es Selbstbestimmung und Autonomie, daß es Emanzipation und Partizipation eigentlich erst sehr kurze Zeit gibt. Man weiß gar nicht richtig, ob das die „normale" Lebensform des Menschen ist. Ob nicht die Unterwerfung und die nackte Herrschaft das ist, was ihm biologisch und historisch viel näher ist. Ob also nicht in uns selbst eine Vorliebe zur Ohnmacht schlummert, die genetisch oder wie auch immer bedingt ist. Ich sage das mit allem Vorbehalt. Ich möchte nicht, daß es stimmt. Aber ich wundere ich mich, daß im freien Westen trotz 44jähriger Demokratieerziehung die Zivilcourage nicht viel sichtbarer an der Tagesordnung ist.

Die zivilisatorische Schicht des Citoyen bedarf also noch unserer Aufmerksamkeit und Fürsorge. Den Rückfall in den alten wie modernen Gestus der Ohnmacht brauchen wir nicht. Und die Quellen, über die Sie wachen, die Sie erhalten und die Sie für uns vorhalten, lehren uns, das noch weiter zu versuchen.

Gemeinsame Arbeitssitzung

unter Leitung von *Diether Degreif*

Hartwig Walberg
Die Rolle der Archive im Netzwerk der Informationssysteme

„Archivbenutzung ist und bleibt Vertrauenssache. Die Hauptgewähr, daß dem Archiv und der Wissenschaft kein Verlust und den Archivbeamten nicht Ärger und Unannehmlichkeit erwachse, liegt in der Ehrenhaftigkeit und Sorgfalt der Archivbenutzer selbst. Der Archivar möge deshalb, wenn Unbekannte anklopfen, erst genau sich nach deren Charakter und Zwecken erkundigen, und giebt eines oder das andere nur entfernt Anlaß zu Argwohn, so ist es das Beste, jenen nur ein Stück nach dem andern anzuvertrauen, so daß man jedes bequem vorher und nachher durchprüfen kann."[2] Dies schrieb Franz von Löher in seinem Handbuch „Archivlehre" vor gut hundert Jahren. Sein Mißtrauen gegenüber den Benutzern von Archiven begründete er mit der Einzigartigkeit, der Unersetzbarkeit von Archivgut. „Eines Archivs Urkunden, Amtsbücher und Akten sind, was die allgemeine Benutzung betrifft, mit gedruckten Werken nicht in Vergleich zu stellen. Von diesen, selbst wenn sie Inkunabeln sind, giebt es doch wenigstens ein paar Exemplare."[3]

Wo und wie immer Archivare auf die Archivbenutzung und die Informationsdienstleistungen ihrer Einrichtungen angesprochen werden, wird auch heute noch das Besondere der archivischen Überlieferung, die Einzigartigkeit der archivischen Quellenüberlieferung betont und daraus abgeleitet, daß es in Archiven selbstverständlich anders zugehen müsse als in anderen Einrichtungen, die ebenfalls Informationsdienstleistungen zu erbringen haben, namentlich Bibliotheken, Museen, Dokumentationsstellen.

Eckhart G. Franz versuchte auf dem 50. Deutschen Archivtag 1975 in Mainz, Archive und ihre Tätigkeiten im Kontext des Gesamtbereichs der Information und Dokumentation darzustellen.[4] Seine Forderung: Archive, Bibliotheken

---

2 Franz von Löher, Archivlehre. Paderborn 1890, S. 261.
3 Ders., S. 254.
4 Eckhart G. Franz, Archiv und Archivfunktion innerhalb des Gesamtbereichs Information und
(Fortsetzung...)

und Dokumentationsstellen sollten in einer gemeinsamen Rolle als Informationsvermittler auftreten. Ein Einbau der Archive in größere Informationssysteme sei von Nutzen und dabei Abstimmungen zwischen den beteiligten Archiven, Bibliotheken, Museen, Dokumentationsstellen etc. notwendig. Ein Gesamtinventar der Nachlässe in Archiven und Bibliotheken, Gesamtverzeichnisse von Zeitungs-, Drucksachen- oder Bildbeständen in Archiven, Bibliotheken und Museen könnten z.B. innerhalb gemeinsamer Informationssysteme realisiert werden.

Koordination und Kooperation anstelle abgrenzender Eigenständigkeit der Disziplinen im Archiv-, Bibliotheks-, Informations- und Dokumentationswesen wurden somit bereits vor 20 Jahren gefordert. Dabei war Franz wohl bewußt, daß bereits viele Archive große Sammlungs- und Dokumentationsbereiche neben dem traditionellen Archivgut der Verwaltungsüberlieferung aufgebaut hatten und noch aufbauen würden. In den Presse-, Rundfunk- und Parlamentsarchiven stünden diese Aufgaben sogar im Vordergrund.

Ohne seinerzeit die Entwicklungsgeschwindigkeit der gegenwärtigen Informationsgesellschaft vorauszusehen, plädierte Franz dafür, daß die Archive zu prüfen hätten, inwieweit sie dem aktuellen Informationsbedarf der Forschung liberaler entsprechen könnten als bisher. Konkret könnten nicht benutzungsbeschränkte Archivbestände, die häufig nachgefragt würden, stärker als bisher in Mikroformen Verbreitung finden, wie dies bereits in den angelsächsischen Archiven realisiert würde.[5] "In diesem Zusammenhang wird dann weiter die Möglichkeit der Eingabe von Archivdokumenten in Datenbanksysteme mit direktem Zugriff der interessierten Forschung zu prüfen sein, die Frage, ob und unter welchen Bedingungen auch hier im Interesse eines erleichterten Informationszugangs die bisher festgehaltene Benutzungskontrolle der Archive gelockert werden kann."[6]

20 Jahre später, 1995, prophezeite mein Potsdamer Kollege Harald Millonig, in der kommenden Informationsgesellschaft werde der Endnutzer durch immer stärker automatisierten Zugriff auf Informationen schließlich sogar

---

4   (...Fortsetzung)
     Dokumentation. In: Der Archivar 29/1976, Sp. 31-44.
5   Vgl. Heinz Boberach, Die Veröffentlichung archivalischer Quellen im Mikrofilm und die
     Möglichkeiten historischer Datenbanken. In: Der Archivar 24/1971, Sp. 143-151.
6   Franz, Archiv und..., 1976, Sp. 40.

die Vermittlungsansprüche des „ABD-Milieus" beseitigen.[7] Wie ist diese Behauptung gemeint und läßt sie sich auf Archive als einen wichtigen Teil der ABD-Einrichtungen beziehen? Werner Moritz hat darauf kürzlich geantwortet, daß wohl Bibliothekssäle sich langsam in Maschinensäle wandelten, doch der Beruf des Archivars sei in seiner Vermittlerrolle zu sehen.[8] Ich persönlich bin der festen Überzeugung, daß beides richtig ist. Einerseits wird der Zugriff der Endnutzer auf die Informationen in Archiven, Bibliotheken und Dokumentationsstellen immer stärker automatisiert werden, bei den Bibliotheken sicherlich mit größerer Geschwindigkeit als bei den Archiven; andererseits wird es auch bei einem stärker automatisierten Zugriff künftig die Notwendigkeit spezieller Dienstleistungen von Archivaren geben. Denn natürlich ist nicht die Vermittlerrolle des Archivars durch die Entwicklung von Informationssystemen für Archive in Frage gestellt, sondern nur die Art und Weise, wie diese Vermittlung zwischen den Informationen und dem Benutzer stattfindet.

Selbst das traditionelle Verständnis von Archivaren als Historiker-Archivaren wird durch den Einsatz von Informationstechnologie m.E. nicht grundsätzlich infragegestellt. Auch hier paßt beides zusammen. Auch deutsche Historiker haben inzwischen das Internet als Möglichkeit geisteswissenschaftlicher Auseinandersetzung entdeckt. Der Düsseldorfer Historiker Thomas Schröder hat seit einiger Zeit ein sehr umfangreiches historisches Informationsangebot im Internet aufgebaut, das im übrigen auch Archive einschließt, und darüber bereits 1996 in den Vierteljahresheften für Zeitgeschichte eine konventionelle Aufsatz-Publikation vorgelegt.[9]

Seit etwa einem Jahr gibt es ebenfalls eine für jeden zugängliche elektronische „mailinglist" für deutsche Historiker, die moderiert und organisiert wird von Historikern aus den Bereichen Sozial- und Kulturgeschichte. Als Teil des internationalen H-Net (Humanities Network) vereint es ca. 40000 Abonenten aus 70 Ländern. Mehr als 150 Editoren betreuen zahlreiche mailinglisten und

---

7   Harald Millonig, Archiv-Bibliothek-Dokumentation-Information. Eine Untersuchung angelsächsischer Ausbildungstrends. In: Bibliotheksdienst 29/1995, S. 220; dazu Werner Moritz, Auf der Suche nach Identität. Orientierungsprobleme des archivarischen Berufsstandes und ihre Ursachen. In: Der Archivar 50/1997, Sp. 237-246, hier Sp. 242.

8   Moritz, Auf der Suche nach ..., 242f.

9   Thomas A. Schröder, Historisch relevante Ressourcen in Internet und Worldwideweb. In: VFZG 44/1996, S. 465-477 [http://www.uni-duesseldorf.de]; vgl. neuerdings auch Peter Horvath, Geschichte online, Diss. 1997, und eine Kurzfassung in NfD 1997.

Web-Seiten. Die Moderatoren untersuchen die Texte und filtern illegale, rein kommerzielle oder unsachliche Informationen heraus. Die Teilnehmer dieses kostenlosen Dienstes erhalten auf diese Weise Informationen über Stellenausschreibungen, Stipendien, Tagungen, Termine, Rezensionen und wissenschaftliche Aufsätze. Einige historische Zeitschriften stellen vorab ihre Inhaltsverzeichnisse zur Verfügung. Für die deutsche mailing-list gibt es inzwischen einen wissenschaftlichen Beirat mit Jürgen Kocka, Arthur Imhof (beide FU Berlin) und Adelheid von Saldern (Uni Hannover).[10]

Norbert Reimann wies 1996 in den Informationen zur modernen Stadtgeschichte darauf hin, daß sich die Archive nicht den Erwartungen der Benutzer entziehen können und Informationsdienstleistungen im Internet anbieten müssen. Als erster Schritt dazu solle ein „die Archive aller Sparten umfassendes, möglichst flächendeckendes Angebot entwickelt werden, das dem Benutzer regional, national und international grundlegende Informationen über die in den staatlichen und nichtstaatlichen Archiven vorhandenen Quellen und deren Nutzung zur Verfügung stellt."[11]

Auch einige deutsche Archive haben bereits den Schritt in das Internet getan. Das Projekt MALVINE (Manuscripts and Letters via Integrated Networks in Europe) führt verschiedene europäische Bibliotheken, Archive und Museen zusammen, u.a. auch das Deutsche Literaturarchiv Marbach und das Goethe- und Schiller-Archiv Weimar, und ist darauf angelegt, künftig Nachlaßbestände einfach und übersichtlich angeordnet nachzuweisen und darüberhinaus – vorläufig allerdings nur für Großbritannien und die Niederlande, nicht für Deutschland – auch zu den einzelnen Dokumenten zu führen.[12]

Die British Columbia Archives, Canada, bieten online Bilder und Recherche-Zugang zu ausgewählten Findmitteln mit Stichwortsuche bis zur einzelnen Verzeichnungseinheit herunter. Das Stadtarchiv Passau bietet eine Auswahl von Urkundenabbildungen. Projekte zur Digitalisierung von Archivbeständen, die hier in Ulm in Vorträgen vorgestellt werden oder an einigen Ständen

---

10 Meldung im Tagesspiegel v. 16.2.1997 „Historiker forschen und streiten per Internet" [http://h-net.msu.edu/soz-u-kult/]
11 Norbert Reimann, EDV und Archive – Versuch einer Zwischenbilanz. In: Informationen zur modernen Stadtgeschichte 1/96, S. 50-58.
12 David C. Sutton, Location register of English Literary Manuscripts and Letters.

in der den Archivtag begleitenden Fachmesse zu sehen sind, sind in Arbeit oder bei den fördernden Einrichtungen (DFG, EU, VW-Stiftung etc.) beantragt.

Die deutsche Archivtheorie bleibt mit ihren bisherigen Überlegungen über den Sinn und Nutzen des Einsatzes insbesondere der Internet-Technologie noch auf der Stufe der Bereitstellung von online-Repertorien stehen.[13] So werden die Vorteile elektronisch aufbereiteter Erschließungsinformationen erkannt, die online-Zugänglichkeit von Dokumenten aber noch sehr kritisch gesehen, bzw. häufig sogar strikt abgelehnt. Informationssyteme dienen aber nicht nur den Archiven zur Bereitstellung eines Informationsangebotes, sondern sie sind natürlich selbst auch Gegenstand des Archivierungs-, Erhaltungs- und Erschließungsauftrages der Archive.

Für das sogenannte „digitale Erbgut" wurde in den Niederlanden von Reichsarchivar Ketelaar 1996 ein Konsortium gebildet, dem der Reichsarchivdienst, die Gemeinde- und Provinzialarchive, die königliche Bibliothek, das Reichsbüro für kunsthistorische Dokumentation, das Internationale Institut für Sozialgeschichte und das Institut für niederländische Geschichte angehören.[14] Wie man sieht, ist in unserem Nachbarland das Bemühen deutlich zu erkennen, in Kooperation zwischen Archiven, Bibliotheken und Dokumentationsstellen zu Problemlösungen zu gelangen.

Das DLM-Forum (Donneés lisibles par machine = elektronische Aufzeichnungen) in Brüssel über maschinenlesbare Daten war im Jahre 1996 darüberhinaus Markstein auf dem Wege zu einem veränderten archivarischen Verständnis über die Funktionen von Archiven im Informationszeitalter. In den bereits veröffentlichen Ergebnissen des Brüsseler DLM-Forums wird als eine von zehn Folgemaßnahmen beispielsweise beschrieben: „Zusammen mit der Europäischen Kommission sollten die Mitgliedstaaten den direkten Zugriff mit den neuen Technologien auf Informationen für den Bürger durch Archivdienste und andere Informationsvermittler fördern."[15] Auch auf der 5. Europäischen Archivkonferenz in Barcelona befaßte sich einer der interessantesten

---

13 Angelika Menne-Haritz, Online-fähige Repertorien? Einige Überlegungen zur Interaktivität von Archivfindmitteln. In: Der Archivar 49/1996, Sp. 603-610.
14 Ansprache durch F.C.F. Ketelaar 12.6.1996 [http://www.uni-marburg.de/archivschule/ketelaar.html]
15 Vorträge und Ergebnisse des DLM-Forums über elektronische Aufzeichnungen (=Insar. Europäische Archivnachrichten, Beilage II 1997), Luxemburg 1997, S. 354.

Beiträge mit der Rolle der Archive in der Informationsgesellschaft. Richard M. Kesner kam darin zu dem Ergebnis, daß Archivare künftig gründliche Kenntnisse im Bereich der neuen Technologien schon deshalb benötigen, weil sie sich als Mitglied des Teams von Informationsverwaltern in ihren Verwaltungen begreifen müßten.[16]

Ich habe bewußt darauf verzichtet, zur Einleitung meines Themas ein Zukunftsszenario von virtuellen Archiven in digitalen Informationsnetzen zu entwerfen. Unserer ohnehin nicht übermäßig fortschrittsgläubigen Archivars-Zunft könnte ein solches Szenario leicht unglaubwürdig oder gar abstoßend erscheinen. Vielmehr möchte ich in drei Schritten vor allem Fakten vorlegen und im Folgenden

1. die informationstechnologischen Programme von EU, Bundesrepublik etc. kurz vorstellen, die bisher m.E. zu wenig Beachtung in der Welt der Archive gefunden haben,
2. aus dem ABD-Bereich (Archive, Bibliotheken, Dokumentationsstellen) Beispiele für online-Projekte nennen, die eine gewisse Pilotfunktion besitzen und damit Orientierungshilfe geben können und
3. einen Forderungskatalog für die zukünftigen Aktivitäten der Archive in der Informationsgesellschaft aufstellen.

zu 1. Die informationstechnologischen Rahmenbedingungen

„Information als Rohstoff für Innovation": so heißt das neue informationstechnologische Programm der Bundesregierung 1996 bis 2000, das den Vorgängerprogrammen „Information und Dokumentation" (1974-1977) und den Fachinformationsprogrammen (1985-1988 und 1990-1994) im vergangenen Jahr folgte.[17] Das IuD-Programm der 70er Jahre hatte neben allgemeinen Zielen wie der Erhöhung der Effizienz von Forschung und Entwicklung und Beschleunigung von Innovationen u.a. das Ziel der Verbesserung von Informationsmöglichkeiten für die gesellschaftlichen Gruppen und den einzelnen Bürger, wozu zu zählen sind öffentlich zugängliche Fachinformations-Dienstleistungen, Literaturversorgung durch überregionale Bibliotheken und das

---

16 Richard M. Kesner, Archives in the information society. In: V. Conferència Europea D'Arxius, Barcelona 1997 (Kurzfassung der Vorträge), S. 48-53. (Ich bedanke mich bei Frau Dr. Unverhau, Berlin, für die Bereitstellung der Tagungsunterlagen.)

17 Information als Rohstoff für Innovation. Programm der Bundesregierung 1996-2000, Bonn 1996. [http://rigel.dfn.de/bmbf/förderprogramme/rohinfor/index.html]

Angebot einer IuD-Infrastruktur.[18] Es führte damit zur Ausformung von Fachinformationssystemen wie DIMDI Köln (Datenbanken für Bio- und Sozialwissenschaften), STN Karlsruhe, Columbus/Ohio und Tokio (Scientific and Technical Information Network, Datenkanken der Naturwissenschaften und der Technik), JURIS Saarbrücken (Datenbanken zum Rechtswesen) und FIZ Technik Frankfurt (Datenbanken der Technik und Wirtschaft).

Auf die Bedeutung dieser Bundesprogramme wies Heinz Boberach (Bundesarchiv) 1986 hin, als er das Fachinformationsprogramm 1985-1988 kurz vorstellte.[19] Innerhalb des Bereichs „Geisteswissenschaften" wurden darin nämlich auch die Archive neben den Bibliotheken und Museen erwähnt. Da die geisteswissenschaftliche Fachinformation in die Zuständigkeit der Länder fällt, beschränkte sich das Programm auf Empfehlungen. Neue Technologien sollten beim Aufbau von Literaturhinweisdatenbanken in den größeren geisteswissenschaftlichen Disziplinen in Zusammenarbeit vor allem mit den Sondersammelgebietsbibliotheken eingesetzt werden sowie zur Verbesserung des Zugangs zu Texten und Dokumenten (z.B. ältere Urkunden und Drucke, Handschriften, Inkunabeln) im Bibliotheks- und Archivbereich z.B. durch online benutzbare Kataloge, Mikrofichekataloge, Neuerwerbungslisten).

Heinz Boberach hatte schon Jahre zuvor, nämlich auf dem Archivtag 1970 (in Ulm!) auf den Nutzen der Veröffentlichung archivalischer Quellen im Mikrofilm und die Möglichkeiten historischer Datenbanken hingewiesen.[20]Damals waren die ersten Datenverarbeitungs-Förderprogramme der Bundesregierung (ab 1967) gerade angelaufen und die Archivare Westdeutschlands bemühten sich darum, ihre Position bezüglich der Elektronischen Datenverarbeitung und der entstehenden Informationssysteme zu definieren. Ging es zunächst noch um Fragen der Abgabe von Publikations-Mikrofilmen, die bereits seit 1941 in den USA von den National Archives ermöglicht wurde, so wurde unter dem Eindruck der Vorführung elektronischer Informationssysteme für Juristen auf dem Juristentag in Mainz, an dem auch Archivare teilnahmen, nun auch gefragt, welche neuen Möglichkeiten der Informationsdienstleistungen sich den Archiven mit den neuen Technologien bieten wür-

---

18 Rolf G. Henzler, Information und Dokumentation, Berlin, Heidelberg 1992, S. 10.
19 Heinz Boberach, Fachinformationsprogramm 1985-1988 der Bundesregierung. In: Der Archivar 39/1986, Sp. 137.
20 Heinz Boberach, Die Veröffentlichung archivalischer Quellen im Mikrofilm und die Möglichkeiten historischer Datenbanken. In: Der Archivar 24/1971, Sp. 143-151.

den. Boberach zitierte in seinem Aufsatz von 1970 Karl Steinbuch, den Direktor des Instituts für Nachrichtenverarbeitung und -übertragung der Universität Karlsruhe mit den Worten: „ Die zukünftige Gesellschaft wird im besonderen eine informierte Gesellschaft sein" und „das gesamte Wissen wird in riesigen, allen Menschen zugänglichen Informationsbanken gespeichert sein." Boberach schlußfolgerte für die Archive: „Wenn in dieses System alle Bereiche unseres Staates und unserer Gesellschaft einbezogen werden sollen, müssen auch die Archive als historische Datenbanken dort ihren Platz finden. Sie müssen dafür Sorge tragen, daß die Informationen, die sie der Öffentlichkeit zu bieten haben, in einer verarbeitungsgerechten Form dargeboten werden. Dazu gehört neben der Umsetzung von Angaben über die Archivbestände aus Inventaren, Findbüchern und Findkarteien auf Datenträger für die EDV, die an die Originale heranführen, auch ein breites Angebot an Mikrofilmen." Die Vorführung des juristischen Informationssystems führte bis zur gedruckten Ausgabe recherchierter Dokumente und Boberach forderte nun auch für die Archive: „Eine historische Datenbank könnte entsprechend alle im Druck oder im Film publizierten Archivalien erfassen. Sie würde über terminals in den historischen Seminaren und Forschungsinstituten, aber auch bei Behörden, die auf archivierte Akten zurückgreifen wollen, befragt werden können." Annähernd 30 Jahre sind seit diesem Aufsatz vergangen und die deutschen Archive in Ost und West sind dem Ziel einer elektronischen Informationsdienstleistung möglichst auf der Dokumentenebene doch nur einen kleinen Schritt näher gekommen.

Kommen wir noch einmal zurück zu den Programmen der Bundesregierung. Das neueste Programm 1996-2000 verfolgt im wesentlichen drei Ziele:
1. einen effizienten Zugang zu den weltweit vorhandenen elektronischen und multimedialen Volltext-, Literaturhinweis-, Fakten- und Software-Informationen zu schaffen,
2. die Veränderungen der Informationsinfrastruktur zu gestalten und dabei Autoren, Leser, wissenschaftliche Fachgesellschaften, Verbände und Einrichtungen, Fachinformationseinrichtungen und wissenschaftliche Bibliotheken einzubeziehen. Dabei werden unter wissenschaftlichen und technischen Informationen alle gedruckten und elektronischen Quellen verstanden.
3. langfristig kostendeckende Preise für Informationsprodukte und -dienstleistungen zu erreichen und diese ggf. privatwirtschaftlich fortführen zu lassen.

Die Archive als Institutionen treten in diesem neuen Regierungsprogramm nicht mehr namentlich in Erscheinung, allenfalls noch die „elektronische Archivierung" als „nicht zu vernachlässigendes Problem".[21] Vielmehr beziehen sich die Förderungsmöglichkeiten des Programmes inzwischen ausschließlich auf das elektronische Publizieren, multimediale Information, Literatur- und Faktendatenbanken, wissenschaftliche Bibliotheken. Darunter sind zu zählen u.a. der Ausbau eines deutschen Verbundsystems für die elektronische Recherche, der elektronische Standortnachweis, die elektronische Bestellung und Lieferung, der modellhafte Aufbau einer elektronischen technischen Informationsbibliothek in Hannover, in der die eigenen Bestände zusammen mit elektronischen Beständen anderer internationaler Bibliotheken und anderer Volltextanbieter zugänglich gemacht werden, der Neubau der Deutschen Bibliothek in Frankfurt/Main und des Deutschen Bibliotheksinstituts in Berlin und die Verbesserung der Leistungsfähigkeit der Staatsbibliothek zu Berlin.[22]

Ich zähle diese Maßnahmen deshalb so ausführlich auf, um zu verdeutlichen, welche Möglichkeiten und Mittel an den Archiven in breiten Strömen bereits vorbeigeflossen sind und weiterhin vorbeizufließen drohen, wenn wir uns nicht auf die neuen Gewohnheiten dieser Informationsgesellschaft einlassen. Im übrigen beklagt das Programm, daß in den Geisteswissenschaften ein Datenbankangebot fehlt. Angeblich habe das Bundesministerium für Bildung, Wissenschaft, Forschung und Technologie gegenüber den Fachministerien der Länder bisher alles Endenkliche, jedoch ohne Erfolg, getan, um ähnliche Nutzungsstrukturen wie in der Physik, Mathematik und Chemie aufzubauen.[23] Kritisch möchte ich an dieser Stelle einfügen, daß das Programm der Bundesregierung dann allerdings auch den geisteswissenschaftlichen Bereich konkret hätte ansprechen sollen.

Wie auch immer – ich glaube, daß die Archive als künftige Datenbankanbieter gefragt sind und daß sie gut daran tun, die Strukturen für elektronische Informationsdienstleistungen vor allem in einer gemeinsamen Anstrengung und ggf. mit kompetenten und erfahrenen Partnern aufzubauen. Ich möchte an dieser Stelle nicht unerwähnt lassen, daß das Programm als Bund-Länder-Initiative auch eine Neuordnung der Berufsausbildung für Archive, Biblio-

---

21 Information als Rohstoff... Bundesprogramm, S. 13.
22 ebda, S. 44f.
23 ebda, S. 47.

theken, Informations- und Dokumentationseinrichtungen mit dem Ziel einer
europäischen Harmonisierung vorsieht.[24]

Dem Programm gingen Untersuchungen und Berichte voraus, die in dem
BMWi (Bundesministerium für Wirtschaft) Report „Die Informationsgesellschaft – Fakten, Analysen, Trends" 1995 und im Bericht der Bundesregierung
„Info 2000. Deutschlands Weg in die Informationsgesellschaft" 1996 veröffentlicht wurden.[25] Diese Untersuchungen zeichnen das Bild einer künftigen Informationsgesellschaft, die auch von mehr Bürgernähe der Verwaltungen
und mehr Einsatz von Dokumentenaustausch und Informationsverbünden
zwischen Verwaltungen gekennzeichnet ist. Dies bedeutet
1. eine Zunahme von elektronischen Informationsdienstleistungen von Verwaltungen, dazu gehören natürlich auch deren Archive, gegenüber den
   Bürgern und
2. als Überlieferungsproblem ein weiteres Anwachsen von Überlieferungen
   aus Informationsverbünden wie z.B. dem Informationsverbund Berlin-
   Bonn oder der geplanten flächendeckenden IT-Infrastruktur innerhalb der
   Bundesregierung mit elektronischer Post (e-mail) und kooperativer Texter-
   stellung etc.[26]

Das Kernstück und gleichzeitig Grundlage für künftige diesbezügliche Planungen ist die Startfinanzierung für den Ausbau des Deutschen Forschungs
Netzes (DFN) für den Bereich Bildung und Wissenschaft, dazu gehören auch
die Archive als potentielle Nutznießer, über drei Jahre mit insgesamt 80 Millionen DM zu einem bundesweiten Hochgeschwindigkeitsnetz (155 Megabit
pro Sekunde).[27]

Deutschland steht natürlich mit diesen Bemühungen nicht allein und auch
nicht an der Spitze der Entwicklung. Vielmehr sind seit 1992 (erstes Land war
Singapur) Initiativen zur Informationsgesellschaft weltweit ins Leben gerufen
worden. Es folgten die USA, Kanada, China, Australien, Südkorea. Auch
einige europäische Länder, wie Dänemark, Frankreich, Großbritannien und
die Niederlande, sowie Finnland, Norwegen und Schweden waren mit ihren

---

24 ebda, S. 57.
25 Die Informationsgesellschaft. Fakten – Analysen – Trends, hrsg. v. Bundesministerium für
   Wirtschaft. Bonn 1995; Info 2000. Deutschlands Weg in die Informationsgesellschaft, Bericht
   der Bundesregierung, hrsg. v. Bundesministerium für Wirtschaft. Bonn 1996.
26 Info 2000....S. 116.
27 ebda, S. 117.

Programmen 1993 bis 1995 schneller als Deutschland, das erst im Jahr 1996 sein Programm auflegte.[28] Die Europäische Union hatte schon 1993 und 1994 einen Aktionsplan mit dem Namen „Europa und die globale Informations-gesellschaft" vorgelegt. In diesen Empfehlungen der sogenannten Bangemann-Gruppe wurden mit dem deutschen Papier etwa gleichlautende Initiativen u.a. in den Bereichen Netzwerk für Forschung, transeuropäisches Netz öffentlicher Verwaltungen, Informationsdienste für Kommunen ange-regt.[29]

Ich möchte an dieser Stelle überleiten zu den Anwendungen in Archiven. Vermutlich ohne Verbindung zu dem erwähnten EU-Papier, aber dennoch in dessen Sinne, wurde 1994 ebenfalls von der EU der Bericht einer Sachver-ständigengruppe über Fragen der Koordinierung im Archivwesen veröffent-licht, der m.E. in Deutschland zu Unrecht nur wenig Beachtung gefunden hat.[30] Darin wird im Kapitel 6 auch der Informationsaustausch und Daten-verbundsysteme im Archivwesen der EU-Mitgliedstaaten sowie das teilreali-sierte Projekt eines Fernzugriffs auf Archivinformationen in den staatlichen spanischen Archiven angesprochen.[31] Darin werden u.a. die folgenden Ab-sichtserklärungen abgegeben: „Bis zur Schaffung eines speziellen europäi-schen Netzes für den Informationsaustausch im Archivwesen sollten bereits jetzt Absprachen zwischen den Mitgliedstaaten zur Festlegung der für ar-chivische Belange am besten geeigneten DV-Normen getroffen werden."[32] Bisher seien in den Archiven meist nur die manuell ausgeführten praktischen Tätigkeiten durch automatisierte ersetzt worden, man sei aber nicht vorange-kommen bei der Schaffung von Systemen, „die eine massive Verbreitung der Archivinformationen sowie den Austausch dieser Informationen auf elektro-nischen Trägern bzw. über Informationsnetze ermöglichen."[33]

Das CIDA, Dokumentationszentrum für das spanische Archivwesen, erstellt seit Jahren diverse Datenbanken, ein Archivverzeichnis, eine Archivbibliogra-phie sowie verschiedene Fundstellenverzeichnisse. Auf diese auf dem Rech-ner des Ministeriums für Kultur liegenden Datenbanken konnte schon 1994 über das spanische Bildschirmtextsystem Ibertex gegen eine geringe Gebühr

---

28 ebda, S. 31.
29 Bangemann-Bericht. Es geht um Europas Arbeitsplätze. In: EU Informationen, 2 /1995, S. 5-10.
30 Die Archive in der europäischen Union, Brüssel, Luxemburg 1994.
31 ebda., S. 59-65 und S. 105f.
32 ebda., S. 59.
33 ebda., S. 60.

über das öffentliche Fernsprechnetz zugegriffen werden. 1994 wurde ein online-Zugriff auf Texte und Bilder aus dem Archivo General de Indias (allgemeines Archiv für Spanisch-Amerika) zwischen der Huntinton Library in Pasadena und dem spanischen Archiv technisch erprobt. Hand in Hand ging damit die Digitalisierung von Archivbeständen, die Herstellung von CD-ROMs sowie die Bereitstellung der digitalisierten Bilder (vor allem Aufnahmen von Urkunden und Akten) im lokalen Netz.

2. online-Projekte aus dem ABD-Bereich

In der Bundesrepublik Deutschland gibt es schätzungsweise 2800 Archive als Institutionen des Staates, der Kommunen, der Kirchen, der Wirtschaft, Parlamente und der Parteien, der Medien und der Wissenschaft. Davon sind im Internet bisher (1997) nicht mehr als fünfzig vertreten. Die meisten Angebote beinhalten Erstinformationen bis hin zur Kurzübersicht über die Bestände, nur in den seltensten Fällen werden Datenbanken zugänglich gemacht.

Die Suchmaschinen des Internet wie Altavista, Lycos, Web Crawler, WWWWorm, Harvest WWW Home Pages Broker, Yahoo oder die deutsche Suchmaschine Web.de, mit denen ein erster Einstieg in das immer weiter ausufernde Informationsangebot erleichtert wird,[34] geben auf das Stichwort „Archiv", „archive", „archiv", „archief" eine Menge von Nachweisen. Die wenigsten davon beziehen sich allerdings auf die eben angesprochenen 2800 Archive Deutschlands. Meist sind es Datensammlungen außerhalb der Archiveinrichtungen, also nicht Verweise auf „originale" Überlieferungen, sondern thematische Dokumentationen.[35]

Z. Zt. benutze ich vier übersichtliche Einstiegsmöglichkeiten in die Internet-Angebote von Archiven, nämlich die homepages der Archivschule Marburg, der Fachhochschule Potsdam, und des Historischen Seminars der Universität Düsseldorf

---

34 Traugott Koch, Searching the Web – Systematic Overview Over Indexes. In: Hans Christoph Hobohm / Hans-Joachim Wätjen (Hrsg.), Wissen in elektronischen Netzwerken. Oldenburg 1995, S.29-61.

35 Hartwig Walberg, Historische Archive im Internet – Aspekte der Präsentation und Vermittlung eines Informationsangebotes von Archiven. In: Dieter Pötschke / Mathias Weber (Hrsg.), Anwendungen für Kommunikations-Highways, Konferenzband zur Info '96. Heidelberg 1997, S. 422-426; Karsten Uhde, Archive und Internet. In: Der Archivar 49/1996, Sp. 205-216; Adriana Valente / Rosa Sepe, Internet and Italian Archives. In: FID News Bulletin 45/1995, p. 191-195.

http://www.fh-potsdam.de
http://www.uni-marburg.de/archivschule/onfaefi.html
http://www.uni-duesseldorf.de
und neuerdings
http://www.archivnet.de

Über hyper-links können von diesen Seiten aus die Web-Seiten anderer Archive aufgerufen und eingesehen werden, soweit sie den Autoren der genannten 4 Stellen in Berlin, Düsseldorf, Marburg und Potsdam bisher bekannt geworden sind. Sofern man als Archivar bereits über einen dienstlichen oder privaten Internetanschluß verfügt, wird man vermutlich auf der privaten Homepage auf diese schon vorhandenen Angebote verweisen und dies schon deshalb tun, weil es inzwischen üblich und auch praktisch ist, die von einem selbst häufig aufgesuchten Adressen im Internet auf der eigenen Homepage zu vermerken.

Während Potsdam ABD-Einrichtungen, also auch Bibliotheken und Dokumentationsstellen im Blick hat, weist Marburg vorrangig Archive im engeren Sinne nach. Das Historische Seminar der Universität Düsseldorf führt vor allem über „historische Informationsressourcen" aller Art, d.h. auch unterschiedlichste Datenarchive einen Nachweis und verweist auf die Internetangebote von staatlichen, kommunalen, kirchlichen, Wirtschafts- etc.-archiven etwas mißverständlich mit dem Hinweis: „Weitere Papierarchive finden Sie...." Dagegen ist „Archivnet.de" der Versuch, ein sogenanntes clearinghouse für Archive im Internet einzurichten. Es bietet auch eine Liste von Archiven sowie Dokumentationsstellen, aber keine Bibliotheken. Darüberhinaus enthält das Angebot Diskussionsforen.

Aus der unterschiedlichen Zusammenstellung der referenzierten Internetadressen in Düsseldorf, Marburg und Potsdam lassen sich grundlegende Unterschiede der Zielsetzung ablesen. Eine an historischen Informationen orientierte, d.h. der Geschichtswissenschaft im weiteren Sinne verpflichtete Informationsauswahl in Düsseldorf, eine auf institutionell-archivische Spezialangebote orientierte Auswahl der Marburger Archivschule und eine auf den ABD-Bereich insgesamt bezogene Auswahl des Fachbereichs ABD der Fachhochschule Potsdam.

Ich stelle nun einige Beispiele für archivische Internet-Angebote vor.

National Archives and Records Administration, USA (NARA)
(http://www.nara.gov/nara/whatis/records/html)
Die „National Archives of the United States of America" bieten einen kurzen
Einblick in die Bestandsumfänge (21,5 Millionen Kubikfuß an originalen
Textdokumenten entsprechend 4 Billionen Blatt Papierüberlieferung sowie
300.000 Rollen mit Bewegtbildern, 5 Millionen Karten etc.). Drei „NARA al-
bums" können eingesehen werden, davon z.b. Album 1 mit einem Foto des
Präsidenten Abraham Lincoln als Befehlshaber der Unionstruppen im Jahre
1862, einem Plakat aus dem 1. Weltkrieg und einer Liste der im Vietnamkrieg
von 1957-1986 gefallenen amerikanischen Soldaten. Ein Fotoarchiv ist ebenfalls über die NARA zu besuchen. Über die regionalen Archive nach Bundes-
staaten gegliedert informiert die „Regional Archives Quicklist", doch gibt es
hier nur allgemeine Informationen über die Archive und keine Dokumente.

British Columbia Archives and Records Service, Canada (BCARS)
(http://www.bcars.gs.gov.bc.ca/bcars.htm)
Dieses Angebot darf als sehr gelungen und vorbildlich auch für deutsche
Internet-Angebote gelten. Bei meinem letzten Besuch war das letzte update
drei Tage alt. Es enthält „Network-Exhibitions" (z.B. Gouverneure und Pre-
miers von Columbia und eine Sammlung von Filmausschnitten), sowie eine
Übersicht über die 105.000 visuellen Dokumente, von denen 18.000 online-
images haben. Die Kartensammlung wird als Pilotprojekt mit einzelnen images dargestellt. Die Spezialbibliothek ist über einen Generalindex zugänglich,
der Lesesaalbereich virtuell zugänglich. Aber auch die Textdokumente werden zugänglich gemacht. Der Überblick über die textlichen Regierungsdoku-
mente läßt eine Suche im Katalog und den anderen Findhilfsmitteln zu den
Dokumenten zu. Eine „Hypertext Cross Reference" läßt die Suche zunächst in
einem alphabetischen Sachkatalog und sodann nach einem gewählten Stichwort im gesamten Katalog zu, z.B. unter „M" das Stichwort „motor vehicle".
Das Suchergebnis wirft wie in einem Bibliotheks-OPAC die archivischen
Verzeichnungseinheiten aus, die den Begriff beinhalten.

Historische Archive der Europäischen Gemeinschaften, Florenz
(http://wwwarc.iue.it)
Sowohl die Bestände als auch images sind über dieses Angebot einzusehen.
Die Benutzerführung geschieht in wahlweise einer von vier der insgesamt 11
Amtssprachen der europäischen Union. Das Findmittel EURHISTAR (Euro-

pean Historical Archives database online) folgt dem neuen ISAD (G), den „Internationalen Grundsätzen für die archivische Erschließung".[36] In drei Ebenen werden die Bestände geführt: group – subgroup – fonds. Daneben ist auch ein Zugang zu einzelnen images möglich; dieses Angebot befindet sich im Aufbau. So kann man z.b. Bilder der Unterschriften unter den römischen Verträgen 1957 oder von Konrad Adenauer und Charles de Gaulle 1960 auf den Bildschirm holen und auch herunterladen.

Sächsisches Hauptstaatsarchiv, Dresden
(http://www.disos.d...f/Ldepot/shsa1.htm)
Das Sächsische Hauptstaatsarchiv hat sich der Hilfestellung der DISOS Gmbh in Berlin bedient, um neben den Kurzinformationen auch ausgewählte Bestände zu zeigen. Es sind dies (Stand: 17.9.1997) ein Findbuch zum Bestand FDGB-Landesvorstand Sachsen, die Regesten der Urkunden des Hauptstaatsarchivs (23 ausgewählte Regesten) und ein Siegel Friedrichs des Streitbaren von 1427.

Stadtarchiv Passau
(http://www.uni-pas...en/uebersicht.html)
In einer Voruntersuchung hat das Stadtarchiv Passau 50 seiner 2000 Urkunden in einer chronologischen Anordnung ab 1299 bis 1350 zur Darstellung gebracht. Neben dem Kurz- und Vollregest sind auch die Volltext-Transkription und eine vergrößerbare Abbildung der Urkunde sowie Hintergrund-Informationen über markierte Begriffe zu erhalten. In der weiteren Phase sollten die Urkundentexte auch gesprochen geliefert werden. Das letzte update dieses Angebotes fand 1993 statt.

Landesarchivdirektion Baden-Württemberg
(http://www.lad-bw.de/)
Die Landesarchivdirektion Baden-Württemberg führt die staatlichen Archive des Landes auf und gibt teilweise die kompletten Beständeübersichten z.B. für das Generallandesarchiv Karlsruhe.

Die Liste ließe sich in ähnlicher Form fortführen. Gleichzeitig wird z. Zt. in mehreren Archiven und Archivverwaltungen die Realisierung von Internetangeboten überlegt. Die Sektionssitzung über Archive und Internet wird sich damit ja befassen.

---

36 ISAD (G): General International Standard Archival Description, hrsg. vom ICA. Ottawa 1994.

Hinsichtlich der Bereitstellung von Dokumenten im Netz scheint mir z. Zt. das Archiv der sozialen Demokratie der Friedrich-Ebert-Stiftung, Bonn, am weitesten zu gehen (http://www-fes.gmd.de/). Es beabsichtigt neben dem bereits vorhandenen Angebot (Beständeübersicht, Liste der Nachlässe von Politikern, Ausstellungen) auch eine komplette Darstellung seiner Plakatsammlung als images und einen künftigen Vertrieb dieser Dokumente im Netz.

Das Stadtarchiv Duderstadt plant gegenwärtig in Zusammenarbeit mit dem Max-Planck-Institut für Geschichte, Göttingen, den probeweisen Zugang zu einem komplett digitalisierten Archivbestand im Umfang von ca. 50.000 Einzelblättern. Darstellung des Bestandes nach dem Provenienzprinzip und Tiefenerschließung sollen sich gegenseitig ergänzen. Eine Präsentation fand im Januar 1997 in Göttingen statt.

Die Archive im Bundesland Nordrhein-Westfalen planen, aber ohne Zugang zum Einzeldokument, ein Internet-Angebot, in das auch andere Archivsparten in NRW einbezogen werden sollen. Das Informationsangebot soll allerdings den Besuch im Archiv nicht ersetzen. Zwar wird dies noch lange (leider) der Fall sein, doch sollte diese Tatsache nicht zum Postulat erhoben werden. Es würde m. E. einen Rückschritt angesichts der bereits erreichten und oben dargestellten Möglichkeiten darstellen, daß der Kunde selbst bis auf die Dokumentenebene vorstoßen kann und Einzeldokumente je nach Zugangsberechtigung auch kopiert bzw. aus dem Netz herunterlädt.

Wesentliche Bestandteile der Internetseiten der Archive sind derzeit vor allem:
– allgemeine Informationen über das Archiv und seine Bestände
– Bestandsverzeichnisse
   und darüberhinaus gelegentlich:
– Recherchemöglichkeiten nach Begriffen in den Erschließungsangaben
– Dokumente und Bilder in Auswahl als image-files

Um große Mengen von Einzeldokumenten in das Netz zu stellen, könnten z. B. die mit größtem finanziellen Aufwand betriebenen Mikroverfilmungen für Archivbestände öffentlicher Archive, die für den Fall kriegerischer Auseinandersetzungen in den zurückliegenden Kalten-Kriegs-Jahren angefertigt wurden und noch weiterhin angefertigt werden, digitalisiert werden, ohne daß auch nur ein einziges Original angefaßt werden müßte. Hier stehen die wichtigsten Archivteile bedeutender Archive bereits in Mikroformen zur Verfügung! Alle Dokumente sind mit Findmitteln, in der Regel Findbüchern versehen; dies ist eine Voraussetzung für die Verfilmung gewesen.

Mein Fazit aus diesem kurzen virtuellen Rundgang durch die im Internet bereits vertretenen und ihren Auftritt vorbereitenden Archive lautet folgendermaßen:
Die Informationsangebote der Archive in elektronischen Netzen werden in Kürze detaillierter und vor allem kundenorientierter kommen müssen, wenn sich der Aufwand der Digitalisierung von historischen Archivbeständen lohnen soll. Die bereits in digitaler Form von den Archiven verwalteten Überlieferungen müssen, soweit dies rechtlich möglich ist, in die Informationsangebote einbezogen werden.

Nicht erkennbar ist für mich bislang, inwieweit die Archive die Erfahrungen der Bibliotheksverbünde und der online im Internet zugänglichen Bibliothekskataloge in ihre Überlegungen und Problemlösungen einbeziehen. Natürlich wäre ein gemeinsames oder zumindest benachbartes Angebot von Bibliotheken und Archiven aus der Perspektive des Nutzers wünschenswert. Wenn ich beispielsweise im Internet im virtuellen Katalog der weltweit größten Bibliothek, der Library of Congress in Washington, recherchiere und mir dort Trefferlisten anzeigen lasse – sagen wir zum Thema „Unabhängigkeitserklärung", dann könnte es für den z. B. europäischen Nutzer durchaus von Interesse sein, auch zu erfahren, wo über die Urkunde im Smithonian hinaus weitere Bestandsgruppen, Bestände oder Erschließungseinheiten vorhanden sind. Ggf. könnte der Zugang gegen Bezahlung zu den digitalisierten Mikrofilmen der Bestände und damit eine Recherche an der Überlieferung selbst vorgenommen werden. Einige Archive, so z. B. die National Archives Washington, bieten als Übergangslösung ein fax-on-demand-System an, bei dem die recherchierten Dokumente per Fax angefordert werden können.

Die Bibliotheken haben zeitweise die Entwicklungsgeschwindigkeit der technologischen Neuerungen unterschätzt. So haben sie beispielsweise das Phänomen der elektronischen Zeitschriften zunächst nicht richtig erkannt und es als exotische Randerscheinung abgetan.[37] So liegt ein Kooperationsvertrag vor, in dem die vier Fachgesellschaften der Mathematiker, Informatiker und

---

37 G. Beyersdorff, Zeit der Veränderungen. In: Informationen zu den regionalen und überregionalen Verbundsystemen in Deutschland. Berlin 4.Aufl. 1995, S. 4.

Chemiker ihre Vorstellungen über die Ablösung der gedruckten Fachzeitschriften durch elektronische Publikationen dargelegt haben. Wenn man eine
informationstechnologisch gut ausgestattete Hochschulbibliothek benutzen
kann, ich tue dies gelegentlich nicht nur in Potsdam und Berlin, sondern auch
in Paderborn, dann kommt man – wie in letzterem Fall – als Benutzer der
Universitätsbibliothek in den Genuß eines kostenlosen Zugangs zu einer
Vielzahl von Fachzeitschriften und zwar im Rahmen eines Abos der Bibliothek. Dies verändert die Rolle von Verlagen und Bibliotheken. Bibliotheken
übernehmen Verlagsfunktionen, Verlage verhalten sich wie Bibliotheken.
Jetzt erkennen die Bibliotheken, daß in ihren Bibliotheksverbünden, die ursprünglich als Katalogisierungsverbünde geschaffen wurden, neben die bi-
bliographischen Nachweise zunehmend auch Volltexte treten werden.
Solche Dokumentenlieferdienste bieten z.B.: JADE, JASON, SUBITO und IBIS

JASON (Journal Articles Sent on Demand) umfaßt alle an NRW-Universitäts-
bibliotheken vorhandenen Zeitschriften (ca. 190.000) und stellt davon ca
70.000 für den Express Service zur Verfügung. ADE (Journal Articles DatabasE) verzeichnet ca. 4,4 Millionen Aufsätze aus der Internationalen Bibliographie der Zeitschriftenliteratur sowie den Datenbanken der British Library
und der Firma Faxon. Statt eines Bestellscheins wird für beide Systeme ein
Formular am Bildschirm ausgefüllt. Der Leser kann entscheiden, ob er einen
Ausdruck wünscht, den er sich bei der Leihstelle abholt, ob er den Aufsatz
per Post zugeschickt bekommen möchte, per Fax oder per e-mail. SUBITO
vereinigt schließlich als Projekt des Bundes die länderspezifischen Projekte.
Als neueste Zugangsmöglichkeit wird derzeit IBIS (Internetbasiertes Biblio-
theksinformationssystem) an den Pilot-Universitätsbibliotheken in Dortmund
und Bielefeld entwickelt, unter dessen Oberfläche sich die eben genannten
Datenbanken und Lieferdienste dann im Internet wiederfinden werden.[38]

Was die Archive aus diesen sich ankündigenden Möglichkeiten für ihre speziellen Aufgabenstellungen künftig machen werden, wird vor allem vom
Sachverstand der Verantwortlichen abhängen. Wie das DLM-Forum in Brüssel im Dezember 1996 bewiesen hat, haben die Archivverwaltungen auf euro-
päischer Ebene die entscheidenden Anstöße erhalten und angenommen. Spezielle Probleme wie die Langzeitarchivierung von elektronischen Daten, Text-

---

38 Beate Tröger, Bibliotheken erschließen das Netz – bibliothekarische Kooperation zur elektro-
   nischen Informationsversorgung von Forschung und Lehre in NRW: das Projekt IBIS. In:
   Weiter auf dem Weg zur Virtuellen Bibliothek! 2. InetBib-Tagung, Dortmund/Potsdam 1997,
   S. 23-28.

und Bilddateien, können m.E. erst in dem Augenblick kompetent von den Archiven gelöst werden, wenn sie sich der Herausforderung stellen, daß die selbst ein Teil der Informationssysteme mit einem elektronischen output sind. Die Lösung der Endlagerungsprobleme elektronischer Dokumente in Archiven nach dem Ablauf ihres „Lebenszyklus" z. B. in Dokumentenverwaltungssystemen wird eine wichtige künftige Aufgabe der Archive sein. Aber erst wenn die Archive selbst Informationsdienstleistungen in Verbünden anzubieten haben, werden sie als ein Teil der sich stetig weiter entwickelnden Informationsgesellschaft wahrgenommen werden.

3. Forderungskatalog „Archive in der Informationsgesellschaft"

Aus meiner eigenen Archivpraxis weiß ich natürlich, daß in Archiven nicht immer alles SUBITO zu erreichen ist. Deshalb möchte ich als dritten Teil meiner Ausführungen zum Schluß einen kurzen Forderungskatalog für die künftige Entwicklung in den Archiven aufstellen

- Archive müssen stärker mit Informationsangeboten in die bestehenden Netze gehen und ihre Dienste bis zur Dokumentenlieferung ausweiten.
- Künftige Archivsoftware (wie auch Bibliothekssoftware) muß mit einer Internetschnittstelle versehen sein, damit archivische Bestandsnachweise wie schon virtuelle Bibliothekskataloge im Netz abrufbar und recherchierbar werden.
- Darüberhinaus müssen elektronische Verbünde von Archiven geschaffen werden, die eine übergreifende Recherche zulassen.
- Schnittstellen und Abgrenzungen zu den neuen Multimediaberufen (Informationsengineer) müssen gefunden werden. Kenntnisse in Autorensystemen (z.B. makromedia und toolbook) sind zwingend erforderlich, wenn sich Archive mit elektronischen Publikationen präsent machen wollen. Zwei solcher Anwendungen, von Studierenden erarbeitet, sind auf dem Stand der FHP anzusehen, eine davon auch im Internet. Themen: Jüdische Haschara-Stätten und Ernst Posner
- die traditionelle Recherche-Kompetenz, die Archivare als Informationsdienstleister in besonderem Maße auszeichnet, muß neue Wege finden in den nicht-papierenen, digitalen Beständen verteilter Informationssysteme und online-Datenbanken
- ein Diskussionsforum wie die INETBIB muß für Archive angenommen werden

- ein clearinghouse für Archive (z.B. archivnet.de)
- die Aus- und Weiterbildung im Archivbereich muß endlich von den fruchtlosen archivwissenschaftlichen Diskussionen zu mehr Praxisorientierung und Kompetenzen im IT-Bereich kommen. Im Abschlußbericht einer Arbeitsgruppe der Deutschen Forschungsgemeinschaft zur Digitalisierung von Archiv- und Bibliotheksgut kommen Marianne Dörr und Hartmut Weber zu dem Ergebnis: „In der bibliothekarischen und archivarischen Aus- und Fortbildung müssen Grundkenntnisse der Digitalisierung vermittelt werden."[39]
- eine die Berufsgrenzen von Archivaren und anderen Informationsverwaltenden und -vermittelnden Berufen überschreitende Kooperation sollte aufgenommen werden.
- mittelfristiges Ziel müßte die Formulierung von gemeinsamem Basiswissen in den ABD-Ausbildungen sein
- im Selbstverständnis sollten Archivare sich als Informationsdienstleister in einem Team von Informationsspezialisten auffassen
- das „Digitale Archiv" sollte ein Bestandteil des Informationsangebotes werden, das heute beinahe jeder Student in seiner Hochschule, in nächster Zukunft auch jeder Schüler spätestens in der Sekundarstufe I und wahrscheinlich ein großer Teil der hier Anwesenden schon bald dienstlich und/oder zuhause nutzen werden.

---

39 Marianne Dörr/Hartmut Weber, Digitalisierung als Mittel der Bestandserhaltung?. In: Zeitschrift für Bibliothekswesen und Bibliographie 44/1997, S. 53-75, hier S. 75.

Michael Rebstock
Internet – Möglichkeiten und Grenzen

Das Internet beeinflußt derzeit wie kaum ein anderes Medium Diskussionen um die Veränderung von Informations- und Kommunikationsgebräuchen in modernen Gesellschaften. Auswirkungen dieses neuen elektronischen Mediums werden im privaten Bereich, in kommerziellen und nicht-kommerziellen Organisationen, in Forschung, Wissenschaft und anderen Bereichen gesehen.

In diesem Beitrag wird ein Überblick über die verschiedenen Aspekte des Internet gegeben. Dazu wird zunächst die Entwicklung der Online-Welt betrachtet, anschließend werden die Technik und die unterschiedlichen Dienste des Internet vorgestellt, Chancen für Informationsnutzer und -anbieter eruiert, Aspekte der Bewertung entwickelt und schließlich die Herausforderungen und Grenzen aufgezeigt, die mit der Nutzung des Internet als neuem Kommunikationsmedium verbunden sind.

Entwicklung der Online-Welt

Das Phänomen Internet ist, in Zahlen betrachtet, zunächst einmal eine Success story. Betrachtet man etwa die Entwicklung der Nutzerzahlen von Internet und Online-Diensten, so ist allerorten ein exponentielles Wachstum zu beobachten. (Abb.1)[1]

Bei einer Betrachtung der Entwicklung des relativen Anteils der Internet- und Online-Nutzer weltweit und für ausgewählte Nutzer fällt auf, das sich das Schwergewicht der US-amerikanischen Nutzer langsam abbaut (Abb. 2).

---

1   EITO (1997), zit. nach: Die Zeit, 52. Jg., Nr. 18, S. 18.

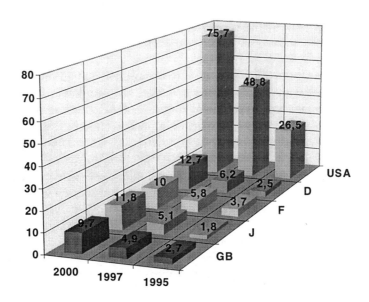

Abb. 1: Nutzer Internet und Online-Dienste (Mio.)

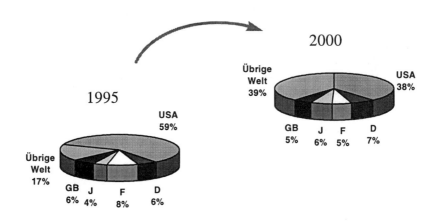

Abb. 2: Verteilung der Nutzer (Internet und Online-Dienste)

Noch 1995 ist der Durchschnittsnutzer US-Bürger, männlich, zwischen 20 und 35 Jahren alt und hat akademische Bildung. Bereits 1997 sind allerdings größere Veränderungen in den USA zu verzeichnen. So stieg bspw. der Anteil weiblicher Nutzer bereits von 36% Mitte 1996 auf 47% Mitte 1997. Die Gesamtheit der Internet-Nutzer stellt mehr und mehr einen Querschnitt durch die Gesellschaft dar. Außerdem scheint zumindest in den USA der anfangs spielerische Umgang mit dem Medium einer ernsthafteren Nutzung zu weichen. So geben US-Nutzer bereits eine direkte Substitution traditioneller Informationskanäle wie Print und TV/Hörfunk durch das Internet an. 20% der Informationsaufnahme ist demnach bereits durch das Internet statt anderer Medien ersetzt worden.[2]

Wie stellt sich demgegenüber die Seite der Informationsanbieter dar? In den USA ist die Homepage im World Wide Web (WWW) bereits fester Bestandteil der Kommunikation einer Organisation mit ihrer Umwelt. In der Bundesrepublik beginnt sich dieser Trend erst abzuzeichnen. Im nicht-kommerziellen Bereich besteht hier – außer im Hochschulbereich – noch deutlicher Nachholbedarf. Von den größten deutschen Unternehmen wäre noch am ehesten eine Präsenz im Internet zu erwarten. Die Ergebnisse einer im Sommer 1997 durchgeführten Erhebung zeigen jedoch, das selbst die 500 größten deutschen Industrie- und Handelsunternehmen erst zur Hälfte im Internet vertreten sind (Abb. 3).

---

2   vgl. FindSVP (1997): Beyond the Hype: Internet „Indispensable" To Many, Disposable to Others, http://www.findsvp.com/0506.html.

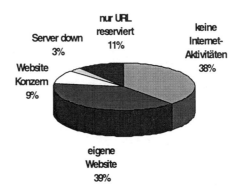

Abb. 3: Internetaktivitäten der 500 größten deutschen Industrieunternehmen[3]

Technik und Dienste des Internet

Der erste Teilabschnitt des Internet wurde 1969 unter dem Namen ARPANET eingerichtet. Heute stellt das Internet eine Telekommunikationsinfrastruktur dar, die aus einem weltweiten Netz miteinander verbundener Datennetze besteht. Diese Netze können aufgrund einer gemeinsam genutzten „Sprache", des TCP/IP (Transmission Control Protocol/Internet Protocol), miteinander kommunizieren. Dem Nutzer erscheinen die verschiedenen Netze durch geeignete Hardware und Software (Router) als ein einziges virtuelles Netz, dessen physikalische und geographische Strukturen ihm nicht bekannt sein müssen. Nicht diese technische Infrastruktur an sich, sondern die auf ihr aufbauenden Dienste sind in der Regel gemeint, wenn von der Nutzung des Internet die Rede ist. Die wichtigsten dieser Dienste sind Telnet, Ftp, E-Mail, News und WWW (Abb. 4).

---

3   vgl. Rebstock, Michael (1997): Untersuchung 500 deutscher Industrie- und Handelsunternehmen (1), in: Computerwoche, 24. Jg., Nr. 38, S. 25-26. Teil (2) in: Computerwoche, 24. Jg., Nr. 39, S. 31-32.

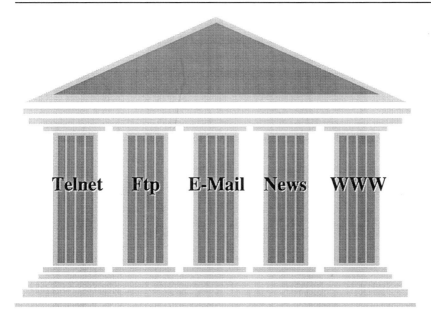

Abb. 4: Die wichtigsten Dienste des Internet

Der Telnet-Dienst ermöglicht dabei den Zugriff auf entfernte Rechner, Ftp die Übertragung elektronischer Dateien von einem Rechner zu einem anderen, E-Mail den Austausch elektronischer Nachrichten zwischen einem Sender und einem oder mehreren Empfängern. News(groups) stellen Diskussionsforen zu beliebigen Themen dar und das WWW (World Wide Web) schließlich ermöglicht den Zugriff auf multimediale Hypertextdokumente.

Das WWW ist es auch, das für den Boom des Internet in den letzten Jahren hauptsächlich verantwortlich ist. Das WWW ist der „jüngste" Dienst des Internet. Die Standards HTTP und HTML, auf denen dieser Dienst beruht, wurden erst 1990 entwickelt, die erste graphische Navigationssoftware („Browser") 1993. Die besondere Attraktivität des WWW liegt in seiner einfachen Bedienbarkeit, die es auch nichtversierten Zielgruppen erlaubt, das Medium ohne große Einarbeitung zu nutzen. Die Browser-Software mit grafischer Oberfläche erlaubt eine Hypertextnavigation durch einfaches „Anklicken" der markierten Verweisstellen mit der Computermaus. Das WWW ermöglicht außerdem die Integration verschiedener medialer Elemente wie Text, Grafik, Bilder, Audio und Video. Schließlich sind sogar die übrigen Internet-Dienste wie Telnet, Ftp, News und E-Mail in die neueren Browser-

Programme integriert worden. Auf diese Weise wird der WWW-Browser zum dem Programm, mit dem alle anderen Dienste des Internet ebenfalls genutzt werden können.

Erweiterungen des WWW-Standards wie CGI, Java oder ActiveX ermöglichen es, im Rahmen der Browser-Software außerdem Programmfunktionen und Zugriffe auf Datenbanken zu realisieren, und so Anwendungen zu entwickeln, die herkömmlichen Softwareprogrammen in der Funktionalität gleichkommen. Eine vielgeäußerte und plausible Vision ist es daher, den WWW-Browser als die eine, durchgängige Benutzeroberfläche für Computerprogramme der Zukunft anzusehen, innerhalb derer beliebige Anwendungen, ob lokal oder im Internet, ablaufen.

Chancen für Informationsnutzer und -anbieter

Aus informationsökonomischer Sicht beruht der Vorzug der „schönen neuen Welt" des Internet insbesondere auf drei Aspekten, die hier mit ubiquitärer Information, effizienter Kommunikation und reduzierten Kosten bezeichnet werden:

– Ubiquitäre Information:
  Durch die Nutzung des Internet können Informationen zu beliebigen Themen in Echtzeit von jedem Ort der Welt abgerufen werden – ohne Ortswechsel, ohne Zeitverlust. Prozesse der Informationssuche werden durch den direkten Zugriff auf online verfügbare Informationen deutlich beschleunigt. Der Zugang zu diesem Medium ist – gegenüber bisherigen Möglichkeiten elektronischer Kommunikation – an vergleichsweise geringe technische Voraussetzungen geknüpft und die Nutzung setzt vergleichsweise geringe technische Kenntnisse voraus.
– Effiziente Kommunikation:
  Das Internet ermöglicht eine zeitliche und räumliche Entkopplung von Kommunikationsvorgängen. Daraus resultiert eine Reduktion entsprechender Einschränkungen im Vergleich zu klassischen Kommunikationsmedien (wie Telefon und Brief). Die Geschwindigkeit der Kommunikationsvorgänge nimmt i.d.R. deutlich zu. Hiermit ist nicht nur die drastische Zunahme der Kommunikationsgeschwindigkeit gegenüber einem Medium wie dem klassischen Brief gemeint, sondern auch eine verbesserte Erreichbarkeit gegenüber Medien wie Telefon oder Telefax, da eine elektronische Nachricht ihren Empfänger unabhängig von seinem Auf-

enthaltsort und seiner aktuellen physischen Anwesenheit erreicht. Elektronische Nachrichten enthalten außerdem weiterverarbeitbare Text- oder andere Informationen. Bei klassischen Kommunikationsformen entsteht aufgrund des Medienbruchs zwischen digitaler und nicht-digitaler Welt oft die Notwendigkeit, Informationen zum Zwecke der Weiterverarbeitung oder der Dokumentation erneut zu erfassen. Durch die Möglichkeit der bruchlosen Weiterverarbeitung geht in der Regel eine qualitative Verbesserung der Kommunikationsvorgänge einher, da so Übertragungsfehler vermieden werden.

– Reduzierte Kosten:
Für den Informationsanbieter werden Kosten in mehrerlei Hinsicht reduziert. Bearbeitungskosten werden reduziert, weil etwa Anfragen maschinell oder durch den Nutzer selbst dokumentiert werden; eine Erfassung von Anfragen zum Zweck der Weiterverarbeitung oder Dokumentation erübrigt sich. Kosten der Informationsaufbereitung werden ebenfalls reduziert, weil ein Dokumentenhandling vereinfacht wird oder ganz entfällt. Eine deutliche Verbesserung ergibt sich dann, wenn Informationen, die vorher in gedruckter Form vorlagen, nun nicht mehr konfektioniert, versandfertig gemacht und schließlich auf herkömmlichen Weg versandt werden müssen, sondern elektronisch zusammengestellt und automatisch versandt werden können, ohne Medienbruch. Völlig entfallen kann eine Bearbeitung auf seiten des Informationsanbieters dann, wenn der Informationsnutzer sich in einem intelligenten, interaktiven Informationsangebot die benötigten Informationen selbst zusammenstellt und elektronisch abholt. Die Kosten der elektronischen Informationsübermittlung sind ebenfalls meist geringer als bei klassischen Übermittlungsformen. Eine elektronische Nachricht zu übermitteln kostet im Durchschnitt wenige Pfennige, deutlich weniger als ein Brief, ein Telefax oder ein Telefongespräch – insbesondere dann, wenn die Kommunikation über Landesgrenzen hinweg erfolgt.

Für den Nutzer besteht die Kostenreduktion einmal in niedrigeren Kosten der Informationssuche. Auch eine Suche im Internet ist zwar nicht kostenfrei; i.d.R. ist mindestens die Gebühr für den Zugang zum Internet zu zahlen. Diese Kosten liegen jedoch meist deutlich unter denen etwa eines Telefongespräches, insbesondere dann, wenn sich die Informationsquelle im Ausland befindet. Auch die Kosten der Informationsnutzung selbst sind bei Einsatz des Internet gegenüber anderen Medien i.d.R. reduziert.

Grund hierfür ist, daß der Informationsanbieter häufig die reduzierten Bearbeitungskosten zumindest teilweise an den Nutzer weitergibt – schon deshalb, weil er nur so selbst wettbewerbsfähig bleiben kann.

Lohnt sich der Auftritt im Internet?

Trotz der genannten Vorzüge eines Informationsangebots im Internet stellt sich für potentiell betroffene Organisationen die Frage, ob sich ein Auftritt im Internet, insbesondere im WWW lohnt. Die Beantwortung dieser Frage hängt zunächst von der Art der Informationen oder Dienstleistungen ab, die angeboten werden. Vor dem Hintergrund der oben angeführten Nutzerstrukturen wird deutlich, daß die Zielgruppe eines bestimmten Informationsangebotes über das Internet möglicherweise heute noch nicht oder noch nicht vollständig erreicht werden kann.

Besondere Anforderungen an eine Internetpräsenz sind dann zu stellen, wenn die zur Verfügung gestellten Daten sensibler Natur sind. Es ist dann genau zu prüfen, ob Datenschutz und Datensicherheit in ausreichendem Maß gewährleistet werden können. Die vielgeäußerte Furcht vor „Hackern", „Viren", aber auch vor einem Datenverlust ist nicht ganz unberechtigt. Wenngleich geeignete Werkzeuge bereits existieren, um den schlimmsten Fall vermeiden zu können, so verlangt dieser Aspekt doch große Aufmerksamkeit und oft noch größere Aufwendungen. In diesem Zusammenhang ist nicht unwichtig, ob die zweifelsfreie Authentifizierung des Nutzers notwendig wird, etwa dann, wenn über das Internet auch kommerzielle Transaktionen abgewickelt werden sollen. Ein nicht zu unterschätzendes Problemfeld sind außerdem die rechtlichen Aspekte einer Internet-Präsenz. Hier ist etwa zu prüfen, ob durch den Auftritt gesetzliche Bestimmungen oder Schutzrechte verletzt werden könnten.

Sind diese Fragen geklärt, so ist schließlich zu fragen, ob der erwartete Nutzen die zu erwartenden einmaligen wie laufenden Kosten rechtfertigt. Wenngleich das Internet, wie oben dargestellt, in aller Regel ein kostengünstiges Medium ist, so variieren die Anfangsinvestitionen für einen Informationsanbieter je nach Zielsetzung und Anspruch an die Gestaltung der eigenen Internet-Präsenz doch erheblich. Das gleiche gilt – in Abhängigkeit insbesondere von der Art der Anbindung an das Internet sowie der Aktualisierungshäufigkeit des Angebots – auch bezüglich der laufenden Kosten.

Herausforderungen auf dem Weg in die Informationsgesellschaft

Das Internet wird von vielen als integraler Baustein der vielbeschworenen Informationsgesellschaft gesehen. Trotz aller technologischen Fortschritte, trotz aller Chancen, die das Internet für Informationsnutzer wie Informationsanbieter bietet, gilt es doch, Herausforderungen zu meistern, die uns m.E. heute noch von einer wirklichen Informationsgesellschaft trennen. Im folgenden seien daher abschließend einige der wichtigeren technischen, ökonomischen, psychologischen und gesellschaftlichen Hürden angesprochen, ohne daß diese Aufzählung Anspruch auf Vollständigkeit erheben würde.

– Technische Herausforderungen
  Wenn auch die technische Entwicklung gerade im Bereich der Internetanwendungen der tatsächlichen Nutzung häufig ein gutes Stück voraus ist, so bleiben auch auf diesem Gebiet einige Anforderungen bestehen. Zunächst sind schnelle und verläßliche Zugänge für einen möglichst breiten Kreis von Nutzern zu schaffen, denn diese sind Voraussetzung für die umfassende Marktdurchdringung des Mediums. Ob dies mit der heutigen Struktur des Internets möglich ist, wird sich in den nächsten Jahren zeigen. An erweiterten Konzepten, die das Internet in mehrere Verfügbarkeitsklassen unterteilen, wird bereits gearbeitet. Von besonderer Bedeutung ist ferner die Sicherheit im Internet. Die bereits existenten Mechanismen und Werkzeuge zur Verschlüsselung, zum Schutz vor Computerviren sowie zum Schutz vor Eindringlingen (Firewall-Systeme) sind zum einen sicherlich noch verbesserungsfähig, zum anderen noch nicht weit genug verbreitet.

– Ökonomische Herausforderungen
  Während die technischen Herausforderungen weitgehend die Entwickler von Hard- und Softwarekomponenten betreffen, stellen sich die ökonomischen Herausforderungen den Telekommunikationsanbietern (Netzdienstleister, Provider), aber auch den Informationsanbietern und -nutzern. Netzdienstleister müssen in den nächsten Jahren, wollen sie wirklich leistungsfähige und damit verläßliche und akzeptable Netzwerke schaffen, große Summen in die technische Netzinfrastruktur investieren. Trotzdem sind gerade in Deutschland die Kosten der Nutzung dieser Telekommunikationsinfrastruktur noch zu reduzieren, um die Attraktivität des Mediums vor allem für den Endverbraucher zu erhöhen. Im Vergleich insbesondere mit den USA sind die Gebühren für den Zugang zum Inter-

net nach wie vor zu hoch, die Akzeptanz damit zu gering. Informationsanbieter tragen zunächst die oben bereits angesprochenen Kosten für die
Internetpräsenz selbst. Handelt es sich bei den im Netz verfügbar zu ma-
chenden Informationen jedoch um solche, die bereits in anderer, nicht-
digitaler Form vorliegen, so ist die Digitalisierung dieser Informationen
oftmals mit einem sehr viel größeren Aufwand verbunden als die Realisierung der Internetpräsenz selbst.

– Psychologische Herausforderungen
  Wenngleich sich die vielzitierten „Internet-Surfer" in diesem Medium
  bereits mehr als heimisch fühlen, so gilt dies, wie die eingangs berichteten
  Nutzerstatistiken zeigen, noch lange nicht für breite Kreise der Bevölkerung. Bevor das Internet ein Massenmedium wird, sind individuelle Hem-
  mungen zu überwinden. Diese bestehen häufig – und nicht nur bei älteren
  Menschen – bereits in einer mehr oder weniger begründeten Angst vor
  dem (vermeintlich oder tatsächlich) komplexen Gerät Computer. Eine
  weitere, vielleicht noch größere, jedenfalls aber spezifischer das Medium
  Internet betreffende Herausforderung besteht im Erlernen des Umgangs
  mit Informationsüberflutung. Nicht mehr nur in Wissenschaftler- oder
  Managerkreisen wird immer häufiger erfahren, daß die Vielzahl der verfügbaren und möglicherweise relevanten Informationen zu einem The-
  mengebiet nicht mehr zu überblicken ist. Dieses Phänomen, das sicherlich
  nicht nur auf das Internet zurückzuführen ist, durch dessen Aufkommen
  aber in großem Maß verstärkt wird, muß erst noch kognitiv und emotional bewältigt werden und zu neuen Strategien des persönlichen Umgangs mit ubiquitärer Information führen.

– Gesellschaftliche Herausforderungen
  In diesem Rahmen ist zunächst der Schutz der Privatsphäre anzuspre-
  chen. Die Möglichkeiten der Speicherung persönlicher Daten, die über das
  Internet in Erfahrung gebracht werden können, die Möglichkeiten der
  Erstellung etwa von Konsumentenprofilen auf Basis dieser Daten, diese
  bedürfen einer genauen Beobachtung und gegebenenfalls einer rechtlichen Regelung – deren Dimensionen jedoch heute in vollem Umfang noch
  gar nicht absehbar sind. Die Verhinderung des möglichen Zerfalls der
  Gesellschaft in erfolgreiche Nutzer der neuen Technologie (Information
  rich) und – im wahrsten Sinne – abgehängte Nichtnutzer (Information
  poor) ist, wenn diese Entwicklung denn eintreten sollte, eine weitere Herausforderung für Politik und Gesetzgebung. Verschiedentlich wird bereits

gefordert, einen Basiszugang zum Internet staatlich zu gewährleisten (Recht auf informationelle Grundversorgung) sowie die Fähigkeiten zur Nutzung der elektronischen Medien (Computer literacy) in allen Teilen der Gesellschaft zu fördern, um eine solche Entwicklung bereits an der Wurzel zu bekämpfen.

Diese Schlußbetrachtungen machen deutlich, daß die Informationsgesellschaft, wenngleich sie mit einiger Wahrscheinlichkeit große Chancen und vielfache Erleichterungen mit sich bringen wird, nicht ohne weitere Anstrengungen Realität werden wird. Eine reflektierte und durchaus kritische Herangehensweise an das Medium Internet tut daher not, um auf längere Sicht die Realisierung einiger der Vorzüge der Informationsgesellschaft zu erreichen, die heute vielleicht allzu häufig und allzu vorschnell beschworen werden.

Archivische Findmittel: Die Arbeit der Archivare und die Erwartungen der Benutzer

Sektionssitzung unter Leitung von *Antjekathrin Graßmann*

Volker Trugenberger
Provenienz und Pertinenz – von der Antithese zur Synthese durch neue Möglichkeiten des Zugriffs auf Archivgut im Zeitalter der EDV

1. Gegenwärtige Arbeitsmethoden

Archivische Findmittel enthalten nach Gerhart Enders Angaben, „die zur Benutzung in inhaltlicher (Auswertung) und technischer (Einlagern, Ausheben und Rücklagern) Hinsicht erforderlich sind."[1] Damit sind die Findmittel eine wichtige Schnittstelle zwischen zwei Funktionsbereichen: auf der einen Seite der Lesesaal oder – um es allgemeiner zu formulieren und den Archivar bei seinen Recherchen und eigenen Forschungen nicht zu vergessen – die Nutzungsstelle des Archivguts; auf der anderen Seite das Magazin. Hier dienen sie nicht nur zum Auffinden, sondern – und dies hat bereits Johannes Papritz erkannt – vor allem auch der Kontrolle und Sicherung der Vollständigkeit des Archivguts.[2]

Die gängigen Findmittel entsprechen den beiden Ebenen, die es in jedem mehrzelligen Archiv für die Ordnung des Archivguts im Magazin gibt: die Beständeübersicht erschließt mit ihren Beschreibungen der einzelnen Archivbestände die Ebene der Bestände; die Findbücher enthalten Beschreibungen der einzelnen Bestelleinheiten in einem Bestand.

Solange die Beschreibungen der Bestände und einzelnen Archivalieneinheiten nur manuell (das heißt: nur sehr aufwendig) vervielfältigt und sortiert werden konnten, hat man es aus Gründen der Arbeitsökonomik in aller Regel bei einer einzigen Sortierung dieser Beschreibungen belassen. Die Reihenfolge soll dabei möglichst gut sowohl dem Nutzer mit seinem inhaltlichen Inter-

---

1 Gerhart Enders, Archivverwaltungslehre. 3. Auflage Berlin (DDR) 1968 (Archivwissenschaft und Historische Hilfswissenschaften 1), S. 129.
2 Johannes Papritz, Archivwissenschaft, Bd. 3. Marburg 1976, S. 185.

esse als auch der Magazinverwaltung gerecht werden und der Reihenfolge der Archivalien am Lagerort entsprechen. Falls bei der Erschließung das Archivgut nicht die Ordnungskriterien aufweist, die der Erschließung zugrundeliegen sollen, wird es umformiert.

Bei der Bestandsbildung und damit auch bei der Anlegung der Findmittel hat sich das Provenienzprinzip durchgesetzt. Unter Provenienz wird in aller Regel die Entstehungsprovenienz verstanden, das heißt: maßgebend ist der Registraturbildner, bei dem das jeweilige Archivgut entstanden ist.[3] Papritz verwendet hierfür den Begriff „Ursprungsprinzip" zur Unterscheidung vom „Herkunftsprinzip"[4], bei dem die Bestandsbildung nach der Ablieferungsprovenienz erfolgt, also nach der Stelle, die die Unterlagen in das Archiv abgegeben hat.

2. Fragen

1) Welche Vorteile bietet die Orientierung der Findmittel am Magazinbestand und wem nützen sie?

Die praktischen Vorteile der Orientierung am Magazinbestand sind allgemein bekannt und seien deshalb hier nur kurz aufgeführt: Die Erschließung kann an räumlich genau lokalisierten Einheiten erfolgen, so daß die Vollständigkeit der Erschließung ohne großen Kontrollaufwand gewährleistet ist. Im täglichen Dienstbetrieb hat es der Magazindienst leichter mit dem Ausheben, da bei vielen Fragestellungen der jeweilige Nutzer mehrere provenienz-

---

3 Ordnungs- und Verzeichnungsgrundsätze für die staatlichen Archive der Deutschen Demokratischen Republik, hrsg. von der Staatlichen Archivverwaltung im Ministerium des Innern der Deutschen Demokratischen Republik. Potsdam 1964, S. 20 (§ 21): „Der Regelfall der Bestandsbildung und -abgrenzung ist die Bildung von Einheitsbeständen auf der Grundlage eines selbständigen Registraturbildners". – Archivwesen der Deutschen Demokratischen Republik. Theorie und Praxis, hrsg. vom Wissenschaftlichen Beirat für Geschichtswissenschaft beim Ministerium für Hoch- und Fachschulwesen. Berlin (DDR) 1984, S. 312: „Das Ergebnis einer auf der Grundlage des Provenienzprinzips erfolgten Bestandsbildung ist in der Regel der 'Einheitsbestand', also der Bestand, dessen Dokumente von einem Registraturbildner stammen. Er vereinigt dessen gesamtes Archivgut ... ." – Papritz (wie Anm. 2), Bd. 4, S. 314: „Es ergibt sich der zwingende Schluß, daß die Bestandsbildung ... von den Provenienzstellen ausgehen muß." – Hermann Rumschöttel, Ordnen und Verzeichnen von Archivgut. In: Archiv und Wirtschaft 20 (1987), S. 133-142, hier: S. 135: „In der Regel soll ein Archivbestand, ein Fonds, das gesamte überlieferte Archivgut einer registraturbildenden Stelle enthalten."
4 Papritz (wie Anm. 2), Bd. 3, S. 24-27.

mäßig und sachlich zusammengehörende Archivalieneinheiten einsehen will, die im Magazin dann nebeneinander stehen. Fehlt eine Archivalieneinheit im Regal, kann unmittelbar ermittelt werden, was fehlt. Dies ist in aller Regel meist der entscheidende Anhaltspunkt dafür, wo man weiter suchen muß. Schließlich kann der Archivar bei der Bearbeitung von Recherchen oder bei eigenen Forschungen im Magazin vor dem Regal stehend überprüfen, ob nicht nur die Archivalieneinheit mit einer ihm bereits aus dem Findbuch oder der Literatur bekannten Signatur für seine Fragestellung einschlägig ist, sondern auch die daneben stehenden Archivalieneinheiten. Denn bei einer systematischen Aufstellung sind diese jener nicht nur räumlich benachbart, sondern weisen häufig auch einen inhaltlichen Bezug auf.

Damit nützt die Orientierung der Erschließung am Magazinbestand in erster Linie den Archivmitarbeitern. Den Nutzern im Lesesaal, den „Kunden", die ja keine Magazinerlaubnis haben, kann es hingegen gleichgültig sein, wo die bestellte Archivalieneinheit im Magazin lagert.

2) Welche Nachteile sind mit der Orientierung der Findmittel am Magazinbestand verbunden und für wen sind sie gravierend?

Zum einen müssen die Nutzer im Lesesaal, aber auch die Archivare, die Recherchen beantworten, mit logischen Ungereimtheiten zurechtkommen. Denn obwohl sich das Provenienzprinzip bei der Bestandsbildung seit langem durchgesetzt hat, ist die Gleichsetzung Provenienz = Bestand = Findbuch nicht die Regel, sondern die Ausnahme. Aus Gründen der Überlieferungsgeschichte, der Tektonik oder der Konservierung gibt es Selektbestände, gibt es zusammengefaßte Bestände oder Mischbestände.[5] So findet der Nutzer die Pergamenturkunde einer Provenienz über ein Grundstücksgeschäft in einem anderen Findbuch verzeichnet als die dazugehörende Akte, das Lagerbuch, das die betreffende Liegenschaft beschreibt in einem dritten und die Karte in einem vierten. Selbst in sogenannten reinen Provenienzbeständen sind häufig Vor- und Nachprovenienzen anzutreffen. So muß ein Nutzer, der Unterlagen über die Gründung seiner örtlichen Feuerwehr 1897 sucht, von der Lesesaalaufsicht vielleicht darauf hingewiesen werden, daß er nicht nur im Bestand, das heißt Findbuch, des Oberamts des 19. Jahrhunderts

---

5 Ordnungs- und Verzeichnungsgrundsätze ... (wie Anm. 3), S. 23-30 (§§ 29-31 und §§ 45-49). – Papritz (wie Anm. 2), Bd. 4, S. 313-328.

suchen soll, sondern auch in der Überlieferung des Landkreises, der 1938 Rechtsnachfolger dieses Oberamts wurde.

Zum anderen sind bei der archivischen Erschließung Umsortierungen und in deren Folge Neusignierungen zur Herstellung von Entstehungsprovenienz-beständen nicht nur ausnahmsweise, sondern häufig unumgänglich: Dies betrifft alte Archivbestände, die beispielsweise nach dem Pertinenzprinzip gebildet und aufgestellt sind. Dies betrifft aber auch Neuzugänge, denn bei diesen handelt es sich in aller Regel um Ablieferungsprovenienzen, die meist nicht mit Entstehungsprovenienzen identisch sind.

Für das Archiv bedeuten diese Umsortierungen:

-   Die Ordnungsarbeiten im Magazin verursachen einen erheblichen Arbeitsaufwand.
-   Ablieferungsverzeichnisse, nach denen die abliefernden Behörden ihre Akten anfordern, stimmen nach der Neuordnung nicht mehr. Bei Aktenanforderungen durch die abliefernde Behörde muß deshalb die Signatur der gewünschten Akte vom Archiv erst ermittelt werden.

Für den Nutzer bedeuten die Umsortierungen:

-   Ehemalige Signaturen, die der Nutzer aus der Literatur kennt, sind nicht mehr gültig, so daß er aufwendig die neue Signatur suchen (oder durch die Lesesaalaufsicht suchen lassen) muß.
-   Die Nutzung eines Bestandes ist während der Ordnungsarbeiten erschwert oder gar unmöglich.
-   Provenienzentrennungen führen häufig dazu, daß zwar die Hauptprovenienz in absehbarer Zeit ein Findbuch erhält, die Erschließung des Rests aber zurückgestellt bleibt und dieser damit unbenutzbar wird.

Die Nachteile, die mit einer Orientierung der Findmittel am Magazinbestand verbunden sind, betreffen somit in erster Linie den Nutzer, zumal die Arbeitszeit, die für Ordnungsarbeiten im Magazin gebraucht wird, sonst mindestens zum Teil der Erschließung zugute kommen könnte.

3) Ist das Provenienzprinzip auch als Suchstrategie brauchbar?

Wer das Provenienzprinzip verstanden hat, kommt damit in der Regel rasch
zu guten Suchergebnissen bei Fragestellungen, die unmittelbar oder mittelbar
in Beziehung zu Provenienzen gesetzt werden können. Doch bei Fragestellungen, für die Provenienzen und an alte Registraturstrukturen angelehnte
archivische Findbuchgliederungen wenig hilfreich sind, stößt das Provenienzprinzip an seine Grenzen. Wer vermutet frühneuzeitliche Liebesbriefe
in Akten des Reichskammergerichts? Zum anderen hilft das Provenienzprinzip in Fällen nicht weiter, bei denen einschlägige Provenienzen – aus welchen
Gründen auch immer – nicht ins Archiv gelangt sind und der Forscher nach
Ersatzüberlieferungen schauen muß: Wer vermutet, daß die Hinrichtung
eines bestimmten Fremdarbeiters während des Zweiten Weltkriegs in der
Spruchkammerakte eines Unbeteiligten dokumentiert ist? Sylvia Schraut,
eine Mannheimer Privatdozentin mit großer Erfahrung in der Archivarbeit,
hat deshalb auf dem Südwestdeutschen Archivtag 1996 in Freiburg Findmittel gefordert, die auch „quer zur Ordnung des Archivguts Antwort darauf
geben, wo finde ich Informationen zu welchen Themen."[6] Solche Äußerungen
unserer Kunden sollten wir ernst nehmen.

3. Schlußfolgerungen

Auf allen Ebenen archivischer Ordnung – sei es bei den Beständen, sei es bei
der Ordnung der Archivalieneinheiten innerhalb eines Bestandes – muß man
sich vergegenwärtigen, was Hermann Schreyer bereits 1984 betont hat: „Es ist
methodisch also zwischen der durch die jeweils konkret gegebenen
Lagerungsbedingungen bestimmten Ordnung des Archivgutes und der davon unabhängigen Ordnung der Verzeichnungsangaben zu unterscheiden."[7]

Die moderne Technik erlaubt es, schnell und einfach große Datenmengen
nach vielfältigen Gesichtspunkten zu selektieren und zu sortieren. Damit
müssen die Findmittel, die dem Nutzer zur Verfügung gestellt werden, nicht
mehr die enge Bindung an die Magazinlagerung aufweisen. Denn für die

---

6   Sylvia Schraut, Wechselspiel zwischen Forschung und archivischer Aufgabe – Die Perspekti-
    ve der Zeitgeschichtsforschung, Vortrag auf dem 56. Südwestdeutschen Archivtag in Frei-
    burg, 18. Mai 1996. Frau Dr. Schraut sei an dieser Stelle für die Überlassung des Manuskripts
    herzlich gedankt.
7   Archivwesen ... (wie Anm. 3), S. 307.

Magazinverwaltung können spezielle Listen selektiert oder gar Dateien geführt werden. Umgekehrt braucht sich die Bestandsbildung nicht an die Organisation der Findmittel für den Nutzer zu halten, sondern kann sich nach arbeitsökonomischen Erfordernissen der Behördenbetreuung beziehungsweise der Zugangsbearbeitung richten, das heißt: Bildung von Beständen nach der Ablieferungsprovenienz. Auch konservatorische Aspekte können verstärkt berücksichtigt werden, indem etwa formatbedingte Selektbildungen vorgenommen werden. Arbeitsaufwendige Umsortierungen und Umgruppierungen des Archivguts bei späteren Erschließungsarbeiten können entfallen und damit auch Umsignierungen, die erfahrungsgemäß immer wieder zu Verwirrung bei den Nutzern führen.

Methodisch sind durch den konsequenten Ausbau des Schichtenmodells der internationalen Verzeichnungsnorm ISAD(G)[8] Erschließungsdaten nicht nur auf den traditionellen Erschließungsebenen des Bestands und der Bestelleinheit verfügbar, sondern auch auf anderen möglichen Erschließungsebenen: Teilbestand, Serie/Aktengruppe, Untergruppe, Teil einer Bestelleinheit. Vor- und Nachprovenienzen etwa, ob es sich dabei nun um ganze Aktengruppen oder um Einzelschriftstücke handelt, können nun in einem eigenen Datensatz erfaßt werden. Damit können die entsprechenden Titelaufnahmen beliebig selektiert und logisch, das heißt im Findmittel, auch anders zugeordnet werden als dem Bestand, zu dem sie lagerungstechnisch gehören.[9]

Dank der neuen technischen und methodischen Möglichkeiten können Findmittel geschaffen werden, die sich ausschließlich an den unterschiedlichen Bedürfnissen der Nutzer, der abliefernden Stellen und der Magazinverwaltung ausrichten: In Papierform sind dies

---

8 Conseil International des Archives / International Council on Archives, ISAD(G) – General International Standard Archival Description, adopted by the Ad Hoc Commission on Descriptive Standards Stockholm, Sweden 21-23 January 1993 (Final ICA approved version), Ottawa 1994. Deutsche Übersetzung: Internationale Grundsätze für die archivische Verzeichnung, übersetzt und bearb. von Rainer Brüning und Werner Heegewaldt. Marburg 1994 (Veröffentlichungen der Archivschule Marburg 23).

9 Vgl. Volker Trugenberger, Die internationale Verzeichnungsnorm ISAD(G), die EDV und die Auswirkungen auf Beständebildung und Nutzung. In: Archiv und Öffentlichkeit. Aspekte einer Beziehung im Wandel. Zum 65. Geburtstag von Hansmartin Schwarzmaier, hrsg. von Konrad Krimm und Herwig John. Stuttgart 1997 (Werkhefte der Staatlichen Archivverwaltung Baden-Württemberg A 9), S. 188-195.

- für Zwecke der Magazinverwaltung: Findmittel der einzelnen Lagerortsbestände
- für Zwecke der abliefernden Stelle: Findmittel der Ablieferungsprovenienzen
- für die Nutzer zum einen Findmittel, die die Gesamtüberlieferung einer Provenienzstelle beschreiben ohne Rücksicht auf Bestandszuordnungen, und zum anderen Findmittel, die sachthematische, personenbezogene oder ortsbezogene Pertinenznachweise bieten.

Entscheidend dabei ist: Eine Archivalieneinheit kann durchaus in mehreren Findmitteln beschrieben sein: im Findbuch der Ablieferungsprovenienz, im Findbuch der Entstehungsprovenienz, im Findbuch einer weiteren Provenienz (falls etwa Vor- oder Nachprovenienzen innerhalb einer Akte zu berücksichtigen sind), in einem Pertinenzfindbuch, im Nachweis des Magazinbestandes.

Beständeübersichten bleiben internes Hilfsmittel für die Magazinverwaltung, für Zwecke der Nutzung werden sie abgelöst von Provenienznachweisen.

On-line ist sowohl ein Zugriff auf die Erschließungsdaten über die Provenienzen (hierarchisch durch aufeinanderfolgende Selektion von Teildatenbeständen aus dem Gesamtbestand der Erschließungsdaten) als auch über die Pertinenz (Suche nach einem Schlagwort im Gesamtdatenbestand der Erschließungsdaten) möglich. Hyper-Text-Systeme, wie sie etwa aus dem Internet bekannt sind, werden dem Nutzer darüber hinaus das permanente Wechseln zwischen einer provenienzbezogenen hierarchischen Suchstrategie und einer pertinenzbezogenen Suchstrategie über Schlagworte ermöglichen.

Ulrich Simon:
Puzzlen im Archiv – eine Tätigkeit für jedermann?

Die Ausbildung zum Archivar wird von Absolventen der entsprechenden Lehrstätte oft bemängelt. Der fehlende Praxisbezug ist ein Reizthema, das Zuviel der Fächer mit dem Beiwort Geschichte ein anderes. Was den ausgebildeten Archivar vom reinen Historiker besonders unterscheiden sollte, sind Beherrschen der Paläographie und provenienzgerechtes Verzeichnen. Wenn der ausgebildete Archivar nach der Ausbildung seine Planstelle erobert hat, wird dieser Tätigkeitsbereich oft von Aufgaben des Kultur-Managements zurückgedrängt und die Erschließungsarbeit an den Beständen vielfach delegiert.

Nun dürften in den mit Fachkräften besetzten Archiven die älteren Bestände leidlich geordnet und benutzbar vorliegen. Das Archiv der Hansestadt Lübeck bildet hier eine Ausnahme, da Revisionen über Kriegsverluste im Zusammenhang mit einer zeitgemäßen Neuverzeichnung, nachdem die im Krieg ausgelagerten älteren Archivalien 1987 und 1990 aus der DDR und Sowjetunion zurückgekehrt sind, erst jetzt stattfinden können. Drittmittel haben zur Bewältigung dieser Aufgaben bereits erheblich beigetragen. Bis vor kurzem waren jedoch keine ausgebildeten Archivare, sondern in der Benutzung von Archiven erfahrene Historiker damit betraut.

Zu erwähnen ist, daß EDV zur Verzeichnung Lübecker Bestände erst seit kurzer Zeit im Einsatz ist, ja die ersten Computer mit ausreichender Kapazität an die Arbeitsplätze gebunden waren, die durch diese Drittmittel gefördert wurden. Was diese EDV und ihre Nutzer leisteten, wurde somit recht spät offenbar, meist wenn diese Nutzer als Mitarbeiter wieder ausschieden. Aus Erfahrung klüger geworden, wurde dann für die noch nicht abgeschlossene Bearbeitung der außenpolitischen Akten des Lübecker Rats (ASA-Externa) ein frisch ausgebildeter wissenschaftlicher Archivar aus Marburg gewonnen, dessen Erfahrungsbericht in einigen Punkten[1] auch für den hier vorzustellenden Bereich gilt.

---

1 Axel Koppetsch, Von Aachen bis Zerbst. Zum Stand der Verzeichnungsarbeiten an zurückgekehrten Akten des Archivs der Hansestadt Lübeck. In: Mitteilungen der Gesellschaft für Schleswig-Holsteinische Geschichte 52 (1997), S.13-18.

Bereits im Mittelalter bildeten sich in Lübeck einzelne kaufmännische Kollegien heraus, die eine eigene schriftliche Überlieferung besaßen. Gegenüber dem Rat der Stadt kam es nach Anfängen im frühen 15. Jahrhundert und während des Vordringens der Reformation unter Bürgermeister Wullenwever, verankert im Kassa- und Bürgerrezeß von 1665 und 1669, zur Beteiligung der Bürger am Stadtregiment. Nicht alle Kollegien errangen den Status als bürgerschaftliches Kollegium. Die Mitarbeit in diesen nicht kompanieeigenen Angelegenheiten führte zu vermehrtem Anfall von Schriftstücken, vor allem zur Führung von Protokollbänden, Nachweisen über Besetzung von Behörden, Deputationen, Kommissionen u. dergl., was auch der Pflege des Schriftguts in den ureigensten Angelegenheiten der Kollegien selbst zugute kam. Kollegien, die nicht bis zur Einführung der Verfassung von 1848 als Bürger die Stadt mitregierten, sind dagegen meist nicht mit einem eigenen archivischen Bestand, sondern allenfalls mit einzelnen Stücken repräsentiert[2].

Wenden wir uns dem Kollegium der Schonenfahrer mit dem größten Bestand unter den kaufmännischen Kollegien zu. Im späten Mittelalter hatten die Älterleute die Bücher geführt. Das oblag nun dem Protokollführer, der auch das Archiv zu betreuen hatte. Als 1853 die Kaufmannschaft zu Lübeck gebildet wurde, lösten sich die einzelnen kaufmännischen Kollegien auf. Die Handelskammer als Vorstand der Kaufmannschaft veranlaßte 1887 eine Verzeichnung der Archivalien dieser früheren Kollegien, die aber kein ausgebildeter Archivar vornahm. Immerhin wurden dadurch die Provenienzen gewahrt. In dieser Ordnung gelangten die Archivalien 1927 ans Archiv der Hansestadt Lübeck und wurden von Auslagerung im 2. Weltkrieg und Rückführung von dessen Beständen 1987 und 1990 betroffen.

Der mit der computergestützten Neuverzeichnung betraute Bearbeiter begann mit dem Bestand der Schonenfahrer, da deren Schriftstücke durch ein mit roter Tinte aufgetragenes alphanumerisches Signatursystem auch dann kenntlich waren, wenn infolge der verschiedenen Aus- und Umlagerungen Aktendeckel fehlten oder Akten in verschiedene Teile auseinandergerissen waren. Vor allem die Schreiben, die in bürgerschaftlichen Angelegenheiten bei einem Kollegium einliefen, waren im Prinzip bei allen Kollegien, deren Bestände zur Ordnung anstanden, gleich, so daß diese Signatur eindeutige Zuordnung versprach. Das bis dahin gültige Verzeichnis von 1887 zog der

---

2 Z. B. Island-, England-, Spanien-, Alborg-, Ystadfahrer; Greveradenkompanie usw.; Ausnahme: Salzführer.

Bearbeiter aber nicht zu Rate, obwohl daraus ersichtlich wird, welche Stücke, bes. bei den verschiedenen Protokollserien, schon damals und nicht erst durch die Auslagerung fehlten. Außerdem hatte dieses Verzeichnis die Namen der Protokollführer jedes Bandes vermerkt, eine Kenntnis, die bei der Neuverzeichnung zunächst ebenfalls unterging. Damit nicht ohne Not eine Verringerung an Information gegenüber einer früheren Verzeichnung stattfand, wurde beides bei Überarbeitung der Neuverzeichnung aufgenommen.

Die Erkenntnis, daß das, was gerade neu verzeichnet worden war, einer kompletten Überarbeitung durch die glättende Hand des Archivars bedurfte, reifte indessen erst langsam. Zunächst wurde noch die Hoffnung gehegt, der Computer werde die nach Numerus currens vorgenommene Verzeichnung ordnen, und enttäuscht. Die Ursache lag natürlich beim Bearbeiter, nicht beim Gerät oder beim Programm, die beide keine Fehler machen. Nach absolut gleichen Kriterien vorgenommene Eingaben wären Voraussetzung gewesen, um Gleichförmiges zusammenzuführen. Da zu dem zur Zeit auf ca. 44 lfd m geschätzten Umfang des Archivs der Schonenfahrer immer noch aus nicht bearbeiteten Paketen der gesamten Lübecker Rückführungsbestände versprengte Teile auftauchen, ist es auch jetzt noch nicht möglich, alle Stücke vorzuordnen. Ein Gang zum Archivale selbst klärte indessen schon manches: Gleiche Einbände und Beschriftungen von Protokollbänden und Amtsbüchern sowie die oft noch vorhandene Signatur von 1887 ließen innerhalb von wenigen Stunden eine nach äußerem Erscheinungsbild rekonstruierte Ordnung erstehen, wie sie die vorgefundenen Einträge der EDV wegen überlappender Laufzeiten oder leicht variierter Titel nicht vermochten.

Eine Frage warfen die unzähligen Akten mit dem Titel „Verwaltungsrechnungen und -quittungen" auf; daß sich dahinter Belege zu den in gebundener Form vorliegenden Jahresrechnungen verbargen, stellten dann die überarbeitenden Archivare fest: Unzählige Einzelbelege wurden jetzt nach Rechnungsjahren geordnet. Das größte Problem aber stellten die gebildeten Akteneinheiten selbst dar. Da sich der Bearbeiter nicht in der Lage sah, Titel zu bilden, die prozeßgeneriertes Handeln widerspiegeln, sondern jeweils nur Stichworte aneinanderreihte, wurde es nicht klar, ob diese Stichworte innerhalb der gebildeten Akteneinheit in einer sachlichen Verbindung zueinander standen. Unter der Klassifikation: „Eigene Angelegenheiten" rangierten in der Gruppe „Verwaltung, Personal" die Untergruppen „Archiv" und „Übriges Personal"; in der letzteren gaben Titel wie Nr.716 „Protokollisten; Enthält auch: Benutzung des Archivs, Kornmakler" oder Nr. 717 „Archivar, Protokol-

list, Litzenbrüder, Verträge" zu denken. Die Nr. 718 hatte gar als Titel „Schüt-
tingsboten, Archivar, Protokollist, Verträge; Enthält auch: Vermietung des
Schüttings, Obligationen, Postboten". Solche Stichworte häuften sich z.T. bis
zu zehn, wobei nach der sachlichen Zuständigkeit des Kollegiums der Schonenfahrer zu urteilen unter Umständen kompanieeigene und bürgerschaftliche Sachen sowie die im Auftrag der Stadt von ihnen vorgenommene Postverwaltung in einer Akte durcheinander vorkamen.

Was war passiert? Ein Gang zur Akte selbst war erforderlich. Sie war immerhin auffindbar, wenn auch mit Konkordanz, denn der Bearbeiter hatte versucht, neu zu klassifizieren und eine gewisse Unordnung zu beseitigen. Eine
Bereinigung ließ sich auf dem Papier jedoch nicht durchführen, sondern nur
an der Akte selbst. Passiert war nämlich noch nichts. Der Bearbeiter hatte die
vorgefundene äußere Ordnung überwiegend belassen. Oft war bei der Ordnung von 1887 wohl nur ein Stoß Papier willkürlich mit einem Aktendeckel
umschlungen worden, und der Bearbeiter hatte nicht gewagt, diese willkürliche Ordnung zu zerschlagen, sondern den Inhalt stichwortartig wiederge-
geben. Nur in einzelnen Fällen waren die bei dem Kollegium eingekommenen Schreiben zu Sachakten formiert worden. Das mit der Zeit für dessen
Registratur entwickelte alphanumerische System diente zunächst nur dazu,
jedes Schreiben zu erfassen, aber Sachakten waren noch nicht entstanden. In
dem von 1813-1848 fortgeschriebenen Verzeichnis waren unter dem Buchstaben A Postangelegenheiten registriert; da die Nummern bis 558 schon
besetzt waren, hängte Protokollführer und Archivar Dr. Carl Böse neue
Schreiben hinten an, z.B. 559 a-o „Gutachten des Consulenten (a), Gesuch des
Schonenfahrer-Collegiums ad Senatum (b), Decret Altissimi Senatus (c)"
usw.[3].

Die Archivverzeichnisse des Kollegiums wurden von Anfang an mit „Inventarium perpetuum" bezeichnet. Das erste davon, angelegt um 1660, war noch
ein reines Mischbuch, in welchem dem Inventarium nur einige Seiten am
Anfang vorbehalten blieben[4]. Dort lauteten die Signaturen: „Nr. 1 A: Ein altes
papiren buch ..., welches anno 1561 angefangen ist, worin die ältesten den
schluß ihrer rechnungen dreinschreiben, bis anno 1649 continuiret haben ..."
und „Nr.2 A: Ein altes von pergamenen blättern ... eingebundenes buch, welches anno 1378 angefangen undt was biß anno 1600 unßerer zunfft undt den

---

3 Archiv der Schonenfahrerkompanie Nr. 901.
4 Archiv der Schonenfahrerkompanie Nr. 910.

gemeinen kauffman in denen 232 jahren paßiret undt widerfahren, drin ge-
schriben worden ist ...". Die Signaturen enden mit Nr.55, und die Signatur
wurde schon nach wenigen Nummern ohne zusätzliche Buchstaben gebildet.
Während zwei weitere „Inventarien" des 18. Jahrhunderts noch eine Ablage
nach dem ersten Buchstaben des Betreffs kennen, so z.B. unter Z die Betreffe
„Zoll, Zulage, Zimmerleute" usw.[5], wird dann um 1780 ein System entwickelt,
in welchem die Buchstaben keinen Bezug zum Betreff mehr haben; es hat
unter A die Post nach Amsterdam, Berlin, Dänemark, Danzig und Hamburg,
unter B die kaiserliche, holsteinische, livländische, Lüneburger, schwedische,
schwerinische und Neumünsteraner Post, unter C das pommersche und Wis-
marer Postwesen, unter D Wall-Sachen; es folgen Doppelbuchstaben Aa bis
Zz, z. B. unter Aa die Inhalte Soldatesqua und Kriegskasse, und Dreifach-
buchstaben Aaa bis Zzz, z.B. unter Aaa Streitigkeiten zwischen Brauern, den
vier großen Handwerksämtern und Bürgermeister von Höveln, wobei keine
Gliederung in kompanieeigene und bürgerschaftliche Angelegenheiten erfolgt ist[6]. Ein zusätzlicher Index half dem Registrator, Inhalte bestimmten
Signaturen zuzuweisen. Das hier entwickelte Schema wurde noch bei der
Verzeichnung von 1887[7] beibehalten.

Diesem Schema blieb auch die erste computergestützte Verzeichnung noch
verhaftet. Es mußte aufgegeben werden, um normale Sachakten zu bilden.
Diese Aufgabe war dem Bearbeiter nicht mehr zuzumuten und oblag nun
zwei Archivaren. Einer ordnete die Amtsbücher und Rechnungsbelege, der
andere die Akten. Sämtliche Akten mußten wieder in die Hand genommen
werden. Hierbei wurde entschieden, die bürgerschaftlichen Akten bis auf
weiteres nicht zu bearbeiten, da sie, wie erwähnt, mehrfach vorhanden sind:
Außer dem schon früher gebildeten, nicht ausgelagerten Bestand „Bürger-
schaft" existieren als Gegenüberlieferung die in jedem Fall vollständigeren
Senatsakten.

Bei der nun folgenden Visitation der 44 lfd m Akten in kompanieeigenen
Belangen und über die Postverwaltung im Schnelldurchgang herauszufiltern,
war eine die Konzentration stark beanspruchende Vorarbeit, die die Kenntnis
von den Kompetenzen der Schonenfahrer innerhalb der Kaufmannschaft

---

5   Archiv der Schonenfahrerkompanie Nr. 902 und 903.
6   Archiv der Schonenfahrerkompanie Nr. 904.
7   Archiv der Schonenfahrerkompanie Nr. 911.

voraussetzte[8], und wo diese Kenntnis nicht vorhanden war, mußte sie aus dem Aktenstudium erworben werden. War beim Vorfinden von Maklerordnungen und -taxen der verschiedenen Warengattungen zunächst an eine bürgerschaftliche Akte zu denken, in welcher quasi nur „sterile" Abschriften und keine „dynamische" Entwicklung erwartet wurden, so fanden sich einige Aktendezimeter weiter plötzlich Beeidigungen von Maklern mit Unterschriften und Besiegelungen. Was vorher steril erschien, geriet nun in Bewegung, und die vorherigen Maklerordnungen fügten sich in einen dynamischen Prozeß ein, bei welchem das Kollegium der Schonenfahrer eine gewisse Aufsichtsfunktion innehatte. Ähnlich verhielt es sich bei Streitigkeiten zwischen anderen städtischen Kollegien und Ämtern (Zünften), wenn sie Kaufmannsordnung, Stapelrecht oder ähnliches betrafen: Oft wurden die Schonenfahrer als deren Wächter aufgerufen und übernahmen stellvertretend für andere Kollegien die Prozeßführung.

Für das Findbuch, das nur die kompanieeigene und die Postverwaltung umfassen sollte, mußte aus den herausgefilterten Stücken nun jedes Schreiben durchgelesen, mit Bleistift ein Regest daraufgeschrieben und mühsam Zusammengehöriges neu komponiert werden. Die EDV kam erst zum Einsatz, als dieser Prozeß abgeschlossen war, da sich nicht selten im Lauf dieses kompositorischen Wachstumsprozesses leichte inhaltliche Nuancierungen ergaben, die dem Computer nicht zuzumuten waren. Um dem Bearbeiter eine persönliche Sortierung zu ermöglichen, die nicht von rein formalen Kriterien wie Laufzeit und Klassifikation abhingen, wurde in das Datenbankprogramm das Feld „Persönliche Nummer" eingebaut, nach welchem auch die Signatur vergeben wurde. Nach einzelnen Klassifikationsgruppen wurden außerdem bewußt Lücken gelassen, damit weitere „Neufunde" in den Rückführungsbeständen müheloser eingebaut werden können. Das Findbuch liegt inzwischen gedruckt vor[9], aber auch bereits Nachträge für die Datenbank, die ebenfalls noch existiert.

Ob das Herausfiltern stets völlig gelungen ist, zumal sich der Überarbeiter bewußt ist, daß zwischen den drei Hauptgruppen der Klassifikation die Übergänge fließend sein können, wird sich bei späterer Bearbeitung der bürgerschaftlichen Akten sämtlicher Kollegien herausstellen.

---

8   Vgl. hierzu: Ernst Baasch, Die Lübecker Schonenfahrer (Hansische Geschichtsquellen N.F. 4),
    Lübeck 1922, der jedoch nicht immer erschöpfend Auskunft gibt.
9   Archiv der Hansestadt Lübeck, Findbücher 1: Kaufmännische Archive: Schonenfahrerkompa-
    nie. Lübeck 1996.

Als Fazit bleibt die Feststellung, daß vielleicht nicht jedem Historiker die archivisch-detektivische Puzzle-Arbeit auf den Leib geschneidert ist, zu der man vor allem zwei Dinge benötigt: Zeit und Geduld.

Franz-Josef Ziwes
Neue Formen der Erschließung im Generallandesarchiv Karlsruhe

Im Frühjahr 1995 richtete die Landesarchivdirektion Baden-Württemberg im Rahmen des Arbeitsprogramms: „Aufgabenschwerpunkte der Archivverwaltung bei stagnierenden Ressourcen" vier Arbeitsprojekte ein[1]; darunter eines, das sich dem Abbau der Erschließungsrückstände bei Beständen des 19. und 20. Jahrhunderts im Generallandesarchiv Karlsruhe widmet. Neben der Erprobung geeigneter Strategien für die Grunderschließung sollen dabei vor allem methodische Überlegungen zur Provenienzfeststellung sowie zur Bestandsbildung und Beständebereinigung angestellt werden.

Die provenienzgerechte Erschließung hat im Generallandesarchiv Karlsruhe trotz seines Rufes als „Pertinenzarchiv" eine lange Tradition, die bis in das neunte Jahrzehnt des vorigen Jahrhunderts zurückreicht[2]. Das neuere Behördenschriftgut wurde seitdem nach dem Prinzip der Herkunftsgemeinschaft aufgestellt und durch Einlieferungsverzeichnisse oder Zettelrepertorien erschlossen. Die Ermittlung der Provenienzen blieb zunächst allerdings auf ausgesuchte Registraturen der obersten Landesbehörden beschränkt. Auch die physische Trennung des eingekommenen Schriftguts wurde vorerst zugunsten der inhaltlichen Erschließung hintangestellt. Erst seit den 1980er Jahren ging man dazu über, die Neuzugänge provenienzgerecht zu trennen. Die Erschließung an offenen Beständen mittels der Einlieferungsverzeichnisse und der überkommenen Hilfsmittel – bestehend aus Karteikasten und Karteiblatt – ließ die Benutzung der Bestände angesichts der ständig anschwellenden Masse loser Zettel allerdings immer schwerfälliger werden.

Nicht zuletzt um diesem Mißstand Abhilfe zu leisten, wurde das eingangs skizzierte Projekt eingerichtet, das an ausgewählten problematischen Beständegruppen neue Methoden der Erschließung unter Einbeziehung moderner EDV-Standard- und -Fachanwendungen entwickeln und erproben soll. Dabei gilt es Modelle für eine zeit- und ressourcenschonende Eingliederung von Provenienzbeständen in die bestehende Tektonik des Generallandesarchivs

---

1 Vgl. [Robert] Kretzschmar, Projektarbeit in der staatlichen Archivverwaltung. In: Archivnachrichten Nr. 15, 1997, S. 4f.

2 Hansmartin Schwarzmaier, Die Einführung des Provenienzprinzips im Generallandesarchiv Karlsruhe. Zu den gedruckten Übersichten der Karlsruher Archivbestände. In: Der Archivar 43, 1990, Sp. 347-360.

zu erarbeiten. Im folgenden seien die ersten Erträge des Projekts kurz vorgestellt.

1. Bezirksämter

Die (Misch-) Bestände der badischen Bezirksämter bzw. Landratsämter[3] wurden in der Vergangenheit überwiegend durch angelerntes Hilfspersonal erschlossen und – zum Teil physisch, zum Teil auf Ebene der Findmittel (Zettelrepertorien) – bereinigt. Die Ermittlung der Provenienzen gelangte indessen meist nicht über das Abschreiben der Aktentektur hinaus. Da aber die Bezirksamtsbestände in der Regel nach dem Herkunftsprinzip aufgestellt wurden, finden sich unter den irreführenden Aktendeckeln der Bezirksamtsregistraturen nicht nur beträchtliche Überlieferungsanteile badischer Mittelbehörden (Kreisdirektorien, Kreisregierungen)[4], sondern auch von Vorgängerbehörden aus der Zeit des Alten Reiches. Hier ist daher der Schwerpunkt der Erschließungsarbeit anzusetzen, die angesichts des anspruchsvollen Materials nur von Fachkräften bewerkstelligt werden kann.

Auf eine physische Trennung der Provenienzen in den Bezirksamtsbeständen kann und muß dagegen vorerst verzichtet werden. Sie ist auch nicht unbedingt notwendig, da die Transparenz der Provenienzverhältnisse auch anderweitig erreicht werden kann: Mit Blick auf eine benutzerfreundliche Rekonstruktion von Provenienzbeständen wurde mit der Datenbanksoftware Microsoft Access 2.0 ein Modul entwickelt, das unter Einbindung der dBase-Fachanwendung MIDOSA 95[5] die Erstellung von Offline-Findmitteln nach Provenienzen, aber auch nach Orts- oder Sachrubriken erlaubt. Zwingende Voraussetzung dafür ist allerdings ein sorgsam geführtes Provenienzenkata-

---

3 Gesamtübersicht der Bestände des Generallandesarchivs Karlsruhe. Bearbeitet von Manfred Krebs. 2 Tle, Stuttgart 1954-1957 (Veröffentlichungen der Staatlichen Archivverwaltung Baden-Württemberg; 1-2), hier Teil 2, S. 437 f.; vgl. demnächst: Generallandesarchiv Karlsruhe. Gesamtübersicht der Bestände – Kurzfassung. Bearbeitet von Konrad Krimm, Corinna Pfisterer und Franz-Josef Ziwes. Stuttgart 1998 (Werkhefte der Staatlichen Archivverwaltung Baden-Württemberg; E 2).

4 Einen informativen Überblick zur Organisation der badischen Innenverwaltung bieten die Karten VII, 4 (Verwaltungsgliederung in Baden, Württemberg und Hohenzollern 1815-1857) und VII, 5 (Verwaltungsgliederung in Baden, Württemberg und Hohenzollern 1858-1936) sowie die dazugehörigen Erläuterungen von Ulrike Redecker und Wilfried Schöntag im Historischen Atlas von Baden-Württemberg (Stuttgart 1976).

5 Werner Engel (Hg.), Midosa 95. Handbuch und Programm der Erschließungssoftware. Bearbeitet von Thekla Kluttig und Andreas Weber unter Mitarbeit von Udo Herkert. Marburg 1997 (Veröffentlichungen der Archivschule Marburg; 29).

ster, das sämtliche erfaßten Provenienzen in einer zentralen Datenbank vorhält und bei der Verzeichnungsarbeit am PC abgerufen werden kann. Die Bildschirm-Recherche nach Orts- und Sachpertinenzen wird durch die spezifische Aktenformierung der gesamten badischen Innenverwaltung ermöglicht. Ihr lag über mehr als anderthalb Jahrhunderte eine einheitliche Rubrikenordnung zugrunde. Deren Einteilung des Schriftguts in Generalia, Ortsspezialia und in Sachgruppen gewährleistet auch im Bereich der Klassifikation die für die elektronische Datenaufbereitung unabdingbare Einheitlichkeit.

Der Benutzer kann sich künftig – so denn eine hinreichende Anzahl an Beständen eingegeben ist – seinen maßgeschneiderten, beständeübergreifenden Findbuchauszug nach seinen Präferenzen erstellen lassen und, so er will, auf Papier oder als Datei mit nach Hause nehmen. Auch auf wichtige Zusatzinformationen zur Bestands- und Behördengeschichte, die bei Zettelrepertorien meist nicht zur Verfügung stehen, soll er nicht verzichten müssen. Sie werden mit den entsprechenden Datensätzen des Provenienzenkatasters bzw. der Bestands- und Lagerortsverwaltung verknüpft und können über entsprechende Schaltflächen abgerufen werden. Gleichzeitig können sie von den Archivaren im Laufe der Erschließungsarbeit ergänzt, aktualisiert und korrigiert werden, so daß die Anwender immer auf dem aktuellen Informationsstand sind.

Ein nützliches Nebenprodukt der Anwendung sind zwei aus allen Erschließungsdatensätzen herausgelesene Konkordanzen. Sie stellen die Ortsrubrik und die jeweilige Provenienz in einer gruppierten Übersicht einander gegenüber. Auf diese Weise erschließen sich dem Anwender ohne zusätzlichen Aufwand nicht nur die räumlichen Zuständigkeiten der moderneren Behörden, sondern – wegen der zahlreichen Vorprovenienzen – auch der Ämter und Institutionen aus der Zeit des Alten Reiches.

Interessant ist dieses vor allem vor dem Hintergrund des ebenso großen wie berüchtigten Karlsruher Pertinenzbestands 229[6], der die sogenannten „Spezialakten" der badischen Ortschaften überwiegend aus dem Ancien Régime, z. T. aber auch aus jüngerer Zeit enthält. Über den Umweg der rechnerge-

---

6 Die Bestände des Generallandesarchivs Karlsruhe. Teil 7. Spezialakten der badischen Ortschaften (229). Bearbeitet von Reinhold Rupp. Stuttgart 1992 (Veröffentlichungen der Staatlichen Archivverwaltung Baden-Württemberg; 39/7).

stützten Provenienzrekonstruktion bei den Bezirksamtsbeständen lassen sich somit also auch Provenienzverhältnisse im Pertinenzbestand 229 erhellen.

2. Die NSDAP-Überlieferung

Die im Generallandesarchiv Karlsruhe verwahrte Überlieferung der NSDAP auf Gauleitungs- und Kreisleitungsebene gehört im Vergleich zur Gesamtüberlieferung der NSDAP im mitteleuropäischen Raum mit ca. 200 lfd m bei ca. 27.000 Akteneinheiten zur umfangreichsten ihrer Art. Insbesondere die Akten der nordbadischen Kreisleitungen weisen teilweise eine sehr hohe Dichte auf, wie sie wohl in keinem weiteren Kreisleitungsbestand der staatlichen Archive erreicht wird[7].

Zusammensetzung und Überlieferung des Schriftguts[8] sind allerdings sehr uneinheitlich. Die im Bestand 465 d vereinten Akten der Gauleitung weisen Provenienzen in nennenswertem Umfang für das Gauschulungsamt, das Gauamt für Volkswohlfahrt und das Gauamt für Kommunalpolitik aus. In geringerem Umfang vertreten sind Akten der Gauleitung, der Gaugeschäftsführung und einiger weiterer Gauämter.

Der weitaus größte Teil der NS-Überlieferung findet sich im Bestand 465 c Document Center, der als überlieferungsgestörter Mischbestand[9] überwiegend Akten nordbadischer Kreisleitungen enthält[10], daneben aber auch Schriftgut der Gauleitung, insbesondere des Gaupersonalamtes, verschiedener Ortsgruppen, der Parteigliederungen und der angeschlossenen Verbän-

---

7 Inventar archivalischer Quellen des NS-Staates. Die Überlieferung von Behörden und Einrichtungen des Reichs, der Länder und der NSDAP.Teil 1: Reichszentralbehörden, regionale Behörden und wissenschaftliche Hochschulen für die zehn westdeutschen Länder sowie Berlin. Bearbeitet von Heinz Boberach unter Mitwirkung von Dietrich Gessner u.a. München, London, New York, Paris 1991 (Texte und Materialien zur Zeitgeschichte; Bd. 3/1), S. 476-491; Teil 2: Regionale Behörden und wissenschaftliche Hochschulen für die fünf ostdeutschen Länder, die ehemaligen preußischen Ostprovinzen und eingegliederte Gebiete in Polen, Österreich und der Tschechischen Republik mit Nachträgen zu Teil 1. Bearbeitet von Heinz Boberach unter Mitwirkung von Oldrich Sladek u.a. München, New Providence, London, Paris 1995 (Texte und Materialien zur Zeitgeschichte; Bd. 3/2), S. 285-294.
8 Vgl. Hubert Roser, Einblick in Parteiinterna und umfangreiche Massendaten. Das Schriftgut der NSDAP in Baden-Württemberg. In: Der Archivar 48, 1995, Sp. 611-620.
9 Vgl. allgemein Harald Jaeger, Problematik und Aussagewert der überlieferungsgestörten Schriftgutbestände der NS-Zeit. In: Der Archivar 28, 1975, Sp. 275-292.
10 Vor allem Akten der Kreisleitungen Buchen, Wertheim-Tauberbischofsheim und Heidelberg; vgl. Roser (wie Anm. 8), Sp. 619.

de, der staatlichen Verwaltung, der Militärregierungen und der Spruchkammern. Die NS-Unterlagen waren nach Kriegsende von den US-Militärbehörden zum Zwecke der Strafverfolgung und Entnazifizierung beschlagnahmt worden. In eigens eingerichteten Document Centers wurden sie nach Personen- und Ortsbetreffen neu geordnet. Über die Zentralspruchkammer Nordbaden kamen sie dann schließlich in das Generallandesarchiv.

Die Erschließung des überwiegenden Teils der Gauleitungsakten, die im wesentlichen im Bestand 465 d vereinigt sind, wurde 1988 mit der Fertigstellung eines provenienzbezogenen Bandrepertoriums abgeschlossen[11].

Der Bestand 465 c, in dem besagte Kreisleitungsakten enthalten sind, ist kursorisch auf ca. 23.400 Karteikarten verzeichnet[12]. Für die Erschließung stand allerdings kein archivisch geschultes Personal zur Verfügung, sondern abgesehen von einer Historikerin vorwiegend nur angelernte Hilfskräfte. Angesichts der problematischen Überlieferungsstruktur des im Bestand 465 c vereinten Schriftgutes wiegt dieser Umstand doppelt schwer. Die Feststellung der Provenienz bereitet aufgrund der problematischen und nicht selten verwirrenden Aktenstruktur mit ihrer häufigen Provenienzvermischung in zahlreichen Akten auch Fachkräften erhebliche Schwierigkeiten. Im Interesse einer schnellen Nutzbarmachung wurde deshalb auf eine blattweise Rekonstruktion der Provenienzen ebenso verzichtet wie auf eine Wiederherstellung der ursprünglichen Registraturordnung. Letzteres erwies sich ohnehin als kaum durchführbar.

Auch die Intensität der Erschließung war durch die personal- und strukturbedingten Umstände erheblich eingeschränkt. Die überwiegend willkürliche Zusammenführung verschiedenster Provenienzen unter rein personenbezogenen Gesichtspunkten zu einer Akteneinheit ließ kaum gestalterische Freiheit bei der Bildung aussagekräftiger Titel. Ein sehr großer Teil der Titelauf-

---

11 Generallandesarchiv Karlsruhe. Bestand 465 d. NSDAP, Verbände und Polizei. 1933-1945. Bearbeitet von Konrad Krimm, Hans Schadek, Martina Heine und Barbara Vogler. Karlsruhe 1988 (masch.).

12 Aufgrund längerer intensiver Vorarbeiten bzw. relativ geschlossener Überlieferungsblöcke konnten zu einzelnen Lokalprovenienzen, die getrennt vom Gesamtbestand 465 c verwahrt werden, bereits Bandrepertorien erstellt werden: Generallandesarchiv Karlsruhe. Bestand 465 c Mannheim. NSDAP, Verbände und Polizei in Mannheim. (1915) ca. 1923-1948. Bearbeitet von Barbara Vogler und Konrad Krimm. Karlsruhe 1988 (masch.); 465 c, Zugang 1991-7. SA-Gruppe Kurpfalz. Bearbeitet von Marieluise Gallinat-Schneider, Thilo Liebe und Kurt Hochstuhl. Karlsruhe 1992 (masch.).

nahmen führt daher keine Sachtitel auf, sondern lediglich Personennamen, oftmals sogar nur Buchstabengruppen nach den Anfangsbuchstaben der in den Akten zusammengefaßten personenbezogenen Vorgänge. Die Erstellung einer Klassifikation, die den Gesamtbestand umfaßt, ist auf dieser Grundlage kaum möglich, der Bestand mithin nur sehr eingeschränkt benutzbar.

Ziel der EDV-gestützten Neuerschließung ist die sachgerechte Systematisierung und gezielte Erweiterung des bislang erreichten Erschließungsstatus. Das berechtigte Interesse der zeitgeschichtlichen Forschung an effizienten Zugriffsmöglichkeiten auf die umfangreichen personenbezogenen Massendaten soll dabei ebenso als Leitlinie dienen wie die provenienzgerechte Aufbereitung des überlieferungsgestörten Aktenmaterials, um ihm auf diese Weise größere Transparenz zu verleihen und den Evidenzverlust der Quellen so weit wie möglich aufzufangen.

Auf eine blattweise Rekonstruktion der Provenienzen wurde und wird wegen des enormen Zeitaufwands und angesichts der erfahrungsgemäß hohen Quote an nicht zuweisbarem Material verzichtet. Eine Umformierung hätte zudem den in der Genese dieses Bestandes liegenden spezifischen Informationswert zur Nachkriegsgeschichte zunichte gemacht. Bereits Johannes Papritz hat in seiner „Archivwissenschaft" eindringlich gemahnt, eine „bestehende Unordnung nicht weiter [zu] verwirren"[13].

Speziell für die Aufbereitung des NS-Schriftgutes wurde deshalb ein EDV-gestütztes Erfassungsmodul entwickelt, das geschichts- und archivwissenschaftlichen Bedürfnissen entgegenkommt. Auf der Basis des Datenbankprogramms Faust für Windows steht nunmehr eine Eingabemaske zur Verfügung, die ein hohes Maß an Flexibilität bietet. Dies gilt in erster Linie für die personenbezogenen Angaben, die – dem Entstehungszweck des Bestandes entsprechend – die erste und wichtigste Zugangsmöglichkeit darstellen und für die Forschung naturgemäß von sehr hohem Interesse sind. Stellten die zahlreichen Sammelakten mit Vorgängen zu mehreren Personen bislang ein großes Problem dar, so können nunmehr unter einer Titelaufnahme personenbezogene Angaben zu beliebig vielen Personen aufgenommen und über entsprechende Indizes auch recherchiert werden. Da bei der kursorischen Erschließung neben Namen und Geburtsdatum auch Angaben zum Wohn-

---

13 Johannes Papritz, Archivwissenschaft. Bd. 3, Teil III,1: Archivische Ordnungslehre. 1. Teil. Marburg 1976, S. 82.

bzw. Geburtsort, zum Beruf sowie zum Parteiamt erhoben wurden, enthält die Maske entsprechende Felder, die über Rechercheindizes erschlossen sind und somit wichtige statistische Grunddaten liefern.

Die Möglichkeit der Feldduplizierung erlaubt gleichzeitig eine flexible Handhabung der Provenienzenzuweisung, da pro Titelaufnahme beliebig viele Provenienzen aufgenommen werden können. Die pauschale Zuweisung mehrerer Provenienzen zu einer Titelaufnahme ersetzt die arbeitsintensive Einzelblattverzeichnung, die nur dann sinnvoll und vertretbar wäre, wenn eine Rekonstruktion der ursprünglichen Registraturordnung Aussicht auf Erfolg hätte, angesichts der Zerrissenheit des Materials und fehlender Aktenzeichen aber kaum realistisch erscheint. Mit der Pauschalzuweisung aber sind schon wertvolle Orientierungshilfen gegeben, die in Verbindung mit den faßbaren Aktenzeichen Hinweise auf Überlieferungssplitter und den Organisationsgrad einzelner Registraturbildner geben können, ohne daß die Findmittel durch entsprechend arbeitsintensive „Verzettelung" aufgebläht werden müssen.

Da das Provenienzfeld als hierarchisch strukturierter Thesaurus mit Hypertextfunktion angelegt ist, können Provenienzgruppen unterschiedlicher Ebenen in nur einem Recherchegang zusammengeführt und bearbeitet werden. Sämtliche 23.400 Titelaufnahmen des Bestands 465 c sind mittlerweile erfaßt. Erste Bewährungsproben im Rahmen von Rechercheaufträgen hat das elektronische Findbuch bereits erfolgreich bestanden. Bleibt zu hoffen, daß die dringend notwendige inhaltliche Überarbeitung der Titelaufnahmen durch wissenschaftlich geschultes Fachpersonal nicht aus Geldmangel scheitert. Voll zum Tragen kommen die beiden vorgestellten Projekte allerdings erst, wenn das Generallandesarchiv über ein lokales Datennetz verfügt. Dann können Archivare und Benutzer im Lesesaal gleichzeitig an den ständig wachsenden bzw. optimierten Datenbeständen arbeiten und recherchieren. Die Planungen dazu sind bereits abgeschlossen.

Bärbel Förster
Das Erschliessungskonzept des Schweizerischen Bundesarchivs
Vom Findmittel zum Findsystem

I. Einleitung

„Erschliessung steht im Zentrum der archivischen Arbeiten".[1] Erschliessung ist der Versuch, archivierte Unterlagen und die in ihnen enthaltenen Informationen für eine vorhergesehene wie auch für eine unvorhergesehene Nutzung zugänglich zu machen. Das Vorhandensein des zu erschliessenden Materials wie auch das Wissen um dessen mögliche Nutzung sind Voraussetzung für jede Erschliessung. Sie situiert sich also zwischen der Sicherung und Vermittlung/Auswertung der Unterlagen. Die Erschliessung ist nicht als hierarchisch vornehmste archivische Tätigkeit zu verstehen, sondern es wird ihre zentrale Stellung innerhalb des archivischen Arbeitsablaufs beschrieben.

Diese vor zwanzig Jahren gemachte Standortbestimmung hatte zum Zeitpunkt der Aussage grundsätzliche Richtigkeit. Seither ist allerdings eine Änderung des Charakters der archivischen Arbeiten unübersehbar. Die Abfolge archivischer Arbeitsschritte von der Sicherung zur Vermittlung hat sich aufgelöst. Die einzelnen Arbeiten dehnen sich zunehmend auf die verschiedenen Phasen des Lebenszyklus der Unterlagen aus. Erschliessung beginnt bereits mit der Ordnung der Unterlagen während ihrer Entstehung und im Verlaufe ihrer Primärnutzung. Sie wird im Archiv weitergeführt, hinsichtlich der Sekundärnutzung bearbeitet und im Rahmen der Vermittlung laufend verbessert.

Im Rahmen dieser Ausdehnung der verschiedenen archivischen Arbeiten auf den gesamten Lebenszyklus der Unterlagen ist mit methodischen Unschärfen zu rechnen, mit denen umgegangen werden muss. Die einzelnen Erschliessungsschritte werden in unterschiedlichen Kontexten von Personen unterschiedlicher Qualifikationen realisiert. Im Sinn und Interesse unserer PrimärnutzerInnen und gleichzeitig ProduzentInnen von Unterlagen und im Interesse aller späteren SekundärnutzerInnen muss – ohne das Ziel einer qualitativ befriedigenden Vermittlung aus dem Auge zu verlieren – zu einer metho-

---

1 Gross, R.; Elstner, V.; Hartmann, J.; Lehmann, J.; Schreckenbach, H.-J., Aufgaben der nutzerorientierten Erschliessung. In: Archivmitteilungen, 1/1977, S. 19/20.

denpluralistischen Arbeitsweise gefunden werden. Qualitativ befriedigend ist die Vermittlung, wenn sie einen schnellen und präzisen Zugriff auf alle relevanten Unterlagen erlaubt. Qualitativ befriedigend ist Erschliessung, wenn sie eine solche Vermittlung ermöglicht.

Archivische Erschliessung folgt einer spezifisch archivischen Methodik, die sich aus dem Charakter des Archivgutes ableitet und weitgehend die Such-möglichkeiten im Archiv vorbestimmt. In dieser Eigenheit lässt sich Er-schliessung als Zentrum archivischer Arbeiten verstehen; sie muss aber gleichzeitig auch benutzungsseitigen, sich an bibliothekarischen oder doku-mentarischen Angeboten orientierenden Nachfragebedürfnissen Rechnung tragen.

II. Funktion und Definition der Erschliessung

Erschliessung muss den intellektuellen Zugang zu jeder Art von archivierten Unterlagen sicherstellen. Sie bestimmt die Beziehung der BenutzerInnen zu den Unterlagen. Diese Beziehung ist frageorientiert, d. h. sie bezieht sich nicht notwendigerweise auf archivische Einheiten und nicht nur auf Unterla-gen eines Archivs. Ausgehend von der bestands- und institutionenübergrei-fenden Nachfrage ergibt sich die Notwendigkeit, Erschliessung in einem übergeordneten Rahmen zu vereinheitlichen und zu normieren und damit die Voraussetzungen für den Austausch von Informationen einerseits und für Einzelarchiv-übergreifende Recherchemöglichkeiten andererseits zu schaffen. Dies wird sowohl in einem schweizerisch-föderalistischen wie auch in einem international ständig stärker vernetzten System immer wichtiger.

Archivische Erschliessung umfasst Ordnung und Verzeichnung von Unterla-gen, die in einem Archiv dauernd aufbewahrt werden sowie Analyse der Strukturen und der Geschichte von Bestand und Behörde.[2] *Ordnung* umfasst entsprechend der Zuständigkeit eines Archivs die Gesamtgliederung seiner Bestände (Tektonik), die Ordnung der Bestände untereinander (Bestands-bildung und -abgrenzung), die Gliederung und Reihung der Verzeichnungs-angaben einzelner Verzeichnungseinheiten eines Bestandes (Innere Ord-nung). Ordnungsarbeiten erfolgen auf verschiedenen Ebenen und an ver-schiedenen Ordnungsobjekten wie Beständen, Dossiers, Einzeldokumenten

---

2   Vgl. Menne-Haritz, A., Schlüsselbegriffe der Archivterminologie, Veröffentlichungen der
    Archivschule Marburg, Nr. 20, S. 46, 51, 57.

oder Verzeichnungsangaben. *Verzeichnung* umfasst die Beschreibung der inneren und äusseren Merkmale einzelner Einheiten von Unterlagen.

Erschliessung richtet sich zuerst nach der durch die Behördenentwicklung vorgegebenen institutionellen Ordnung (Provenienz). Sie richtet sich weiter nach den Kompetenzen und Aufgaben, welche sich im besten Fall in einem Registraturplan spiegeln (Kompetenzprinzip, Registraturprinzip). Erschliessung muss sicherstellen, dass inhaltlich orientiertes Suchen über alle Informationen präzise zu den notwendigen, d. h. gesuchten Informationen führt und die als relevant ermittelten Unterlagen, versehen mit den für eine quellenkritische Auswertung nötigen Kontextinformationen, den BenutzerInnen vorgelegt werden können. Die Produkte der Erschliessung sind Findmittel und bilden als Gesamtes ein Find*system* (Manuskripte, Druckwerke oder in elektronischer Form).

Die *strukturell orientierten*, sogenannten *bestandsbezogenen Findmittel* entstehen im Ergebnis einer langfristig ausgerichteten, nutzungsneutralen Grunderschliessung von Unterlagen. Diese Findmittel richten sich nach der funktionalen, institutionellen und prozessualen Ordnung der Unterlagen. Sie werden in Gestalt von Registraturplänen und Ablieferungsverzeichnissen bei den ProduzentInnen der Unterlagen selbst erstellt oder, wo notwendig, in Form von Bestandesbeschreibungen, Verzeichnissen (früher: Repertorien), Karteien etc. im Archiv erarbeitet. Die *sachorientierten*, sogenannten *bestandsübergreifenden Findmittel* entstehen im Ergebnis einer kurzfristigeren, benutzungsbezogenen Zusatzerschliessung von Unterlagen. Diese Findmittel sind z. B. thematisch ausgerichtet oder erschliessen bestimmte Typen von Archivgut (Bildmaterialien etc.) und werden in Form von Spezialverzeichnissen in der Regel im Archiv erarbeitet.

Findmittel werden für alle in einem Archiv befindlichen Unterlagen, unabhängig vom Aufzeichnungsträger, erarbeitet. Neben den überwiegend schriftlichen Unterlagen auf Papier oder in elektronischer Form gibt es in den Archiven zunehmend audiovisuelle Unterlagen in Form von Bild-, Ton- und Filmdokumenten (häufig in medial gemischter Form). Ihre Erschliessung stellt eine grosse Herausforderung an die archivische Arbeit dar, orientiert sich aber immer nach den gleichen Grundsätzen.

Die Erschliessung eines Archivs im Dienste der BenutzerInnen muss zuerst flächendeckend für alle Bestände gleichmässig detaillierte Informationen liefern. Das bedeutet, dass bei steigenden Zuwachsraten von Unterlagen der in den meisten Archiven feststellbare Erschliessungsrückstand nicht grösser werden darf. Dies gelingt nur bei optimaler Nutzung aller einmal erfassten und nutzbaren Kontextinformationen und bei einer Ausdehnung der Erschliessung auf den ganzen Lebenszyklus der Unterlagen. Dem Prozess der Erschliessung als der laufenden Sicherung, Ergänzung und Nutzung einmal geschaffener Kontextinformationen ist deshalb besondere Aufmerksamkeit zu widmen.

Archivische Erschliessung ist eine permanente Aufgabe des Archivs, die heute nur noch koordiniert mit der Erfüllung aller anderen archivischen Aufgaben von der Sicherung bis zur Vermittlung wahrgenommen werden kann. Inhaltlich ist sie eng mit der Bewertung verbunden. Ergebnis jeder Bewertung ist die Beschreibung von Unterlagen und jede Erschliessung führt letzlich zur Frage nach dem Wert der Unterlagen. Mit der fortlaufenden Vertiefung des Erschliessungsgrades können immer differenziertere Bewertungsentscheide getroffen werden. Erschliessung muss bei aller Nutzungsorientierung auch betrieblich ökonomische Faktoren berücksichtigen, d. h. es gilt mit den vorhandenen beschränkten Mitteln einen optimalen Ertrag für das ganze Archiv zu erarbeiten.

III. Die Erschliessungssituation im Schweizerischen Bundesarchiv

Um die Erschliessungssituation darzustellen, bedarf es neben einer Analyse der vorhandenen Erschliessungsergebnisse (interne Analyse) einer Analyse der Anforderungen an die Erschliessung des Bundesarchivs (externe Analyse). Die interne Analyse dient der Offenlegung eventuell vorhandener Rückstände in der Erschliessung der Unterlagen und ihrer Ursachen. Die externe Analyse dient der Darstellung der Anforderungen und Wünsche der BenutzerInnen hinsichtlich der Erschliessungsprodukte des Bundesarchivs und ihrer Entwicklung.

A. Interne Analyse

Die Erschliessung der Unterlagen im Schweizerischen Bundesarchivs stellt sich hinsichtlich ihres Detaillierungsgrades als ungleichmässig dar.[3] Ein grosser Teil der Urkunden wird vom Verwaltungsschriftgut getrennt aufbewahrt

---

3 Stand 31.12.1996.

und ist nach einzelnen Dokumenten geordnet und verzeichnet. Die Pertinenzbestände der Hauptabteilung E beinhalten die Unterlagen des Bundesstaates bis etwa in die zwanziger Jahre. Es gibt insgesamt 51 Pertinenzbestände (Gesamtumfang 1.778 lfd m). Davon liegen für 12 Bestände (Gesamtumfang 1.359 lfd m) detaillierte, zum Teil gedruckte Repertorien vor, die vom Bundesarchiv seit den sechziger Jahren erarbeitet worden sind. Für die restlichen 38 Bestände (Gesamtumfang 419 lfd m) liegen Findmittel in Form von Listen von zum Teil unzureichender Qualität vor. Grundsätze für die Bildung und Erschliessung der Pertinenzbestände bestehen zwar,[4] bedürfen aber einer vereinfachenden Konkretisierung hinsichtlich der noch zu erschliessenden restlichen Einzelbestände.

Für die Provenienzbestände der historischen Archiv-Hauptabteilungen (Helvetik, Mediationszeit und Tagsatzungsperiode) liegen detaillierte konventionelle Repertorien vor. Sie wurden je nach eigenen Gliederungsplänen, die der jeweiligen Behördenstruktur folgten, Mitte des 19. Jahrhunderts repertorisiert. Diese Findmittel wurden Ende der siebziger, anfangs achtziger Jahre bereits wieder überarbeitet und in gedruckter Form innerhalb der Reihe „Inventare" des Bundesarchivs publiziert.[5]

Für alle anderen Provenienzbestände, d. h. für die Unterlagen des Archivs des Bundesstaates seit den zwanziger Jahren sowie die Unterlagen der Hauptabteilung Depositen und Schenkungen liegen ebenfalls Findmittel in unterschiedlichster Quantität und Qualität vor. Für 85 Bestände und Akzessionen (Gesamtumfang 2.240 lfd m) liegen Repertorien vor. 7.909 Bestände und Akzessionen (Gesamtumfang 27.170 lfd m) sind in Form von in den aktenproduzierenden Stellen erstellten Registraturplänen und Abgabeverzeichnissen von teilweise ungenügender Qualität erschlossen. Daneben existieren vom Bundesarchiv erstellte Karteien, Listen, digitale Verzeichnisse, Indices und Datenbanken sowie sachorientierte Findmittel für die verschiedensten Bestände und Akzessionen.

Für 281 Bestände und Akzessionen der Provenienzbestände (Gesamtumfang 1.435 lfd m) liegen keine Findmittel vor. Für die Abschriften (Gesamtumfang

---

4   Vgl. Beschlussprotokoll der Sitzung vom 17.11.1977 betr. die Erschliessung der Pertinenz-Bestände Justiz- und Polizeiwesen etc., Schweiz. Bundesarchiv (BAR) Az.: 323.3 Gf/ah.
5   Helvetik: 1857-1876, überarbeitet 1983-1992, publiziert 1990/92. Mediation: 1836-1860, überarbeitet 1981-1982, publiziert 1982. Tagsatzung: 1836-1860, überarbeitet 1977-1979, publiziert 1980.

143 lfd m), einer Sammlung von kopierten schweizergeschichtlichen Dokumenten aus ausländischen Archiven, liegt ein gedrucktes Repertorium aus dem Jahre 1977 vor. Für das Sammlungsgut (Gesamtumfang 25 lfd m) liegen zum Teil Findmittel vor.

Seit 1988 wird im Bundesarchiv das elektronische Informationssytem EDI-BAR[6] eingesetzt. Es unterstützt neben der Suche nach Beständen, Generationen und Akzessionen die Suche auf der Ebene der Kompetenzen und Behörden. Die Grundlage dafür bilden bezüglich der Kompetenzen die vorhandene systematische Kompetenzenkartei[7] und ihre digitalisierte Form in Gestalt der KOMP. Eine Behördenkartei liegt in konventioneller Karteiform, nicht aber in digitalisierter Form vor. 1993 entstand im Rahmen des Projektes DONA-BAR das Teilprojekt „Detailfindmittel (DFM) – Nacherfassung". Bis Juli 1998 sollen mit Hilfe dieses Projektes alle im Bundesarchiv vorhandenen Bestände und Akzessionen, die bis Ende 1995 übernommen worden sind, digital erfasst werden. Ausgenommen vom Projekt wurde wegen des ungünstigen Verhältnisses von Aufwand und Ertrag die Bestandsgruppe E 2200 (Auslandsvertretungen).[8] Die digitale Nacherfassung der Ablieferungen ab Januar 1996 ist in den normalen Arbeitsablauf der Akzessionierung der übernommenen Unterlagen durch das Bundesarchiv integriert.

Insgesamt wird deutlich, dass im Bundesarchiv ein Erschliessungsrückstand entstanden ist, der u. a. auf folgende Ursachen zurückgeführt werden kann:
1. Die Menge der übernommenen Unterlagen hat Jahr für Jahr zugenommen. So betrug der Zuwachs der übernommenen Unterlagen 1980 insgesamt 669 lfd m, 1990 bereits 1.592 lfd m und 1996 über das Dreifache, nämlich 2.133 lfd m.[9] Der Personalbestand erhöht sich im gleichen Zeitraum von 16 auf 32 Etatstellen, also um das Doppelte.[10]
2. Durch Erschliessungsarbeiten im 19./anfangs des 20. Jahrhunderts erstellte Repertorien gibt es infolge eines ständigen Personalmangels im Bundesarchiv wenige. Vorhandene (z. B. Repertorien der historischen

---

6 Vgl. Caduff, H.; Flückiger, B.; Graf C., Informatik im Dienste von Forschung und Verwaltung. Elektronische Datenverarbeitung im Schweizerischen Bundesarchiv. In: Studien und Quellen, Nr. 15, 1989.
7 Vgl. Schärer, E., Die systematische Kompetenzenkartei des Bundesarchivs. In: Studien und Quellen, Nr. 2, 1976.
8 Vgl. BAR, Mitteilung Nr. 112, vom 23. Juni 1993, Punkt 6.
9 Vgl. Jahresberichte BAR, 1980, 1990 und 1996.
10 Vgl. ebd.

Hauptabteilungen) wurden in den letzten dreissig Jahren überarbeitet, so dass weniger neue Bestände erschlossen werden konnten.

3. Intensivste Erschliessung umfangreicher Bestände wie des Zentralarchivs der Helvetischen Republik (228 lfd m), des Archivs der Tagsatzungsperiode (135 lfd m) und des Bestands E 27 Landesverteidigung (870 lfd m). Das führte seit den sechziger Jahren zur vollständigen Bindung des zur Verfügung stehenden Personals und ermöglichte kaum eine Erschliessung anderer Bestände.

4. Perfektionistische Qualitätsansprüche an Findmittel, die die Art und Weise ihrer Herstellung sowie die Herstellungszeiten entscheidend bestimmten, ohne allerdings wiederholte Überarbeitungen auszuschliessen sowie nicht optimale Ausnutzung der Ergebnisse verschiedenster, namentlich auch vorarchivischer Arbeiten.

B. Externe Analyse

Die Existenz eines Archivales und eines Archivs hängt nicht nur von seiner realen Existenz, sondern auch von der Auffindbarkeit und Zugänglichkeit ab.[11] Werden heute die Aufgaben des öffentlichen Dienstes überprüft, so stellt sich die Frage, welche Leistungen BürgerInnen vom Staat erwarten, welche sie benötigen und für welche sie zu zahlen bereit sind. Damit ist auch die Frage nach überflüssigen Leistungen gestellt. Besteht nach den Produkten, die die Archivare im Bereich der Erschliessung herstellen, ein Bedarf? Welchen Weg wählen die Archivare, um ihrem Auftrag gerecht zu werden? Von der Beantwortung dieser Frage hängt es weitgehend ab, wie wir im Archiv erschliessen, d. h. Informationen verfügbar machen, und in welcher Form Interessierte darauf zugreifen können.

Der Umfang der Benutzung ist in den letzten Jahren sprunghaft angestiegen. Waren es 1980 noch 2.847 Benutzungstage mit 6.358 vorgelegten Akteneinheiten, stiegen diese 1996 auf 4.444 Benutzungstage mit 11.095 vorgelegten Akteneinheiten.[12] Mit der steigenden Anzahl der Benutzungstage und vorgelegten Akteneinheiten ist eine steigende Anzahl BenutzerInnen verbunden. Dabei handelt es sich in erster Linie um einen Anstieg im Forschungs- und Ausbildungsbereich. Um die Anforderungen und Bedürfnisse der Benutzer-

---

11 Vgl. Schöntag, W., Die Erschliessung: Dreh- und Angelpunkt archivischer Arbeiten. In: ARBIDO, 11/1996, S. 13/14.

12 Vgl. Jahresberichte BAR, 1980 und 1996.

Innen zu kennen, führte das Bundesarchiv 1996 eine KundInnenbefragung[13] durch, deren Ergebnisse folgendermassen beschrieben werden können:

Findmittel werden im weitesten Sinn des Wortes verstanden. Sie sollen den KundInnen einen umfassenden Zugang zu den in den Unterlagen enthaltenen Informationen ermöglichen. Dazu zählen nach Auffassung der KundInnen neben Übersichten über einzelne Bestände auch medienspezifische oder sachorientierte Spezialfindmittel sowie Verzeichnisse früherer Forschungsarbeiten zu bestimmten Themen. Entsprechend den Erwartungen der KundInnen des Bundesarchivs sollen Findmittel systematisch, übersichtlich, detailliert und von zuverlässiger Qualität sein.

Die verschiedenen KundInnensegmente – professionelle Forschende, Freizeitforschende, Forschende in der Ausbildung, Journalisten etc. – sehen ihre Erwartungen insgesamt erfüllt: Zufriedenheit besteht v. a. hinsichtlich der Möglichkeit zum selbständigen Recherchieren ohne einengende Betreuung sowie hinsichtlich der Übersichtlichkeit der Aktenlage; geringere Zufriedenheit besteht allerdings bezüglich der Verfügbarkeit von Fachreferenten sowie der Qualität einzelner Findmittel.

Im Zuge der fortschreitenden Entwicklung der Informationsgesellschaft werden sich sowohl Informationsvermittlung als auch Informations- und Kommunikationstechnologien verändern als auch die Ansprüche und Erwartungen von ArchivbenutzerInnen wandeln. Entsprechend muss das Informations- und Findmittelangebot jedes Archivs regelmässig überprüft und notfalls neuen Bedürfnissen angepasst werden, dies ohne wirkliche archivische Grundsätze preiszugeben.

IV. Ziele und Massnahmen

Aus der Analyse der Erschliessungssituation im Bundesarchiv, insbesondere mit Blick auf den schon seit langer Zeit bestehenden, für viele Archive typischen Erschliessungsrückstand, unter Berücksichtigung der theoretischen Bemühungen der *archival community* um die Erschliessung und als eine Konsequenz der Auswertung der KundInnenanalyse und den dort geäusserten Anforderungen, Erwartungen und Bedürfnissen können für die Zukunft folgende Ziele formuliert werden:

---

13 Vgl. Kundenbefragung für das BAR, Schlussbericht. Bern 1996.

8. Effiziente, systematische und vollständige Erschliessung aller Bestände in Übereinstimmung mit den internationalen Erschliessungsstandards ISAD(G)[14] und ISAAR(CPF)[15].

9. Planung der einzelnen Findmittel sowohl als Teil eines übergreifenden Findsystems, als auch Ausnutzung der erarbeiteten Findmittel als je eigenständige Informationsquellen.

10. Optimierung der Arbeitsabläufe und Planung der Erschliessung als Arbeitsprozess, der einzelne Arbeitsschritte von der Erstellung der Unterlagen bis zu deren Nutzung im Archiv verbindet.

11. Laufende Aktualisierung der *Systematischen Beständeübersicht* und Ergänzung der herkömmlichen bestandsbezogenen Findmittel, bis für alle Bestände der Hauptabteilung E (Bundesstaat) ein gleichmässig detaillierter Erschliessungsgrad erreicht ist, als Rahmenbedingung für eine mögliche forschungsmässige Auswertung aller Bestände; erst anschliessend Erarbeitung detaillierterer Findmittel gemäss einer laufend zu überprüfenden Prioritätenliste.

12. Ergänzung der bestandsbezogenen Findmittel durch Erarbeitung kundenorientierter sachthematischer oder medienspezifischer Findmittel.

13. Vollständige Digitalisierung aller vorhandenen Findmittel und ihre Integrierung in ein elektronisches, orts- und zeitunabhängig zugängliches Archivinformationssystem.

14. Verbund des Archivinformationssystems mit anderen Informationsvermittlungssystemen.

An diesen grundsätzlichen Zielen richten sich die Massnahmen hinsichtlich der Produkte der Erschliessung und ihrer Vermittlung sowie hinsichtlich ihrer methodischen und prozessualen Erarbeitung aus.

A. Findmittel/Findsystem

Für alle Unterlagen im Bundesarchiv müssen, unabhängig vom Aufzeichnungsträger, Findmittel zur Verfügung stehen, die insgesamt ein umfassendes Findsystem ergeben. Diese Findmittel müssen den qualitativen Anforde-

---

14 Vgl. Brüning, R.; Heegewaldt W., Internationale Grundsätze für die archivische Verzeichnung, Marburg, 1994 sowie ISAD(G), *General International Standard Archival Description*, hrsg. v. International Council on Archives. Ottawa 1994.

15 ISAAR(CPF), International Standard Archival Authority Record for Corporate Bodies, Persons, and Families. Findmittel, namentlich elektronische, kommen ohne Wortschatzkontrolle etc. nicht aus.

rungen des Archivs ebenso wie den Anforderungen und Bedürfnissen der BenutzerInnen entsprechen. Die *Systematische Beständeübersicht* ermöglicht den BenutzerInnen den ersten Zugang zu den Unterlagen im Bundesarchiv. Entscheidend ist hier die Aktualität. Dementsprechend ist sie regelmässig auf den neuesten Stand zu bringen.

Für alle Bestände des Bundesarchivs werden innerhalb der nächsten Jahre *systematische Bestandsanalysen* erarbeitet. Diese analytische Beschreibung der Bestände auf einem relativ hohen Abstraktionsniveau ermöglicht den NutzerInnen, die für ihre Fragestellungen relevanten Bestände präziser auszuwählen. Die Bestandsanalysen sind ein eigenständiges Findmittel und entsprechen den bisher üblichen Einleitungen zu Repertorien. Für Bestände des Bundesarchivs mit einem Umfang unter 2,5 lfd m werden die Bestandsanalysen grundsätzlich einziges Findmittel sein.

Die Erschliessung der Pertinenzbestände wird einheitlich und planmässig durchgeführt und innerhalb der nächsten fünf Jahre abgeschlossen. Diese Bestände werden auf Dossierebene erschlossen. Als Findmittel entstehen Bestandsanalysen und Dossierverzeichnisse. Für alle anderen Bestände werden in Absprache mit der Bewertung und der Benutzung im Rahmen des Geschäftsausschusses Priorisierung Prioritätskriterien erarbeitet, auf deren Grundlage die Reihenfolge der Erschliessung (Bestandsanalysen) und der Intensität allfälliger die Abgabeverzeichnisse ergänzender Erschliessungsarbeiten festgelegt werden.

Die Neuverzeichnung innerhalb des Projekts DFM-Nacherfassung erfolgt als integraler Bestandteil der Gesamterschliessung auf Bestands- und Dossierebene. Die Erschliessung neuer Medien, v. a. elektronischer Unterlagen, wird in Abstimmung mit ARELDA (Archivierung elektronischer Daten und Akten) einen zentralen Platz einnehmen. Daneben werden zusätzlich sachorientierte – bestandsübergreifende – Findmittel als Ergebnis einer kurzfristigen, benutzungsbezogenen Zusatzerschliessung von Unterlagen erstellt (z. B. analytisches Inventar Verfassungsgeschichte, analytisches Inventar zur schweizerischen Aussenpolitik des 20. Jahrhunderts, Spezialinventar zur Zivilluftfahrt in der Schweiz, Spezialinventar Bilddokumente).

Zukünftig wird sich die unterlagenbezogene Erschliessung auf der Grundlage der in den ISAD(G) formulierten Stufen und Kriterien der Erschliessung ausrichten. Einzelne Elemente einer ISAD(G)-konformen Erschliessung werden aber nicht bestandsbezogen erarbeitet. Die *Systematische Kompetenzenkartei* und die *Behördenübersicht* ergänzen als unterlagenunabhängige, selbständige Informationsquellen die bestandsbezogenen Findmittel. Gemeinsam mit den bestandsbezogenen oder sachorientiert-bestandsübergreifenden Findmitteln bilden sie das Findsystem des Bundesarchivs.

Die bereits bestehenden Findmittel sowie jene für neue Ablieferungen werden grundsätzlich in digitaler Form erstellt. Das bedeutet:
- Übernahme digitalisierter Verzeichnisse von den AktenproduzentInnen.
- Digitalisierung aller DFM des Bundesarchivs entsprechend DFM-Projektplanung bis Juli 1998.
- Digitalisierung der systematischen Übersicht über die Kompetenzen der Bundesbehörden auf der Grundlage der Systematischen Kompetenzenkartei für den Zeitraum von 1848 bis 1990.
- Digitalisierung der systematischen Übersicht über die Organisationsstruktur der Bundesverwaltung auf der Grundlage der Behördenkartei.

B. Vermittlung

Die heute vorhandene Informationsflut fordert mehr denn je einen schnellen, auf einzelne Fragestellungen bezogenen Informationszugriff. Unterlagen in Archiven enthalten eine Vielzahl von Informationen zu den verschiedensten Fragestellungen, die durch die Erarbeitung von bestandsübergreifenden Findmitteln in relativ kurzer Zeit für eine konkrete Kundengruppe verfügbar gemacht werden müssen.

Das bestehende Findsystem des Bundesarchivs wird schrittweise vervollständigt werden, um den gezielten und schnellen Zugang zu den Informationen überschaubar und nachfrageorientiert organisieren zu können. Die Integration aller digitalisierten Findmittel in das Archivinformationssystem EDI-BAR bzw. dessen Nachfolgesystem ermöglichen optimale Recherchen in allen Beständen. Die Ausrichtung der Erschliessung im Bundesarchiv auf die ISAD(G) macht den von den BenutzerInnen geforderten Austausch von Informationen auf nationaler und internationaler Ebene möglich.

C. Methoden

Mit der Ausdehnung der archivischen Arbeiten auf den gesamten Lebenszyklus der Unterlagen und der damit verbundenen Auflösung der bisherigen

Abfolge archivischer Arbeitsschritte müssen die bisherigen Methoden und Arbeitsabläufe der Erschliessung auf das Produkt Findmittel/Findsystem und seine effiziente Erarbeitung hin ausgerichtet werden. Dies gilt sowohl für die Arbeiten im archivischen Vorfeld als auch für die Arbeit im Archiv selbst.

Da Erschliessung bereits mit der Ordnung der Unterlagen während ihrer Entstehung beginnt, sind für diese praktisch anwendbare Erschliessungsrichtlinien zu definieren. Das heisst, die AktenproduzentInnen müssen über ein methodisches Werkzeug verfügen, das es ihnen ermöglicht, auf der Grundlage konkret definierter qualitativer Anforderungen und praktisch umsetzbarer Anweisungen Findmittel zu erstellen, welche zuerst die Bedürfnisse der Primärnutzung und anschliessend auch der archivischen Sekundärnutzung befriedigen. Damit reduziert sich folgerichtig der innerarchivische Nachbearbeitungsaufwand. Im Bundesarchiv wird zunächst der gleichmässigen Erschliessung aller Bestände gegenüber einer detaillierten Tiefenerschliessung einzelner Bestände der Vorzug gegeben. Davon ausgehend wird die Erschliessung schrittweise für alle Bestände intensiviert, wobei sich die Arbeit prioritär auf häufig benutzte Bestände konzentrieren wird.

Innerhalb des Archivs müssen, besser als bisher, alle vorhandenen, in unterschiedlichen Arbeitsprozessen gesammelten bzw. erarbeiteten Informationen für die Erschliessung nutzbar gemacht werden. Dazu bedarf es transparenter, einheitlicher Methoden der Bestandsbildung und der Erschliessung für alle Unterlagenmedien. Die ISAD(G) ermöglichen die geforderte archivische Verzeichnung nach einheitlichen, zweckmässigen und unmittelbar verständlichen Kriterien. Das Produkt Findmittel/Findsystem kann den Anforderungen und Bedürfnissen der KundInnen nur entsprechen, wenn diese Anforderungen und Bedürfnisse und ihre Veränderungen einer ständigen Prüfung unterliegen und deren Ergebnisse sich auf das Produkt auswirken.

V. Schlussbemerkungen

Qualitäts-, Leistungs- und KundInnenorientierung, Effizienz und vertretbarer ökonomischer Aufwand werden heute mehr denn je auch für die Arbeit in den Archiven gefordert. Hinzu kommen technische Herausforderungen, die sich aus dem umfassenden Einsatz moderner Technologien ergeben. Die Ende 1996 durchgeführte Kundenbefragung des Bundesarchivs hat deutlich gezeigt, dass die heute häufig unter Zeitdruck arbeitenden Benutzer-Innen umfassende Informationen über die Quellenlage zu einem Thema in Form von systematischen, übersichtlichen und detaillierten Findmitteln wünschen, welche ihnen unabhängig von Personal, Ort und Zeit zugänglich sind. Den von aussen an das Archiv herangetragenen, sich laufend wandelnden Anforderungen und Bedürfnissen stehen die Anforderungen und das Bedürfnis des Archivs nach genauer Kenntnis aller seiner Bestände gegenüber.

Mit dem neuen Erschliessungskonzept versucht das Bundesarchiv die Erschliessungsarbeit so auszurichten, dass die externen Anforderungen und Bedürfnisse fruchtbar mit archiveigenen Qualitätsanforderungen, also mit dem Ziel der Gewährleistung eines schnellen und präzisen Zugriffs auf die relevanten Quellen verbunden werden, und macht damit einen zeitgemässen Schritt in die Richtung eines qualitätsvollen, benutzungsorientierten und bedienungsfreundlichen Findsystems. Integraler Bestandteil des Erschliessungskonzeptes des Bundesarchivs sind ergänzende bzw. konkretisierende Anlagen, die stufenweise erarbeitet wurden und werden, hier aber nicht abgedruckt werden können. Es handelt sich um:

1. Erschliessungsgrundsätze des Schweizerischen Bundesarchivs für
    1.1....schriftliche Unterlagen
    1.2....audiovisuelle Unterlagen
    1.3....elektronische Unterlagen
2. Erschliessungsnormen des Schweizerischen Bundesarchivs für die verschiedenen Erschliessungsstufen
    2.1. Systematische Beständeübersicht
    2.2. Bestandsanalysen
    2.3. Teilbestandsanalysen
    2.4. Dossiererschliessung
    2.5. Erschliessung von Einzeldokumenten
3. Erschliessungsprozess im Schweizerischen Bundesarchiv

Résumé

Plus que jamais, ce que l'on demande aujourd'hui même au travail effectué dans les archives, c'est d'être axé sur la qualité et les prestations, adapté aux besoins de la clientèle, efficace, et de générer des coûts supportables. Viennent s'ajouter à cela les défis techniques résultant de l'utilisation des technologies modernes. Il ressort clairement d'une enquête menée fin 1996 par les Archives fédérales auprès de la clientèle que les utilisateurs et les utilisatrices, souvent contraints de travailler dans l'urgence, souhaitent des informations détaillées sur l'emplacement des sources concernant un sujet bien déterminé, et ce sous la forme d'instruments de recherche archivistique systématiques, clairs et détaillés, auxquels ils pourraient avoir accès indépendamment du personnel, du lieu ou du temps.

Si les Archives se voient confrontées à des exigences et à des besoins en constante évolution de la part de la clientèle, elles ont elles aussi des besoins et des exigences: connaître exactement toutes les informations qui leur ont été transmises dans leurs fonds. Les normes standardisées en ce qui concerne la qualité des instruments de recherche archivistique, qui sont déterminantes pour la façon dont ces informations sont créées et à quel moment, n'en sont qu'une expression parmi d'autres.

En élaborant une nouvelle conception de mise en valeur, les Archives fédérales tentent de recentrer cette mise en valeur de manière à ce que les exigences et les besoins puissent être unis en un travail fructueux. Pour élaborer ce concept, on a étudié l'éventail des moyens de recherche archivistique existants, leur procédure interne de création et leur mode de transmission aux utilisateurs. En conclusion de ces travaux, on a défini pour l'avenir les objectifs et mesures suivants:

1. Mettre en valeur, efficacement, systématiquement et complètement tous les fonds en conformité avec les normes de mise en valeur internationales ISAD(G). Dans un premier temps, on privilégie la mise en valeur uniforme de tous les fonds à celle, détaillée, de certains fonds seulement. Puis on étend petit à petit la mise en valeur à tous les fonds, en accordant la priorité à ceux qui sont fréquemment utilisés. Aux fins d'augmenter l'efficacité, on rend exploitable pour la mise en valeur toutes les informations dont on dispose et qui ont été recueillies ou traitées au cours des procédures de travail les plus variées. Cela s'applique aussi bien aux informations recueillies lors des travaux préarchivistiques que lors du travail archivistique proprement dit.

2. Compléter continuellement les moyens de recherche archivistique traditionnels utilisés pour les fonds en élaborant des moyens de recherche thématiques adaptés aux besoins de la clientèle ou spécifiques adaptés aux besoins des médias. Le flot d'informations dont on dispose aujourd'hui exige plus que jamais que l'on puisse accéder rapidement aux informations concernant certaines questions. Les documents qui se trouvent dans les archives contien-

nent une multiplicité d'informations sur les questions les plus diverses qui, si on élabore des moyens de recherche recouvrant tous les fonds, peuvent être mis en relativement peu de temps à la disposition d'un groupe de clients précis.

3. Digitaliser entièrement tous les moyens de recherche existants et les intégrer dans un système de recherche électronique accessible quels que soient le lieu et l'heure. De gros efforts sont entrepris pour compléter petit à petit ce système de recherche qui n'existe encore qu'à l'état d'ébauche, en vue d'organiser de manière claire et adaptée à la demande un accès ciblé et rapide aux informations.

L'article comprend une introduction, une partie descriptive portant sur l'évolution fonctionnelle et traditionnelle de la mise en valeur en général et aux Archives fédérales en particulier, une partie analytique traitant la situation actuelle en matière de mise en valeur et les problèmes qui se posent aux Archives fédérales, ainsi qu'une partie conceptuelle qui, tirant les conclusions des première et deuxième parties, pose des principes fondamentaux et concrets sur la manière dont les Archives fédérales procéderont au cours des prochaines années dans le secteur de la mise en valeur.

La nouvelle conception de mise en valeur permet aux Archives fédérales d'adapter les exigences de qualité spécifiques aux archives à l'objectif qui consiste à garantir l'accès rapide et précis aux sources adéquates et de faire un pas vers un système de recherche de qualité, adapté aux besoins de l'utilisation et facile à utiliser.

Compendio

Oggi più che mai, anche nei lavori d'archivio, vengono richieste – a costi ragionevoli – qualità, prestazioni, attenzione ai bisogni dei clienti, efficienza e spese moderate. A ciò vanno aggiunte necessità di ordine tecnico derivanti dall'impiego generalizzato di tecnologie moderne. Da un sondaggio d'opinione svolto dall'Archivio federale svizzero alla fine del 1996, risulta chiaramente che gli utenti, spesso in lotta contro il tempo, desiderano informazioni esaurienti sulle fonti inerenti ad un dato tema sotto forma di mezzi di ricerca sistematici, chiari e dettagliati che siano accessibili indipendentemente dalla presenza del personale, dal luogo e dall'ora.

Le richieste ed il bisogno provenienti dall'esterno – in continua evoluzione – si scontrano però con il bisogno dell'Archivio stesso di conoscere esattamente tutte le informazioni in sua dotazione. Espressione di questa situazione sono tra l'altro concetti di qualità standardizzati dei mezzi di ricerca che hanno un peso determinante nella scelta dei modi e dei tempi dell'elaborazione di questi ultimi.

Con il nuovo concetto di accessibilità, l'Archivio federale svizzero si propone di garantire l'accesso al proprio patrimonio combinando fruttuosamente le richieste ed i bisogni di ambo le parti. L'esame della gamma dei mezzi di ricerca già esistenti e delle modalità della loro realizzazione (interna all'Archivio) e della loro comunicazione agli utenti hanno costituito la base dell'elaborazione del concetto di accessibilità. Di conseguenza, per il futuro sono stati formulati i seguenti obiettivi e le seguenti misure:

1. L'accessibilità efficiente, sistematica e completa a tutte le collezioni in conformità agli standard di accessibilità internazionali ISAD(G). Dapprima si preferirà rendere accessibili tutte le collezioni in egual misura piuttosto che favorire un accesso dettagliato a singole collezioni. In un secondo momento l'accessibilità verrà aumentata gradualmente per tutte le collezioni (le collezioni più richieste dagli utenti avranno però la precedenza). Per rendere più efficiente l'accessibilità all'Archivio, tutte le informazioni disponibili raccolte o elaborate nel corso di disparati processi lavorativi saranno utilizzate meglio di quanto fatto finora. Ciò vale sia per le informazioni raccolte all'occasione di lavori prearchivistici sia per quelle maturate nel corso di lavori archivistici veri e propri;

2. Il perfezionamento continuo dei mezzi di ricerca tradizionali, riferiti alle singole collezioni, mediante l'elaborazione di mezzi di ricerca orientati sui bisogni della clientela, basati sugli argomenti o relativi a determinati mezzi d'informazione. La valanga d'informazioni di cui si dispone al giorno d'oggi rende più che mai necessario un accesso veloce e strutturato alle fonti per singoli temi. I documenti conservati negli archivi contengono una moltitudine di informazioni sui temi più disparati che potrebbero essere messe a disposizione di determinate categorie di utenti in un tempo relativamente breve mediante l'elaborazione di mezzi di ricerca trasversali, cioè non limitati alle singole collezioni;

3. La totale digitalizzazione di tutti i mezzi di ricerca esistenti e la loro integrazione in un sistema di ricerca elettronico accessibile a prescindere dal luogo e dall'orario. Al completamento di questo sistema di ricerca, attualmente soltanto abbozzato, ci si dedicherà con grandi sforzi al fine di organizzare, in modo chiaro e adatto alle esigenze degli utenti, un accesso preciso e veloce alle informazioni.

L'articolo consta di un'introduzione, di una descrizione dell'evoluzione funzionale e tradizionale dell'accessibilità, in generale e con particolare riferimento all'Archivio federale svizzero, di un'analisi della situazione attuale dell'accessibilità e dei problemi cui è confrontato l'Archivio federale svizzero ed infine di una parte dedicata alla concezione programmatica nella quale, sulla base della parte descrittiva e di quella analitica, vengono spiegati, concretamente e nei loro principi, i passi previsti per i prossimi anni dall'Archivio federale svizzero nel campo dell'accessibilità.

Con il nuovo concetto di accessibilità, l'Archivio federale svizzero adegua le proprie esigenze interne allo scopo di garantire un accesso veloce e preciso alle fonti desiderate compiendo così un passo in linea con i tempi verso un sistema di ricerca di qualità, orientato verso l'utente e di facile utilizzazione.

Manfred Rasch
Learning by doing oder the user's manual. Zur Funktion eines „klassischen" Findbuchs im Zeitalter elektronischer Findmittel.

Lassen Sie sich von Kapitän Kirk, Mr. Spock und dem Raumschiff Enterprise und seiner Besatzung in das nächste Jahrtausend entführen. Für alle, die diese mittlerweile schon 30 Jahre alte Kultserie des Science Fiction Films nicht kennen, sei das Thema der folgenden Gedanken weniger prosaisch umrissen: Invention, Innovation und Evolution in der zukünftigen Informationsgesellschaft und ihre Konsequenzen für die Archivwissenschaft: Learning by doing oder the user's manual.

In der Filmserie Star Trek gibt es keine technische Evolution innerhalb der Haupthandlungsgeschichte, wohl aber nehmen die Menschen Kontakt auf mit anderen Lebewesen höherer bzw. niederer Entwicklungsstufen. Aufgrund ihrer „überlegenen" Intelligenz gelingt in jeden Fall die Kommunikation; die Raumschiffbesatzung ist sogar in der Lage, ältere, seit Jahrhunderten nicht mehr bediente Computer anderer Spezies in Betrieb zu nehmen und die in ihnen gespeicherten Informationen abzurufen.

Unsere eigene Erfahrungswelt sieht aber leider ganz anders aus! Zwar können die meisten Besitzer eines Mobiltelefons alle Funktionen dieses Gerätes bedienen, aber bei computergestützten Schreibprogrammen nimmt die Kenntnis der Anwender von den Möglichkeiten dieser Software schon rapide ab und dürfte bei den Benutzern der noch weiter verbreiteten Videorecordern mit ihren im Vergleich zu Schreibprogrammen beschränkten Funktionen einen bedenklichen Tiefstand hinsichtlich der Anwendungsvielfalt erreichen. Ein weiteres Beispiel aus dem Alltag: Wer hat sich nicht selbst schon einmal in einem Restaurant am Handwaschbecken wiedergefunden, wo er erst nach längerem Suchen nach Lichtschranken, Bewegungsmeldern, Wärmesensoren oder ähnlichen ein Fußpedal fand, mit dem der Wasserhahn bedient werden konnte: Walle, walle das zum Zwecke Wasser fließe. In der Regel handeln wir zunächst aufgrund unserer Erfahrung. Wir werden dabei von unseren Wünschen und Bedürfnissen geleitet, fragen aber viel zu selten nach den Möglichkeiten, die uns zusätzlich offenstehen.

Bei technischen Geräten – auch sehr kostspieligen – wird auf die Lektüre der Gebrauchsanweisung oftmals verzichtet, nicht etwa, weil der Hersteller nur

Produkte auf den Markt bringt, deren Nutzung sinnfällig ist, sondern weil
der Mensch von Natur aus eher zu „learning by doing" als zur theoretisch-
intellektuellen Wissensaneignung disponiert zu sein scheint, so ist die Spezies Archivbenutzer ein repräsentativer Querschnitt o. g. Hominiden.

Bleibt schon ein Findbuch für manchen Historiker ein Buch mit sieben Sie-
geln, das sie nur über Register und Inhaltsverzeichnis benutzen, ohne die
einführenden Bemerkungen und Hinweise der Archivare zur Geschichte des
Bestandsbildners, die Überlieferungsgeschichte der Archivalien zu lesen, so
wird dieser Benutzer in elektronischen Datenbanken nur noch einen Bruch-
teil der verfügbaren Informationen finden, sich aber dort dennoch optimal
aufgehoben fühlen, da beispielsweise Stichwort- oder Volltextrecherchen bei
elektronischen Findmitteln in Bruchteilen von Sekunden Ergebnisse, auch
sehr umfangreiche, zeitigen. Die Frage: „Was sehe ich alles nicht?" wird nicht
gestellt. Wer überprüft, ob Fragestellung und Suchstrategie kongruent sind?
Wer fragt heute noch bei Benutzung einer Zeitschriftendatenbank danach,
welche Zeitschriften seit wann erfaßt und ausgewertet wurden? Wer kennt
die benutzten Schlagworte, wer nutzt den Thesaurus, um sich über Eigen-
arten der Datenbank zu informieren? Es scheint, daß nicht mehr der Überblick, sondern nur das Detailwissen gefragt ist, ohne daß dieses hinsichtlich
seiner Qualität bewertet wird.

Weder Einzelblatt-Verzeichnung, Volltextrecherche noch Dokumentendigita-
lisierung sind angesichts der unüberschaubaren Informationsflut ein proba-
tes Lösungsmittel, wo eine systematische Klassifikation letztlich mehr leistet
als eine noch so tiefe Verzeichnung. (Dies soll nicht bedeuten, daß die Klassifikation das ultimative Ordnungskriterium sei, um eine hohe Recherche-Vali-
dität zu erreichen.) Die in Deutschland gebräuchlichen DV-gestützten Archivierungssysteme bieten zwar Klassifikationsmöglichkeiten an, gewähren aber
dem Benutzer keinen Überblick zu Bestandsstrukturen, d. h. keine Auflösung
der Klassifikation, sondern nur die jeweiligen Dokumentenbeschreibungen.

Vom Ergebnis sicherlich höchst aufschlußreich wären daher zwei Studien,
sofern es sie nicht schon gibt, die den Glauben an die Allmacht der elektronischen Wundermaschinen etwas einschränken könnten. Die Aufgabenstellungen wären:
1. In einer Chemie-Datenbank 100 fachkundige Benutzer eine Anzahl von
   einfachen bis komplexen Begriffen recherchieren zu lassen und die Ergebnisse miteinander zu vergleichen.

2. Die gleichen Recherchebegriffe in unterschiedlichen Datenbanken suchen zu lassen und auch diese Ergebnisse miteinander zu vergleichen.

Mögliche Erklärungen für die sicher abweichenden Ergebnisse werden u. a. sein: fehlendes Vorwissen, das zur richtigen Handhabung von Datenbanken und Formulierung der Recherche notwendig ist, und auch der Kostenfaktor Zeit, denn die Verbindung mit der Datenbank, dem Host, kostet nicht nur Telefonzeit, sondern wird in der Regel vom Datenbankanbieter u. a. auch nach Benutzungszeit abgerechnet.

Die Ergebnisse einer solchen Studie, d. h. die Fehlerursachen treffen sowohl auf eine Datenbank, als auch auf eine klassische Findbuch-Recherche zu. Da die Arbeitszeit des Geisteswissenschaftlers aber noch immer eine schier unbegrenzt und zudem nicht als in Geldwert umzurechnende Einheit verfügbar zu sein scheint, besteht eine größere Wahrscheinlichkeit, daß er in ein klassisches Findbuch mehr Zeit investiert als in eine unmittelbar kostenintensive Datenbankrecherche, sich also das notwendige Vorwissen aneignet, the user´s manual liest, um die Recherche optimal durchzuführen, auch wenn er – wie die meisten Menschen – eher zu learning by doing tendieren dürfte.

Ein weiteres Argument gegen die derzeitigen elektronischen Wundermaschinen sollten die in größeren Zeitspannen denkenden Archivare nicht außer Acht lassen, und damit komme ich zu Mr. Spock und seinem Raumschiffcomputer zurück. Wie sieht die zukünftige Informationsgesellschaft aus? Weder gedruckte Medien noch elektronische Bildschirme mit Schrift, Ton und bewegten Bild werden das zukünftige Entwicklungsstadium sein, sondern in erster Linie – wie beim Raumschiff Enterprise – sprechende Computer, die man mit der eigenen Stimme steuert, die also Sprache erfassen können, die mit dem Nutzer in seiner Sprache sprechen und die auf Wunsch zusätzlich Original-Bild und Original-Ton aus ihren Datenbanken zur Verfügung stellen können. Die Anfänge funktionsfähiger Systeme, nicht Prototypen, hoffe ich, noch mitzuerleben.

Wir befinden uns heute folglich in einer Übergangsphase vergleichbar einem Zeitalter miteinander konkurrierender Alphabete, ohne daß absehbar ist, wie die Entwicklung weitergehen wird, d. h. welche (Schriftzeichen-)Systeme werden sich durchsetzen, weiterbestehen, welche untergehen? Ob alle z. Z. elektronisch verfügbaren Daten auf die neuen Datenbanksysteme und sprachorientierten Computer überführt werden, ist zweifelhaft. Es werden elektronische Dateninseln entstehen, allein schon dadurch, daß ein upgrading der Daten verpaßt wurde. Aber allein schon wegen der Masse der bis heute ausschließlich gedruckt vorliegenden Informationen werden auf jeden Fall Möglichkeiten geschaffen werden, diese in die sprachorientierten Computersysteme zu überführen. Auch in Zukunft wird nicht jedes Gedruckte in sprachorientierten Datenbanken vorliegen, aber es werden einfache technische Verfahren zu ihrer Übertragung existieren. Diese Computer werden auch die Entstehung eines Findbuches rekonstruieren können, d. h. aus dem Register nicht nur – wie im gedruckten Findbuch – auf die Seite, sondern – was heute der Mensch aufgrund intellektueller Überlegungen noch bei der Benutzung selbst macht – auf die entsprechende Archivalien hinweisen. Ob der heute im Internet vorliegende Archiveintrag zukünftigen Generationen noch zur Verfügung stehen wird, ist fraglich, das gedruckte Findbuch wird – trotz abnehmender Lesefähigkeit zukünftiger Generationen – bleiben und – eventuell – dem zukünftigen Benutzern vom Computer vorgelesen, damit er entscheidet, ob er die Quellen selbst einsieht oder diese sich vom Computer vorlesen und erläutern läßt.

Diese Ausführungen dürften deutlich machen, warum das Archiv der Thyssen AG noch ein Findbuch drucken läßt. Das bedeutet aber nicht, daß die einmal elektronisch vorliegenden Daten nicht auch per DV-Programm ausgewertet werden. Solange die Programme von den Betriebssystemen der Computer unterstützt werden, werden diese Daten natürlich ganz genutzt. Ob die von uns genutzte Software eines Tages eine Sackgasse darstellt, d. h. vom Anbieter nicht weiterentwickelt wird, wissen wir noch nicht. Elektronische Daten sind, da nicht direkt lesbar, eine durchaus hochvergängliche Ware, die vermutlich nicht für die „Ewigkeit" konserviert werden kann.

Die Bedeutung der Archivare als Bewahrer, Aufbereiter und Bereitsteller von Informationen – auch von ausschließlich elektronisch gespeicherten – wird zunehmen. Es fordert aber auch neue Qualifikationen der Archivare, mehr EDV-Wissen. Diesen Aufgaben gilt es sich zu stellen, ohne zugleich jede Mode mitzumachen!

Kommunikation im Internet

Sektionssitzung unter Leitung von *Wilfried Reininghaus*

Dietrich Wagner
Archive im Internet: Erfahrungen am Beispiel zweier Archive

Die Zahl der Unternehmen und Institutionen, die das Internet als weltweite Präsentationsplattform nutzen, um ihre Produkte und ihre Arbeit einem breiten Publikum vorzustellen, neue Nutzerkreise zu erschließen und das Dienstleistungsangebot auf Basis der neuen technischen Möglichkeiten auszuweiten, nimmt auch in Deutschland sehr stark zu. Das Medium Internet ist dabei, unsere Kommunikationsgewohnheiten grundlegend zu verändern. Benutzer gewöhnen sich zunehmend daran, digital verfügbare Informationen jeglicher Art über dieses neue Medium zu beziehen. Das Internet gewinnt damit wachsende Bedeutung als Markt für Informationsanbieter, zu denen auch die Archive zu zählen sind. In Nordamerika sind bereits viele Archive im Internet vertreten, während sich die Entwicklung in Europa, aber insbesondere in Deutschland, noch am Anfang befindet. Doch wird auch hier die Bedeutung der sich abzeichnenden Entwicklungen erkannt.

Folgerichtig trat das Thema Internet auf dem 67. Archivtag 1996 in Darmstadt erstmals stärker in den Vordergrund. Ein pragmatischer Ansatz wurde durch die dort vorgestellten beispielhaften Internet-Präsentationen des Sächsischen Hauptstaatsarchivs in Dresden und des Bergbau-Archivs in Bochum verfolgt, die in Zusammenarbeit mit der DISOS GmbH realisiert und im Internet bereitgestellt wurden. Vor dem Hintergrund noch fehlender Erfahrungsberichte zur Online-Präsenz von Archiven sollten beide Projekte helfen, erste Erfahrungen zu sammeln, und ausgehend davon, Anregungen und Empfehlungen für Internet-Präsentationen von Archiven abzuleiten und zu veröffentlichen. Erste Ergebnisse sollten ein Jahr danach auf dem 68. Archivtag in Ulm vorgestellt werden und sind in zusammengefaßter Form Inhalt dieses Referates.

Unser besonderer Dank gilt an dieser Stelle Frau Dr. Kroker vom Bergbau-Archiv in Bochum und Herrn Dr. Lux vom Sächsischen Innenministerium in Dresden, die es ermöglicht haben, für beide Archive eine beispielhafte Online-Präsenz zu realisieren.

Inhalte der Online-Präsenz

Aus Benutzersicht hatten die Internet-Präsentationen beider Archive die Aufgabe, einen kurzen Überblick über die dortige Arbeit und über verfügbare Bestände zu geben, um eine erste Orientierung zu ermöglichen. Schwerpunkt der Internet-Präsentation des Sächsischen Hauptstaatsarchivs in Dresden waren beispielhafte Bestandsübersichten vom Mittelalter bis zur jüngsten Vergangenheit. Für das Bergbau-Archiv Bochum lag der Fokus auf der Darstellung wissenschaftlicher Projekte sowie auf der Präsentation von Sonderausstellungen und Abbildungen aus der Bergbaugeschichte. Weiterhin abrufbar waren Informationen über Geschichte und Aufgaben der Archive sowie über relevante Veröffentlichungen. Ergänzt wurde das Angebot um Nutzerhilfen und Basisinformationen zu den Archiven. Verfügbar waren beispielsweise Angaben über Ansprechpartner und deren telefonische Erreichbarkeit, sowie Angaben über Öffnungszeiten, Wegbeschreibungen u. a. m. Die Internet-Präsentation des Bergbau-Archivs umfaßte zusätzlich die Möglichkeit zur Kontaktaufnahme per E-Mail.

Die Bekanntmachung der Verfügbarkeit im Internet erfolgte ausschließlich über das Internet selbst. Dazu wurden entsprechende Einträge in den Internet-Suchmaschinen vorgenommen und Hinweise auf einigen relevanten Archiv-Websites plaziert. Dies erfolgte aber nur in sehr eingeschränktem Maße.

Erste Erfahrungen

Obwohl aus zeitlichen Gründen keine besondere Öffentlichkeitsarbeit für die Online-Präsenz erfolgte, war doch eine erfreuliche Resonanz auf beide Informationsangebote zu verzeichnen. Über das Angebot des Hauptstaatsarchivs in Dresden informierten sich monatlich ca. 100 und über das Bergbau-Archiv Bochum ca. 40 Online-Besucher. Zum Bergbau-Archiv Bochum gab es einige Anfragen per E-Mail, überwiegend aus Deutschland, aber auch aus dem übrigen Europa und Übersee. Diese nahmen zumeist auf das konkrete Online-Angebot Bezug, wobei die Nutzer in der Regel erstmalig über das Internet darauf aufmerksam geworden waren. Konventionelle Anfragen, die per Fax oder Telefon bei den Archiven eingingen, nahmen auf die Online-Präsenz kaum Bezug.

Es läßt sich daraus schließen, daß Internet-Nutzer vorwiegend über das Internet auf das Angebot aufmerksam wurden. Sie konnten sich offenbar ausreichend über dieses Medium informieren, so daß Rückfragen über Telefon oder Fax nicht notwendig waren. Die Sorge, aufgrund einer Online-Präsenz mit einer hohen Anzahl von Anfragen über E-Mail oder über konventionelle Kommunikationswege konfrontiert zu werden, erwies sich als unbegründet.

Das Medium selbst ermöglicht eine effiziente, ressourcensparende Kommunikation. Beispielsweise über ein umfassendes Informationsangebot, das nur wenige Fragen offen läßt, über interaktive Auskunftssysteme oder über eine Rubrik häufig gestellter Fragen mit zugehörigen Antworten. Aus technischer Sicht ergab sich für die Realisierung der Online-Präsenz ein recht geringer Aufwand, da die Informationsangebote einfach gehalten waren. Vor dem Hintergrund riesiger Informationsbestände im Internet und zeitabhängiger Gebührenstrukturen ist die möglichst intuitive und wenig zeitaufwendige Erschließung beliebiger Informationsangebote aus Benutzersicht von besonderer Bedeutung. Die Strukturierung und inhaltliche Aufbereitung der Information, notwendige Grafikarbeiten sowie die Entwicklung einer leicht bedienbaren Navigation (Steuerung) durch das Gesamtangebot verursachten daher auch die größten Aufwände.

Beide Online-Projekte konnten mit Sicherheit einen kleinen Beitrag zur Öffentlichkeitsarbeit beider Archive leisten, meßbaren Nutzen, z.B. monetärer Art, konnten und sollten sie nicht leisten. Für die dauerhafte Internet-Präsenz müßte aber ein noch größerer Aufwand betrieben werden, als im beschriebenen Projektumfeld. Das heißt aber auch, daß den Aufwendungen entsprechende Nutzeneffekte gegenüber stehen müssen, was letzlich nur durch Konzepte eines „virtuellen" *WebArchivs* gelingen kann.

Anregungen für die Online-Präsenz von Archiven

Es wurde damit klar, daß ein deutlich höherer Aufwand betrieben werden muß, um das Internet nutzbringend im Archivbereich einsetzen zu können. Auf Seiten eines Archivs sollte zunächst Klarheit darüber geschaffen werden, welche Ziele durch die Nutzung des Internet erreicht werden sollen und welche Ressourcen personeller und monetärer Art dafür eingesetzt werden können. Sofern auf Archivseite keine Erfahrung im Umgang mit dem Internet vorhanden ist, sollte schon während der Planungsphase auf professionelle Unterstützung zurückgegriffen werden, um ein realisierbares und den individuellen Gegebenheiten entsprechendes Konzept zu erarbeiten. Deutlich herausgearbeitet werden sollten potentielle Nutzeneffekte des Internet-Einsatzes. Ohne sichtbare monetäre oder qualitative Vorteile erscheint der für eine Online-Präsenz zu betreibende Aufwand andernfalls problematisch.

Chancen bieten sich vor allem durch die Erschließung neuer Nutzerkreise und über die kommerzielle Bereitstellung von (neuen) Dienstleistungen und Informationen. Denkbar ist hier die Reduzierung von konventionellen Beratungs- und Kommunikationsaufwänden durch umfassende interaktive lnformationsangebote, die beispielweise auch die Nutzeranmeldung oder Lesesaalreservierungen per lnternet ermöglichen. Dazu gehört natürlich auch die im Informationsangebot integrierte Bereitstellung von Findmitteln. Nicht digitalisierte Archivalien könnten auf Verlangen (on Demand) für Online-Besucher gebührenpflichtig digitalisiert und übermittelt werden.

In gleicher Weise lassen sich weitere Dienstleistungen, wie Auftragsrecherchen und Beratungsleistungen, über Internet verfügbar machen. Eine weiterer wichtiger Aspekt ist die aktive Öffentlichkeitsarbeit für die Online-Präsenz. Hierzu sollten zunächst die Möglichkeiten im Internet, wie z.B. Einträge in Suchmaschinen u.a.m., genutzt werden. Weiterhin sollten Verweise (Links) auf das eigene Angebot mit anderen Archiven und Präsentationen aus dem Archivumfeld ausgetauscht werden. Notwendig ist außerdem der Einsatz herkömmlicher Medien und Kommunikationswege, um das Internet-Angebot bekannt zu machen. Hierzu ist ein kontinuierlicher Aufwand erforderlich.

Letztlich gefordert ist das Konzept des schon erwähnten interaktiven *Web-Archivs*, das nutzer- und zielgruppenorientiert ausgerichtet ist. Mit Sicherheit sehen wir im Archivbereich dazu schon bald erste Prototypen und zugehörige Konzeptansätze. Da hier oftmals noch Neuland betreten wird, erscheint an dieser Stelle der intensive Erfahrungsaustausch mit anderen Archiven sehr hilfreich. Es können so Synergieeffekte durch gemeinsame Lösungen mehrerer Archive erreicht werden. Dies kann bis zum gemeinsamen Aufbau von Internet-Informationsangeboten und dem Betrieb von Internet-Servern- und Ressourcen reichen.

Zu Ende gedacht könnte auf diese Weise die These Wirklichkeit werden, daß zukünftige Archive fast ausschließlich online zum Benutzer kommen, wobei der physische Standort beider keine Rolle mehr spielt. Schon jetzt sollten die sich bietenden Möglichkeiten ausgeschöpft werden, um wirklichen Nutzen

für beide Seiten zu generieren; das bloße Bereitstellen einiger Informationsseiten geht letztlich in der Informationsvielfalt des Internet unter.

Offene Fragen und Probleme

Die Nutzung des Internet im Archivbereich ist bisher wenig erprobt. Aus
diesem Grunde sind hier noch einige Klärungsprozesse notwendig. Es ist
noch nicht absehbar, wie der Einsatz neuer (Internet-)Technologien das
Selbstverständnis und die Arbeit von Archiven verändern wird und ob diese
Änderungen wünschenswert sind.

Die damit mögliche stärkere Kommerzialisierung von Dienstleistungen im
Archivbereich stellt bisherige Konzepte in Frage. Mit der Nutzung des Internet ergeben sich darüber hinaus Fragen rechtlicher und technischer Art. Die
Klärung und Gewährleistung der Urheberrechte muß sichergestellt sein,
wenn elektronische Findmittel und Facsimiles von Archivalien im Internet
bereitgestellt werden. Für die gebührenpflichtige Bereitstellung von Informationen und Dienstleistungen über das Internet müssen bisherige Gebührenordnungen erweitert werden. Der Umgang mit elektronischem Zahlungs-
systemen über Internet ist im Archivbereich noch nicht erprobt.

Benötigt werden allgemeingültige Konzepte, um herkömmliche Findmittel
im Internet abbilden zu können. Lösungen in diesem Bereich werden sich
stark von den gewohnten Konzepten und Vorgehensweisen unterscheiden.
Es stellt sich in diesem Zusammenhang die Frage nach der (finanziellen)
Machbarkeit des Medienwechsels zum digitalen Archiv. Die Digitalisierung
von Archiven befindet sich teilweise erst im Anfangsstadium, ist aber die
Voraussetzung für die Nutzbarmachung über Internet. Eine Antwort hierauf
könnte die Erschließung des Internet als eine weitere mögliche Finanzie-
rungsquelle für den Archivbereich sein.

Peter Honigmann
Zentralarchiv zur Erforschung der Geschichte der Juden in Deutschland[1]

Erfahrungen mit der Veröffentlichung von Verzeichnissen im INTERNET

Der entscheidende Anstoß zur Veröffentlichung von Verzeichnissen im INTERNET kam aus Amerika. Im Frühjahr 1996 brachte mich eine Reise nach St. Louis, und ich hatte Gelegenheit, mit der Archivarin der Washington University zu sprechen, die gerade dabei war, sämtliche Findbücher auf ihre neu eingerichtete Hompage zu übertragen.[2] Sie konnte mich schnell davon überzeugen, daß INTERNET insbesondere für kleine Spezialarchive eine geeignete und preiswerte Publikationsform ist. Inzwischen haben wir selbst einige Erfahrungen gesammelt, die die anfänglichen Erwartungen zum Teil bestätigen zum Teil präzisieren, und die ich in die Diskussionen dieser Sektionssitzung einbringen möchte.

Im Herst 1996 war INTERNET im deutschen Archivwesen noch ausgesprochenes Neuland.[3] Es gab damals etwa fünf Archive in der Bundesrepublik, die bereits mit INTERNET arbeiteten. Wir konnten zwar schon einen ersten Lehrgang der Archivschule Marburg nutzen, mußten ansonsten aber unseren Weg im wesentlichen allein gehen. Zunächst waren unerwartete bürokratische Hindernisse zu überwinden. Die Bearbeitung unseres Antrags auf Zugang zum Netz über den Server der Universität hat z. B. neun Monate gedauert. Dies blieb leider nicht die einzige Erfahrung dieser Art. Im Prinzip ermöglicht INTERNET eine weltweite Kommunikation in Sekundenschnelle. Auf dem Weg dorthin ist man jedoch mit Denk- und Verwaltungsstrukturen der unmittelbaren Umgebung konfrontiert, die nicht von vornherein mit der neuen Technik kompatibel sind. Viel Kraft wird deshalb für die Überwindung der ersten fünfzig Meter gebraucht.

---

1 Leicht überarbeitete und um Fußnoten ergänzte Fassung meines Vortrags auf dem Archivtag in Ulm. Die hier beschriebenen Erfahrungen habe ich in enger Zusammenarbeit mit meinem Kollegen Alon Tauber gemacht, dem ich für zahlreiche anregende Gespräche und vor allem für die computertechnische Umsetzung unserer Projekte zu Dank verpflichtet bin.
2 Siehe http://library.wustl.edu/~spec/archives/
3 Vgl. Karsten Uhde, Archive und Internet. In: Der Archivar. 49 (1996), Sp. 205-216.

Den Aufbau unserer Hompage[4] haben wir mit einer Telefonleitung, einem Modem und einem 486er Computer begonnen. Zunächst glaubten wir, mit der Ersteinrichtung unserer Hompage eine Spezialfirma beauftragen zu sollen. Nachdem wir aber Kostenvoranschläge in der Größenordnung von 8.000 DM erhalten hatten, fingen wir an, uns selbst in die Problematik zu vertiefen. Im INTERNET fanden wir einen Kurs, der von einer amerikanischen Universität angeboten wurde, und der das Erlernen der HTML-Programmierung in gut einer Woche möglich machte.[5] In der späteren Arbeit mit dem Homepage-Editor von Netscape stellte sich dann heraus, daß für die praktische Arbeit noch zahlreiche Vereinfachungen möglich sind.[6] Insbesondere die Erzeugung der für HTML-Dateien charakteristischen Links kann auf so elementare Weise algorithmisiert werden, daß man diese Arbeit, die gerade bei der Übertragung von größeren Verzeichnissen einen gewissen Umfang annimmt, ohne Probleme durch eine Bürokraft erledigen lassen kann.

Die erste von uns gestaltete Homepage war nicht viel mehr als eine elektronische Variante unseres Prospekts. Neben allgemeinen Informationen über die Entstehung, die Aufgaben und die Struktur des Heidelberger Zentralarchivs fanden sich Übersichten über unsere Aktenbestände und Beschreibungen der archivischen Sammlungen. Von Anfang an war uns jedoch klar, daß wir mit der Homepage mehr erreichen wollten als eine Modernisierung der Öffentlichkeitsarbeit. Es geht uns vor allem darum, INTERNET als Medium für die Veröffentlichung von Verzeichnissen und Findbüchern zu nutzen, und auf diese Weise allmählich an eine Benutzung des Archivs aus der Ferne heranzukommen.

Um die Kommunikationsstrategie unseres Archivs verständlich zu machen, sind vielleicht einige erklärende Bemerkungen erforderlich. Der Schwerpunkt unserer Arbeit liegt in der Archivierung von Altakten jüdischer Gemeinden und Verbände der Bundesrepublik. Es handelt sich in der Regel um Schriftgut aus der Zeit nach 1945. Obwohl die jüdischen Gemeinden im Nachkriegsdeutschland nicht sehr viele Mitglieder zählen, entstanden in den letzten fünfzig Jahren solche Mengen an Akten, daß sie von den Gemeinden weder untergebracht noch überschaut werden können. Daraus ergab sich die Not-

---

4 http://www.uni-heidelberg.de/institute/sonst/aj/
5 Case Western Reserve University: Introduction to HTML (http://www.cwru.edu/ help/introHTML/toc.html)
6 Siehe Nescape Navigator Handbook, Online Version (http://home.netscape. com/eng/mozilla/3.0/handbook/)

wendigkeit zur Einrichtung eines zentralen jüdischen Archivs. Das Interesse an einer historischen Auswertung dieser Aktenbestände ist aber sowohl am Ursprungsort als auch in universitären Forschungszentren in den USA und in Isael relativ stark. Indem das Heidelberger Zentralarchiv die Akten materiell an einer Stelle zusammenführt, geht es gleichzeitig eine moralische Verpflichtung zu einer wirkungsvollen und weitreichenden Kommunikation ein.

Ähnlich verhält es sich mit den Nachlässen und Materialsammlungen jüdischer Autoren. Zum Teil leben die deutsch schreibenden jüdischen Autoren heute selbst im Ausland. Und auch das germanistische Interesse an den bei uns verwahrten Unterlagen ist in den USA mindestens ebenso groß wie in Deutschland.

Stärker noch als bei den zeitgeschichtlichen Dokumenten macht sich das Bedürfnis nach weltweiter Kommunikation in den Bereichen bemerkbar, in denen die Arbeit des Zentralarchivs in frühere Geschichtsepochen hineinreicht. So wurde z.B. eine umfangreiche Sammlung von Fotos jüdischer Grabinschriften aufgebaut. Die von uns bearbeiteten Friedhöfe liegen in Baden-Württemberg bzw. in Niedersachsen. Der größte Teil der darauf bezüglichen genealogischen Anfragen erreicht uns jedoch aus den USA. Ob es sich nun um Gemeindeakten, Unterlagen jüdischer Autoren oder Fotos jüdischer Grabsteine handelt, immer wieder stehen wir vor der Aufgabe, genaue Angaben über unsere Bestände einem kleinen, aber dafür über weite Teile der Welt verstreuten Interessentenkreis zugänglich zu machen. Gerade diese Kombination von geringer absoluter Größe des Interessentenkreises und weiter geographischer Streuung lassen INTERNET als ein adäquates Kommunikationsmedium erscheinen, jedenfalls solange es um Informationen geht, die nicht vertraulich behandelt werden müssen. Ich kann mir vorstellen, daß auch andere Archive mit speziellem Sammelauftrag sich in einer ähnlichen Situation befinden. Meist wahrscheinlich kleine Einrichtungen, jedoch mit großem Aktionsradius.

Der Druck von Verzeichnissen ist langwierig und kostspielig. Bei der insgesamt geringen Zahl von Käufern kann von Wirtschaftlichkeit keine Rede sein. Aktualisierungen sind bei einem so schwerfälligen Verfahren oft erst nach Jahrzehnten möglich. Eine Kommunikation über die Homepage im INTERNET weist demgegenüber deutliche Vorteile auf. Da der Produktionsprozeß praktisch mit dem Veröffentlichungsprozeß zusammenfällt, jedenfalls dann, wenn die Homepage im eigenen Haus bearbeitet wird, kann die öffent-

liche Mitteilung stets aktuell gehalten werden. Gleichzeitig kann die Homepage von jedem Ort der Welt gelesen werden, ohne daß erst mühsam be-
drucktes Papier verschickt werden muß. Bei jeder Aktualisierung der Homepage können Informationen hinzugefügt oder verändert werden. Mitteilungen über Neuzugänge sind ebenso möglich wie die Publikation von Zwi-
schenergebnissen. Der Benutzer muß nicht mehr das Ende einer sich oft über
viele Jahre hinziehenden Bearbeitung abwarten, sondern kann bereits die
Teilergebnisse in dem Moment nutzen, in dem sie vorliegen. So haben wir in
Heidelberg etwa damit begonnen, unmittelbar nach Übernahme von Altakten
jüdischer Gemeinden die entsprechenden Einlieferungsverzeichnisse in unsere Homepage zu übertragen.

Die Geschichte des jüdischen Neubeginns in Deutschland nach 1945 ist inzwischen ein auch in Israel lebhaft studiertes Thema. Für die entsprechenden
Wissenschaftler bieten deshalb bereits die Einlieferungsverzeichnisse wertvolle Informationen über Umfang und Zusammensetzung der nunmehr für
die Forschung zugänglich werdenden Materialien. Auch bei den bereits
erwähnten Fotos von jüdischen Grabsteinen sind wir dazu übergegangen,
Teilergebnisse mitzuteilen. Zunächst sind die Grabsteine während mehrerer
Jahre fotografisch aufgenommen worden. Die Fotos waren in dieser Arbeits-
phase lediglich nach den Friedhöfen geordnet. Erst nach und nach werden
von Mitarbeitern des Landesdenkmalamtes die Inschriften gelesen und wir
erhalten namentliche Belegungslisten, wodurch unsere mehr als 100.000 Fotos umfassende Sammlung schrittweise auch für die Bearbeitung genealogi-
scher Einzelanfragen erschlossen wird. Bisher fand die Kommunikation mit
den meist in Amerika sitzenden Genealogen ganz traditionell per Briefver-
kehr statt. Jetzt haben wir angefangen, bereits vorliegende Belegungslisten
einzelner jüdischer Friedhöfe über INTERNET zugänglich zu machen. Der
Aufwand für die Auskunftserteilung verringert sich dadurch spürbar. Das
Nachsehen in den Listen übernimmt jetzt der Benutzer von seinem Wohnort
in Amerika aus. Wenn er fündig geworden ist, braucht er nur noch per e-mail
die gewünschten Kopien zu bestellen.

Eine derartige Benutzung aus der Ferner funktioniert natürlich nur dann,
wenn die zur Verfügung gestellten Informationen hinreichend detailliert
sind. Solange die über die Homepage zugänglich gemachten Angaben das
Interesse des Benutzers nur wecken, aber nicht vollständig befriedigen, wird
es per e-mail Rückfragen in beträchtlicher Zahl geben. Die Benutzung aus der
Ferner wird dann leicht zu einer Benutzung durch den Archivar im Auftrag

des Benutzers. Diese Gefahr sollte von der Publikation traditioneller Findmittel im INTERNET nicht abhalten, aber man sollte auf jeden Fall über derartige Konsequenzen nachdenken. Bei uns wurden in dieser Hinsicht noch keine wirklichen Erfahrungen gesammelt, weil wir aus computertechnischen Gründen zunächst nur Findbücher von kleinen Beständen auf unsere Homepage übertragen haben, die alle hinreichend detailliert gearbeitet sind.

Um auch größere Verzeichnisse in unsere Homepage aufzunehmen, müssen wir erst unsere Computerausrüstung modernisieren. Ich möchte hier nicht zu sehr auf technische Einzelheiten eingehen. Eine kurze Andeutung möge genügen. Um größere Findbücher, die bereits als WORD-Dateien vorliegen, in HTML-Dateien zu verwandeln, ist eine Zerlegung in viele kleinere Dateien nötig, von denen bei der Bearbeitung jeweils mehrere gleichzeitig geladen werden müssen. Für diese Arbeit ist ein 486er Computer nicht mehr das geeignete Gerät. Man benötigt dafür ein besseres Pentium, was inzwischen jedoch schon zur Standardausrüstung von PC-Arbeitsplätzen gehört.

Bisher habe ich ausschließlich von den kommunikativen Vorteilen gesprochen, INTERNET bietet jedoch auch neue strukturelle Möglichkeiten. Die Arbeit mit einer Homepage gestattet nicht nur eine schnelle und kostengünstige Verbreitung von Findbüchern traditioneller Art, sondern die HTML-Programmiertechnik läßt für bestimmte Verzeichnungsaufgaben auch neuartige Lösungen zu. Das entscheidende neue Element bei der Gestaltung von HTML-Dateien ist die Verwendung von sogenannten Links. Durch ein Link kann eine Verbindung zwischen zwei verschiedenen Texten hergestellt werden. In einer verfeinerten Form ist eine derartige Verbindung auch von einem Wort im ersten Text zu einem bestimmten Wort im zweiten Text möglich. Beim Lesen funktioniert das so ähnlich wie eine Fußnote. Wenn man an die entsprechend markierte Stelle gelangt, springt man mit den Augen zu dem am Fuß der Seite oder am Ende des Aufsatzes befindlichen Text derFußnote. Dieses Springen wird bei HTML-Dateien durch Anklicken mit der Maus bewirkt.

Bereits beim Übertragen herkömmlich gearbeiteter Findbücher auf die Homepage kann man sich diese Technik zunutze machen. So wird man es i. a. so einrichten, daß man die Hauptbegriffe der thematischen Gliederung durch Links mit den jeweils zugehörigen Kapiteln des Findbuches verbindet. Auch das Personenregister kann so programmiert werden, daß von jeder Findbuchnummer, die hinter einem bestimmten Namen genannt wird, ein Link zu der Stelle im Verzeichnis führt, an der der entsprechende Name Erwähnung findet. Diese Arbeit ist bei umfangreichen Verzeichnissen zwar relativ aufwendig. Dafür ist sie jedoch so einfach, daß man sie durch Hilfskräfte nach kurzer Unterweisung serienmäßig ausführen lassen kann.

Bei dem hier geschilderten Verfahren zur Umwandlung konventioneller Findbücher in HTML-Dateien vermitteln die Links eine Erschließung des Haupttextes über das Inhaltsverzeichnis oder über die Register. Es gibt nun Verzeichnungsaufgaben, bei denen man sich die Link-Technik in der Weise zunutze machen kann, daß der Unterschied zwischen Haupttext und Register mehr oder weniger verschwindet. Ich möchte dies an einem Beispiel aus der Arbeit des Heidelberger Zentralarchivs deutlich machen. Es war bereits die Rede von der Dokumentation jüdischer Grabinschriften. Nachdem wir mehrere Jahre lang selbst Fotos auf jüdischen Friedhöfen in Baden-Württemberg und in Niedersachsen gemacht hatten, wurde uns die Aufgabe gestellt, eine allgemeine Übersicht zu erarbeiten. Es gibt in der Bundesrepublik an die 2.000 jüdische Friedhöfe, auf denen schätzungsweise 600.000 Grabsteine stehen. Von den unterschiedlichsten Personen, Gruppen und Institutionen ist insbesondere in den letzten Jahrzehnten eine intensive Dokumentationsarbeit geleistet worden. Die Situation ist sehr unübersichtlich. Seit Jahren werden deshalb im Heidelberger Zentralarchiv Informationen über derartige Dokumentationsprojekte zusammengetragen. Um die Ergebnisse dieser Sammeltätigkeit zu ordnen und öffentlich zugänglich zu machen, haben wir uns jetzt für eine Darstellung in Form einer HTML-Datei entschieden.

Unsere Konzeption sieht vor, die Informationen über die verschiedenen Dokumentationsprojekte in drei Listen niederzulegen. Eine Liste enthält alle Friedhöfe mit jeweils kurzen Angaben zur Lokalisierung und zum Stand der Dokumentationsarbeit. In einer zweiten Liste wird die gesamte einschlägige Literatur verzeichnet, und die dritte Liste ist der Beschreibung der Projekte gewidmet. Alle drei Listen werden dann durch Links miteinander verknüpft. Befindet man sich z.B. gerade in einer Projektbeschreibung, so wird man von dort durch Links zu den von dieser Projektgruppe bearbeiteten Friedhöfen geführt. Dort kann man sich ein Bild über Alter und Größe des Friedhofs machen und findet außerdem Hinweise auf Veröffentlichungen zur Geschichte des Friedhofs oder eventuell auch auf andere Projektgruppen, die sich mit diesem Friedhof beschäftigt haben. Den jeweiligen Hinweisen kann man durch Anklicken der Links nachgehen. Bei dieser Form der Datenpräsentation gibt es keinen Haupttext mehr, der durch Register, Fußnoten oder ein Inhaltsverzeichnis erschlossen wird. Jede der erwähnten Listen ist gleichzeitig Haupttext und Register in bezug auf die anderen Listen. In dieser mehrdimensionalen Textstruktur kann man die Lektüre an jedem beliebigen Punkt beginnen, und sich entweder innerhalb einer Liste auf und ab bewegen, oder man kann den assoziativen Verbindungen folgen, die von diesem Punkt der Liste ausgehen. Wir führen dieses Programm zunächst für die jüdischen Friedhöfe im Bundesland Niedersachsen durch und wollen es dann auf den Bereich der ganzen Bundesrepublik erweitern.

Auch für andersartige Fragestellungen könnte die Arbeit mit einer mehrdimensionalen Textstruktur von Vorteil sein. Stets wenn es darum geht, verschiedene Aufstellungen, die jeweils in sich sinnvoll geordnet sind, miteinander in Beziehung zu bringen, wird der Aufbau einer HTML-Datei als Bündel gleichwertiger Listen ein brauchbares Organisationsmittel sein. Es wäre z.B. denkbar, für einen bestimmten Personenkreis biographische Angaben mit Hinweisen auf archivische Quellen zu verbinden.[7] Eine Liste würde dann die Kurzbiographien enthalten und eine zweite Liste die Beschreibung der Nachlässe. Der Benutzer fände auf diese Weise zu jeder Person ein archivübergreifendes Quellenverzeichnis, und hätte gleichzeitig die Möglichkeit, für jedes nachgewiesene Dokument den Überlieferungszusammenhang wahrzunehmen.[8]

Für die eigentliche Arbeit im INTERNET ist es nicht wichtig, ob die verschiedenen Listen, die man zu einer HTML-Datei zusammenbündelt, wirklich gleichwertig sind, oder ob man die eine Liste als Haupttext und die anderen respektive als Inhaltsverzeichnis oder Register bezeichnet. Wenn man jedoch vor Aufgaben steht, bei denen man es tatsächlich mit einem Bündel mehr

---

7   Für die deutschsprachige Emigration nach 1933 z.B. liefe dieses Programm auf eine Veknüpfung folgender zwei Druckwerke hinaus: Biographisches Handbuch der deutschsprachigen Emigration nach 1933. Hrsg. v. Inst. f. Zeitgeschichte München u. der Research Foundation für Jewish Immigration, Inc., New York unter der Gesamtleitung von Werner Röder und Herbert A. Strauss. 3 Bde. München, New York, London, Paris 1980-1983; John Spalek u.a., Guide to the Archival Materials of the German-speaking Emigration to the United States after 1933. 3 Bde. 1978-1997.

8   Als Druckwerke konzipierte personenbezogene Quellenübersichten mußten sich bisher stets damit begnügen, auf Einzelstücke als Bestandteil fremder Nachlässe hinzuweisen, ohne daß dem Benutzer unmittelbar die Gelegenheit gegeben werden konnte, den Überlieferungszusammenhang dieser Einzelstücke wahrzunehmen. (Siehe etwa das Inventar zu den Nachlässen emigrierter deutschsprachiger Wissenschaftler in Archiven und Bibliotheken der Bundesrepublik Deutschland, München 1993). Bei Anwendung der HTML-Technik kann sich der Benutzer hingegen direkt in die anderen Nachlässe einklicken.

oder weniger gleichwertiger Listen zu tun hat, wird man feststellen, daß die Informationsdarstellung in Form einer HTML-Datei wesentlich eleganter und leistungsfähiger ist als die traditionelle Präsentation auf Papier. Im Grunde haben wir es hier mit einer ähnlichen Situation zu tun wie beim Übergang von der klassischen Bürotechnik zur Erarbeitung von Findbüchern mit Hilfe von Datenbanken auf dem Computer. Bei der Entwicklung der neuen Technik versucht man zunächst die alten Arbeitsschritte in einem anderen technischen Umfeld nachzugestalten und etwas schneller und rationeller ablaufen zu lassen. Im Laufe der Zeit stellt man dann fest, daß die neue Technik nicht nur Zeit und Kraft spart, sondern auch qualitativ neue Möglichkeiten eröffnet. Auf eine derartige Anwendung hinzuweisen, die sich bei der Nutzung von HTML-Dateien für Verzeichnungsaufgaben anbietet, war ein Anliegen meines Vortrags.

Frank M. Bischoff

Archive in Nordrhein-Westfalen im Internet – Informationsvermittlung im landesweiten Verbund

Das Informationssystem *Archive in Nordrhein-Westfalen im Internet* stellt Informationen über die verschiedenen Archivsparten und Archive einer Region zur allgemeinen Nutzung im Internet bereit. Den Kern des Online-Services bilden die Beständeübersichten der beteiligten Häuser. Die Ausgangslage für das Projekt ist in Nordrhein-Westfalen gut. Beständeübersichten liegen für die vier Staatsarchive[1] und das Westfälische Wirtschaftsarchiv[2] vor. Mit den Handbüchern der Kommunalarchive decken die Archivstellen der Landschaftsverbände Rheinland[3] und Westfalen-Lippe[4] rund 430 Archive des kommunalen Bereichs ab. Die Zusage des nordrhein-westfälischen Landesamtes für Datenverarbeitung und Statistik, Rechnerleistung und eine Grundwartung für dieses Projekt bereitzustellen, hat auch technisch die erforderlichen Voraussetzungen geschaffen.

Das Projekt wird in drei Etappen realisiert. In der ersten Etappe wurde unter Federführung des Staatsarchivs Münster ein Konzept für das Informationssystem ausgearbeitet und der gewünschte Funktionsumfang bestimmt. In der zur Zeit laufenden zweiten Phase entwickelt die mit der Umsetzung beauf-

---

1   Die Bestände des Nordrhein-Westfälischen Staatsarchivs Münster. Kurzübersicht. Münster [3]1990 (= VestA-NW, Reihe B, 1); Die Bestände des Nordrhein-Westfälischen Staatsarchivs Detmold und des Personenstandsarchivs Westfalen-Lippe. Kurzübersicht. Detmold [2]1994 (= VestA-NW, Reihe B, 3); Die Bestände des Hauptstaatsarchivs Düsseldorf. Kurzübersicht. Düsseldorf [3]1994 (= VestA-NW, Reihe B, 4); Die Zivilstandsregister und Kirchenbuchduplikate im Nordrhein-Westfälischen Personenstandsarchiv Rheinland. Eine Übersicht, bearb. v. Jörg Füchtner, Sabine Degener, Karin Gunter, Ingrid Riedel-Karp und Andrea Lauermann. Brühl [2]1985 (= VestA-NW, Reihe B, 8).

2   Das Westfälische Wirtschaftsarchiv und seine Bestände, hg. v. Ottfried Dascher, bearb. v. Wilfried Reininghaus, Gabriele Unverferth, Klaus Pradler, Horst Wermuth u. Ottfried Dascher. München u. a. 1990.

3   Handbuch der Kommunalarchive in Nordrhein-Westfalen, Teil 1: Landesteil Nordrhein, bearb. v. Peter Karl Weber, Albert Eßer, Hans-Werner Langbrandter, Angelika Raschke, Waltraud Rexhaus, unter Mitwirkung v. Irmtraud Balkhaus, Margot Günther, Monika Schiller sowie den Kommunalarchiven im Landesteil Nordrhein. Köln 1994 (= Landschaftsverband Rheinland – Archivberatungsstelle, Archivhefte, 27).

4   Handbuch der Kommunalarchive in Nordrhein-Westfalen, Teil 2: Landesteil Westfalen-Lippe, bearb. v. Alfred Bruns, unter Mitarb. der Kommunalarchive Westfalen-Lippe u. der Referenten des Westfälischen Archivamtes. Münster 1996 (= Westfälische Quellen und Archivpublikationen, 21).

tragte Fa. Augias-Data die Software, entwirft das Webseiten-Design und erfaßt die archivübergreifenden Informationen sowie die bereitstehenden Texte der hier einbezogenen Archive. Es handelt sich um die eigentliche Pilotphase, die von der Deutschen Forschungsgemeinschaft (DFG) unterstützt wird.[5] Hier sind nur vier Archive mit ihren Beständeübersichten beteiligt, nämlich das Staatsarchiv Münster, das Westfälische Wirtschaftsarchiv, das Historische Archiv der Stadt Köln und das Stadtarchiv Dortmund, die beiden zuletzt genannten in Kooperation mit den Archivämtern. Alle Systemkomponenten sollen bis zum Juni 1998 fertiggestellt werden.

Die dritte Etappe des Projekts erstreckt sich auf die Erfassung der Informationen und Beständeübersichten der übrigen Staats- und Kommunalarchive.[6] Sie läuft parallel zur zweiten Phase und soll noch im Sommer 1998 abgeschlossen werden. Die Finanzierung erfolgt durch das Land Nordrhein-Westfalen für den staatlichen und durch die Landschaftsverbände Rheinland und Westfalen-Lippe für den kommunalen Bereich. Nach erfolgreichem Abschluß einer vierwöchigen Testphase ist das System offen für die Beteiligung weiterer Archive.[7]

Das Projekt zielt darauf ab, ein im landesweiten Archivverbund einsatzfähiges Informationssystem bereitzustellen. Das System muß für einen weiteren Ausbau, etwa eine Verknüpfung mit Findbüchern, offen sein. Zugleich müssen sich die Folgebelastungen für die Archive in überschaubarem Rahmen bewegen. Aktualisierung und Pflege der Informationen müssen mit geringem technischen und personellen Aufwand weitgehend im normalen Dienstbetrieb erfolgen.

---

5   Bereits 1995 hat die DFG die Empfehlungen des Bibliotheksausschusses und der Kommission für Rechenanlagen über Neue Informations-Infrastrukturen für Forschung und Lehre herausgegeben. Das von Wilfried Reininghaus geleitete Internet-Projekt für die Archive in Nordrhein-Westfalen wurde 1997 von der DFG bewilligt und läuft bis 1998. Daneben fördert die DFG verwandte Projekte der Archivschule Marburg (Online-fähiges Findbuch) und der Landesarchivdirektion Baden-Württemberg (Neue Möglichkeiten und Qualitäten der Zugänglichkeit zu digitalen Konversionsformen gefährdeter Archivalien und Bücher).

6   Neben der Druckfassung liegen die Beständeübersichten der beteiligten Häuser auch als Textdateien vor. Die Kosten für die in Auftrag gegebene Übertragung in eine Datenbank belaufen sich je nach Umfang der Beständeübersicht auf 1.800 – 6.900 DM.

7   Bereits jetzt ist vorgesehen, allgemeine Informationen zu den übrigen, derzeit noch nicht beteiligten Archivsparten in das Informationssystem aufzunehmen, soweit sie im Bundesland Nordrhein-Westfalen vertreten sind. Neben den Staats-, Kommunal- und Wirtschaftsarchiven sollen Aufgaben und Zuständigkeiten von Kirchenarchiven, Adels- und Familienarchiven, Parlaments- und Parteiarchiven, Medienarchiven sowie Universitäts- und Hochschularchiven charakterisiert werden.

Im Zusammenhang mit der Förderung durch die DFG waren besondere Bedingungen im Hinblick auf eine mögliche Nachnutzung zu erfüllen. Das System kann mit allen Softwarekomponenten nach Abschluß der Entwicklungsarbeiten im kommenden Jahr von anderen Archiven bzw. Archivverwaltungen übernommen und eingesetzt werden.[8]

Technische Organisation der Information: Textdateien und Datenbank

Das typische Werkzeug im *World Wide Web* ist die Dokumentenbeschreibungssprache HTML (*Hypertext Markup Language*). Sie erlaubt es, Texte zu gestalten, Bilder oder andere mediale Präsentationsformen einzubinden und über Sprungadressen, sog. *Hyperlinks*, eine Verknüpfung mit anderen Dokumenten, Bildern oder Textstellen zu realisieren. Die Sprache ist flexibel und gestattet es dem Benutzer, mit Mausklick von Dokument zu Dokument zu 'surfen'. Auf diese Weise entstehen komplexe Netze miteinander verknüpfter Textbausteine und Textdateien.

Die im Rahmen eines archivischen Verbundangebotes im Internet zu bewältigenden Probleme hätten aber mit der Einrichtung von statischen HTML-Dateien allein nicht angemessen gelöst werden können. Nur die Kombination solcher Dateien mit einer Datenbank stellt eine langfristig tragfähige Lösung dar. In den HTML-Dateien werden die ihrem Umfang nach eher begrenzten, allgemeinen respektive aktuellen Informationen zum Archivwesen abgelegt, während die Datenbank mit den Beständeübersichten gespeist wird. Da proprietäre Lösungen zugunsten offener und stabiler Systeme vermieden werden sollen, wird eine Oracle-Datenbank eingesetzt.[9]

Es hat einiger Überlegungen bedurft, bevor ein eindeutiges Votum für die Einbeziehung einer Datenbanklösung ausgesprochen werden konnte. Denn

---

8 Während die von der Fa. Augias entwickelte Software (Internet-Informationssystem für Zentralserver und Pflegesystem für die beteiligten Häuser) für eine kostenfreie Nachnutzung bereitgestellt wird, müssen Datenbank- und Webserver-Lizenzen ebenso von den jeweiligen Interessenten getragen werden, wie ggf. notwendige Anpassungsarbeiten an eine andere Rechnerplattform oder Schulungen. Im NRW-Projekt beziffern sich die Lizenz-Kosten für die Oracle-Datenbank auf einen einmaligen Betrag von 20.000 DM für das Gesamtprojekt. Für die Schulungen beträgt der Tagessatz 345 DM pro Teilnehmer.

9 Eine entsprechende Auflage wurde nur für das Internet-Informationssystem auf dem Zentralserver gemacht. Die in den beteiligten Häusern zur Pflege eingesetzte Software wird auf MS Access aufbauen, was angesichts des geringen Datenumfangs der Beständeübersicht eines einzelnen Archivs aber keine Probleme bereiten dürfte.

die Entscheidung für dieses Instrument, das bei bibliothekarischen Internetangeboten selbstverständlich eingesetzt wird, führt zu einer erheblichen Steigerung des Entwicklungsaufwandes. Ausschlaggebend waren schließlich
vier Faktoren:

1. Nach mehreren Diskussionen mit Internet-Fachleuten wurde klar, daß
   sich der anvisierte Mengenrahmen von 20.000 Beschreibungseinheiten
   (d. h. Bestände, Bestandsteile oder Beständegruppen) kaum mehr sinnvoll
   in HTML-Dateien organisieren und nutzen ließ.
2. Die Vernetzung einer Vielzahl von HTML-Dateien kompliziert die Pflege,
   Korrektur und Ergänzung des Internet-Angebots auf Dauer erheblich,
   weil die Gültigkeit älterer und neu gesetzter Links immer wieder überprüft werden muß.
3. Die Möglichkeit einer Stichwortsuche über alle Beständeübersichten hinweg wäre ohne eine Datenbank infrage gestellt worden. Mit den im Internet nutzbaren Suchmaschinen sind keine adäquaten Rechercheergebnisse
   zu erzielen.
4. Mit dem Projekt sollen auch Erfahrungen für eine eventuelle Bereitstellung von Repertorien im Internet gesammelt werden. Das bereits bei den
   Beständeübersichten bestehende Mengenproblem würde sich bei einer
   Aufnahme von Findbüchern vervielfachen.

Nachdem die Entscheidung für eine Datenbank-Lösung getroffen war, lag es
nahe, die übrigen Informationen zu den einzelnen Archiven in gleicher Weise
auf dem Internet-Server zu verwalten. Die dezentrale Pflege der Daten wird
dadurch erheblich vereinfacht.

Architektur des Informationsangebotes

Die Leitidee aller Überlegungen zur Architektur des Informationssystems
zielte darauf ab, einen gemeinsamen Rahmen zu entwickeln, der von den
beteiligten Häusern möglichst frei gefüllt werden kann. Um die Übersichtlichkeit des Gesamtsystems sowohl im Interesse des Benutzers als auch im
Hinblick auf die spätere Pflege zu wahren, war es notwendig, die Informationsarten zu klassifizieren und innerhalb einer definierten Hierarchie einem
eindeutigen Platz zuzuweisen.

Die unterschiedlichen Informationsgruppen sind in Abb. 1 ersichtlich. Das
Schaubild verdeutlicht zugleich die Struktur des Systems, die einem Suchbaum ähnelt:

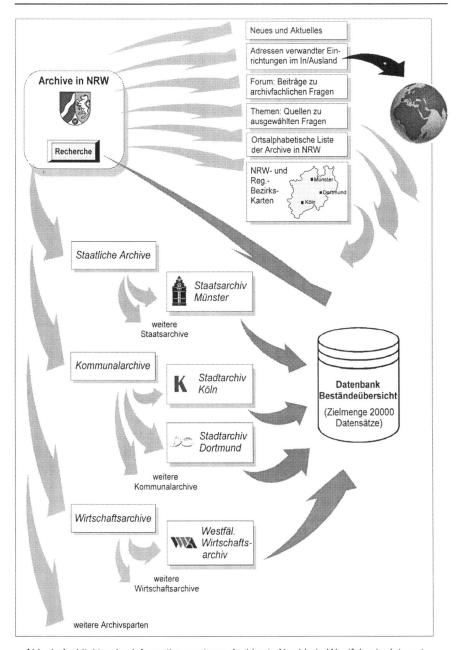

Abb. 1: Architektur des Informationssystems *Archive in Nordrhein-Westfalen im Internet*

- *Homepage* mit einer Liste der Informationsangebote, Hilfe- und Infofunktionen.
- *Übergreifende Informationen*, die sich auf das gesamte System, alle Archivsparten und Archive bzw. auf auswärtige Internet-Angebote beziehen. Diese Informationen kann der Benutzer auf der Einstiegsebene, der Homepage, ansteuern:
  - Einführung in Aufbau und Nutzung des Systems
  - Hinweise auf Neues und Aktuelles
  - Liste mit Internetadressen verwandter Institutionen des In- und Auslandes
  - Forum für Veröffentlichungen und Diskussionen zu archivfachlichen Fragen
  - Themenseiten zur Vermittlung von Recherchestrategien und Zugängen zu archivischen Quellen anhand von ausgewählten historischen Fragestellungen
  - Ortsalphabetisch geordnetes Verzeichnis der Archive in Nordrhein-Westfalen mit Links zu den Informationen der beteiligten Archive
  - Geographische Orientierung und Links zu den Beständen über bereitgestellte Landes- und Regierungsbezirkskarten.
- *Archivspartenspezifische Informationen.* Es handelt sich u. a. um:
  - Homepages der Sparten mit Erläuterungen zu Aufgaben und Zuständigkeiten der zugehörigen Archive und Service-Einrichtungen
  - Darstellung der gesetzlichen Grundlagen
  - Verweis auf übergeordnete Behörden
  - Benutzungs- und Gebührenordnungen, soweit diese sparteneinheitlich geregelt sind
  - Erläuterungen zur Topographie
  - Erläuterungen zu kommunalen Aufgaben.
- *Archivspezifische Informationen*, etwa:
  - Homepages der Archive (Abb. 2)
  - Adresse, Öffnungs- und Aktenaushebezeiten, Verkehrsverbindungen etc.
  - Verwaltungszugehörigkeit, Zuständigkeiten
  - Benutzungsbedingungen und besondere Serviceleistungen
  - Geschichte
  - Bestände und deren Umfang
  - Literaturhinweise.
- *Informationen auf Beständeebene* einschließlich der Beständetektonik.

Alle Seiten des Systems sind gleichartig aufgebaut (vgl. Abb. 2). In der linken oberen Ecke findet sich das Logo des Informationssystems auf weißem Grund. Am linken Rand wird ein graues, zweistufiges Manövrierfeld mit Schaltflächen angeboten. Durch Anklicken der Schaltflächen kann der Benutzer zu den gewünschten Informationen gelangen. Der aktuelle Standort wird ihm in einer grauen Navigationsanzeige am oberen Rand angezeigt. Das vierte und größte Feld dient der Darstellung der Information. Während in diesem Teil des Systems auf den Ebenen der System-Homepage und der Archivsparten Gestaltungsfreiheit besteht, sind die nachgeordneten Seiten der Archive Darstellungsregeln unterworfen.

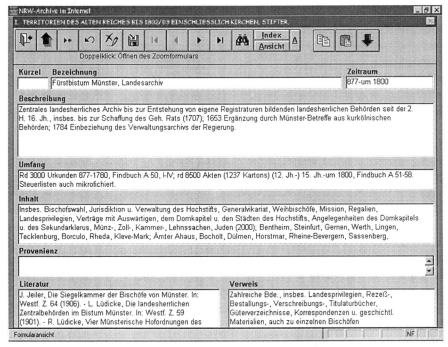

Abb. 2: Eingabemaske der lokalen Bestände-Datenbank

Verschiedene Informationsarten sind bestimmten Bereichen in der Bildschirmdarstellung zugewiesen. Auch die Zahl der möglichen Abbildungen ist in dem Regelkatalog für alle Archive einheitlich festgelegt. Auf der Homepage der Archive handelt es sich um sechs Informationsfelder (Abb. 2): ein Logo, der Archivname mit Kurzbezeichnung, ein Begrüßungstext, eine Ab-

bildung, die dazugehörige Bildunterschrift und die inhaltlich frei gestaltbaren
weiterführenden Informationsangebote mit hinterlegten Sprungadressen.
Ähnliche Regeln gelten für alle nachgeordneten Informationsseiten der Archive. Weiterführende Informationsangebote können auch auf außerhalb des
Systems gelegene Adressen verweisen, etwa auf die Webseiten einer Kom-
mune. In diesem Fall wird mittels einer Markierung kenntlich gemacht, daß
der Benutzer bei der Wahl eines solchen Angebotes das Informationssystem
Archive in NRW verläßt.

Recherchezugriffe

Der Zugriff auf ein Archiv und seine Beständeübersicht läßt sich im Rahmen
der dargestellten Suchbaumstruktur in dreifacher Weise realisieren. Der Benutzer kann
- über die Spartenzugehörigkeit zum einzelnen Archiv gelangen,
- über eine ortsalphabetische Liste das Archiv direkt ansteuern oder
- sich geographisch orientieren und in Übersichtskarten (Abb. 3) ein Archiv
  auswählen.

Zum einzelnen Bestand gelangt er über die Stufen der Beständetektonik. Der
Zugriff auf den Einzelbestand über den Suchbaum ist eine konsequente Re-
cherchestrategie, die einen kompetenten Benutzer voraussetzt. Er muß sich
darüber im Klaren sein, bei welchen Stellen die für seine Fragestellung relevanten Unterlagen entstanden sein könnten und welche Archive heute die
Überlieferung dieser Behörden aufbewahren.

Um auch dem weniger versierten Benutzer den Einstieg zu erleichtern und
den Zugang zu nicht systematisch recherchierbaren Beständen, wie Sammlungsgut, zu ermöglichen, steht ein weiteres Suchwerkzeug bereit: Auf allen
Webseiten wird eine Begriffsrecherche in den Beständeübersichten angeboten. Mit logischen Operatoren kann der Benutzer Stichwortverkettungen
vornehmen und die Zahl der zu durchsuchenden Archivbestände einschränken oder erweitern. Dem Benutzer wird eine Trefferliste mit Kurzinformationen angezeigt, aus der er den gewünschten Bestand auswählen und die vollständigen Information abrufen kann. Im Gegensatz zu einer Freitextsuche
bietet die Suche mit indizierten Stichworten den Vorteil, daß der Benutzer
sich in einer alphabetischen Liste über die erfaßten Begriffe und ihre Häufig-
keit orientieren kann. Außerdem wird die Recherchegeschwindigkeit da-

durch entscheidend erhöht. Eine Volltextsuche in der Datenbank wäre angesichts der zeitweiligen Engpässe im Internet kaum zumutbar.

Im Idealfall sollte sich der Index aus einer kontrollierten Menge von Begriffen zusammensetzen, die von den Bearbeitern der Beständeübersichten zu jedem Bestand vergeben wurden (Schlagwortthesaurus). Die Erstellung eines Thesaurus erfordert jedoch einen hohen Arbeitsaufwand, den nicht alle Beteiligten *adhoc* erbringen können. Als pragmatischer Kompromiß ist die automatische Generierung von Stichworten vorgesehen. Das System bietet die Option, aus bestimmten Feldern Indexbegriffe herauszusuchen. Um die Zahl nichtaussagekräftiger Begriffe möglichst gering zu halten, bedient sich diese Funktion einer Stopwortliste, die korrigiert und ergänzt werden kann. Über die automatische Einrichtung eines Stichwortindex hinaus besteht die Möglichkeit, mittels Nachbearbeitung Begriffe zu korrigieren und zu systematisieren. Die Aufbereitung von Schlagwortindices liegt in der Zuständigkeit der einzelnen Archive.

Pflege und Aktualisierung der Informationen

Das Pflegekonzept muß den besonderen Modalitäten gerecht werden, die sich aus der Verbundstruktur des gesamten Projekts ergeben. Eine umfassende und disparate Informationsmenge soll zentral zugänglich gemacht, aber dezentral gepflegt werden. Daraus folgert, daß das Verfahren der Aktualisierung so einfach wie möglich zu organisieren ist, damit es im normalen Dienstbetrieb bewältigt werden kann. Eines der Ziele ist deshalb, alle automatisierbaren Arbeitsschritte auch wirklich automatisch durchzuführen. Das heißt, daß die Pflege und Aktualisierung der Informationen auf dem zentralen Server des Landesamtes für Datenverarbeitung und Statistik als Online-Anwendung eingerichtet wird. Die Bearbeitung der allgemeinen Informationen zu den Archiven (Homepage Archive, Öffnungszeiten, Benutzungsbedingungen etc.) erfolgt mit festgelegten Zugriffsrechten über das Internet unmittelbar an der Datenbank auf dem Zentralserver. Die aktualisierten Einträge der Beständeübersichten werden als Datei an den Server gesendet. Dort werden die alten Daten automatisch ersetzt. Daneben wird für die Beständeübersichten aber auch der herkömmliche Weg einer Datenübermittlung per Diskette bestehen.

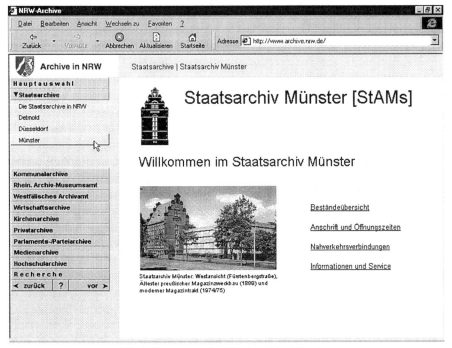

Abb. 3: Homepage des Staatsarchivs Münster

Die Pflege der Beständeübersichten setzt eine Ausstattung der beteiligten
Archive mit einem Datenbanksystem voraus, das alle gewünschten Informationen für die zentrale Internet-Datenbank aufbereitet (Abb. 3). In Archiven,
die mit einer Client/Server-Ausstattung ausgerüstet sind, kann die Datenbank als Mehrplatzsystem genutzt werden. Die Software stellt u. a. bestimmte Importfunktionen bereit, um zu gewährleisten, daß eine Aufnahme von
Beständeübersichten weiterer Archive mit geringem Aufwand erfolgen
kann.[10] Die Kenntnis von Programmier- oder Dokumentenbeschreibungs-
sprachen ist nicht erforderlich. Die geplanten Mitarbeiter-Schulungen sind
daher auch nur für das den Archiven gestellte Datenbanksystem und für die
Online-Arbeit am Zentralserver vorgesehen.

---

10 Archive, die bereits über eine Beständeübersichts-Datenbank verfügen, müssen keinen Soft-
   warewechsel vollziehen, sondern können zur Aktualisierung ihrer Daten auf dem Internet-
   Server eine Ausgabe in einem vorgeschriebenen Normformat erzeugen, das von einem Im-
   portmodul des Pflegesystems verarbeitet wird.

Ausblick

Während des Maastrichter Archivsymposions zum Thema *Archive im Internet. Realität – Zukunft – Illusion ?* vom 9.-10. Juni 1997 wurde von niederländischen Teilnehmern darauf verwiesen, daß der Nutzer archivischer Informationsangebote im Internet nur erfährt, welche Bestände in den Archiven vorhanden sind. Er erfährt nicht, welche Bestände er für seine Fragestellung braucht und wie er diese recherchieren kann.

Der Einwand gegen 'konservative' Formen der Informationsvermittlung läßt sich besser verstehen, wenn man bedenkt, daß in den Niederlanden Personennamen-Datenbanken auf der Basis von Heiratsurkunden für das Internet aufgebaut werden, und daß der Reichsarchivdienst sich nicht mit Beständeübersichten und Findbüchern, sondern mit historischer Information im Internet darstellt. Mit der Homepage *Geschiedenis on Line – Historische informatie op Internet* ist das Leitmotiv des dortigen Web-Services klar bezeichnet. Man geht davon aus, daß der Internet-Benutzer nicht die Archive kennenlernen will, sondern Informationen über Geschichte sucht, z. B. über den Bergbau in der Provinz Limburg. Und für deren Vermittlung verstehen sich die niederländischen Reichsarchive als zentrale Anlaufstellen.

Die vier Stufen archivischer Internet-Angebote, die von allgemeinen Informationen über Beständeübersichten und Findbücher bis hin zu Archivaliendarstellungen reichen,[11] und denen auch das Konzept des nordrhein-westfälischen Internet-Projekts grundsätzlich verpflichtet ist, haben mit dem Ansatz des niederländischen Reichsarchivdienstes nicht viel gemein. Während hier an den bestehenden archivischen und behördlichen Zuständigkeiten orientiert dem Benutzer mitgeteilt wird, was er in Archiven findet, versucht man dort die Nachfrage des Benutzers nach historischer Information thematisch zu befriedigen.

Bei einer Bewertung dieser grundverschiedenen Ansätze kann es nicht darum gehen, nach dem besseren oder schlechteren Konzept zu suchen. Vielmehr stellt sich die Frage, wie sich beide Modelle gegenseitig befruchten können. Die Schnittmenge mag in einem archivpädagogischen Ansatz liegen, der an ausgewählten historischen Themen die Arbeit der systematischen Quellensuche vermittelt. Adressatenkreis ist dann nicht mehr der versierte

---

11 Dazu Karsten Uhde, Archive im Internet. In: Der Archivar 49 (1996) Sp. 205-215.

Historiker[12], sondern die Summe der Laien und 'Halbgebildeten' auf diesem Gebiet, die schon längst zum Alltag in den Lesesälen gehören. Letztlich werden sich die Archive fragen müssen, ob sie mit solchen Angeboten Kunden werben und – den Erfolg der Kampagne vorausgesetzt – die damit verbundene Mehrarbeit tragen wollen, oder ob sie es sich erlauben können, davon abzusehen.

---

12 Die Historikerzunft formuliert ihre Wünsche nach einem archivischen Internet-Angebot inzwischen deutlich. So etwa Wolfram Kaiser, Die europäische Zeitgeschichtsforschung und die sich wandelnde Quellengrundlage. In: DLM-Forum. Vorträge und Ergebnisse des DLM-Forums über elektronische Aufzeichnungen, Brüssel, 18.-20. Dezember 1996. Luxemburg 1997 (= INSAR Beilage II), S. 324-327, hier 327, der seiner Hoffnung Ausdruck verleiht, daß Archive „mittelfristig" neben allgemeinen Informationen ihre Beständeübersichten, Findbücher und „eines Tages" auch Quellen im Internet bereitstellen werden. Während sich die beiden erstgenannten Wünsche in den kommenden Jahren sicher nach und nach verwirklichen, dürfte das für Findbücher nur zum kleineren Teil und für Quellen allenfalls in eng begrenzter Auswahl zutreffen. Immerhin ist es für Archive nicht ohne Interesse, daß die historische Forschung der Nutzung des Internets zur Informationsversorgung zunehmendes Gewicht beimißt. Vgl. etwa Thomas A. Schröder, Historisch relevante Ressourcen in Internet und Worldwideweb. Angebot, Bewertung und Ausblick. In: Vierteljahrshefte für Zeitgeschichte 44 (1996) S. 465-477, und Peter Horvath, Geschichte online. Neue Möglichkeiten für die historische Fachinformation. Köln 1997 (= Historische Sozialforschung, Beih. 8).

Sicherung digitalisierter Informationen: Erfahrungsberichte und Perspektiven

Sektionssitzung unter Leitung von *Heiner Schmitt*

Anja Gussek-Revermann
Die Einführung der „Digitalen Archivierung" bei der Stadtverwaltung Münster – Mitwirkung des Stadtarchivs

In unseren komplexer werdenden Verwaltungen sind immer größere Informationsmengen zu bewältigen. Forderungen nach einer immer schnelleren und umfassenderen Informationsbeschaffung und -verarbeitung führen dabei in den Kommunalverwaltungen verstärkt zum Einsatz von modernen Archivierungs-, Dokumentenmanagement- bis hin zu sogenannten Workflow-Systemen. Die Installierung dieser neuen Technologien hat für die kommunalen Archive erhebliche Konsequenzen, vor allem auf die künftige Überlieferungsbildung und Bestandssicherung. Den Entwicklungen der modernen Informationstechnologie kann man in unterschiedlicher Weise begegnen, und unter den Archivaren sind die Einstellungen über die zukünftige Rolle der Archive im Zeitalter der sich rasant entwickelnden Informationsgesellschaft ja durchaus geteilt.

Das Stadtarchiv Münster wurde bereits vor einigen Jahren mit der geplanten Einführung einer digitalen Archivierung bei der eigenen Verwaltung konfrontiert. Relativ schnell entwickelte sich die Einstellung in die Richtung, wie sie auch von Michael Wettengel in einem Aufsatz: Überlieferungssicherung in Verwaltungen ohne Papier? formuliert wurde, nämlich „in der kommenden Entwicklung ... eine Herausforderung" zu sehen und sich aktiv an diesem Neuerungsprozeß zu beteiligen.[1] Den Weg, den das Stadtarchiv Münster in bezug auf die Einführung und den Umgang mit neuen Technologien zu gehen versucht, umschreibt ebenso treffend die folgende Feststellung von Norbert Reimann, die er in einem Beitrag zum Thema „EDV und Archive" formuliert hat:

---

1 Michael Wettengel, Überlieferungssicherung in Verwaltungen ohne Papier? In: Der Archivar 48 (1995) Sp. 24.

„Generelle Lösungen für die archivische Sicherung maschinenlesbarer Daten und alle mit der modernen Bürokommunikation zusammenhängenden Fragen sind derzeit noch nicht in Sicht. So lange die technische Innovation in dem derzeitigen Tempo vonstatten geht, dürfte es schwer, ... sein, hierauf unmittelbar archivisch zu reagieren. Wichtig ist deshalb, daß die Archive ihre Gesichtspunkte innerhalb ihrer Verwaltungen in einem frühen Planungsstadium aktiv miteinbringen."[2]

Eine Voraussetzung, die archivischen Belange in der Konzeptions- und Planungsphase einzubringen, ist natürlich, daß das betreffende Kommunalarchiv überhaupt informiert ist, welche Bestrebungen bezüglich neuer Technologien und Medien in der eigenen Verwaltung existieren. In Münster wurde das Stadtarchiv bereits bei den ersten Überlegungen zum Einsatz digitaler Archivierungssysteme einbezogen und zur Mitarbeit aufgefordert. Sicher trugen die bereits seit einigen Jahren intensivierten Bemühungen im vorarchivischen Bereich durch Wahrnehmung von organisatorischen Querschnittaufgaben, etwa durch die Mitwirkung bei Reformierungen der Aktenordnung oder durch intensive Beratung der Ämter bei der Schriftgutverwaltung, dazu bei, daß das Stadtarchiv als adäquater Partner am Gesamtverwaltungsprojekt „Einführung der digitalen Archivierung" angesehen und beteiligt wurde.[3] Beim Themenumfeld digitale Archivierung erweist sich immer deutlicher die Richtigkeit der auch von den genannten Autoren formulierten Erkenntnis, daß die Tätigkeit des Archivs nicht mehr einsetzt, wenn das Verwaltungsschriftgut abgeschlossen und ausgesondert wird. Das Archiv muß sich schon wesentlich früher, also im vorarchivischen Bereich, einschalten und intensiv mit der Verwaltung kooperieren. Dadurch steigen die Chancen, daß bei der Anschaffung digitaler Archivierungssysteme, archivische Schnittstellen oder Aussonderungskomponenten eingebaut werden.

Im folgenden soll nun die Mitwirkung des Stadtarchivs Münster beim verwaltungsweiten Projekt „Einführung digitaler Archivierungssysteme" thematisiert werden.[4] Die Frage der Berücksichtigung archivischer Belange

---

2 Norbert Reimann, EDV und Archive – Versuch einer Zwischenbilanz. In: IMS 1 (1996) S. 55f.
3 Zu den Möglichkeiten und Versuchen, die Zusammenarbeit zwischen dem Stadtarchiv und der Verwaltung zu intensivieren, vgl.: Franz-Josef Jakobi; Hannes Lambacher, Auf dem Weg zum Zwischenarchiv? Zur Zusammenarbeit zwischen Archiv und kommunalen Dienststellen – Ein Diskussionsbeitrag –. In: Archivpflege in Westfalen und Lippe 32 (1990) S. 20ff.
4 Zum Projekt insgesamt vgl.: Anja Gussek-Revermann, Die Einführung der „Digitalen Archi-
(Fortsetzung...)

stellt dabei einen Schwerpunkt dar. Den Abschluß bilden einige kurze Erläuterungen zum Einsatz der digitalen Archivierung beim Stadtarchiv selbst. Die
Ausführungen und Feststellungen, die vor allem auf dem konkreten Erfah-
rungshorizont des münsterischen Projektes basieren, sind nicht unmittelbar
übertragbar auf andere kommunale Archive. Sie können jedoch als Ansatz
zum Erfahrungsaustausch und zur Diskussion dienen. Viele Probleme beim
Umgang mit den neuen Archivierungssystemen sind sicher erst ansatzweise
geklärt und können auch nur projektorientiert gelöst werden, aber das Stadtarchiv erhält durch seine frühzeitige Beteiligung ein gewisses Mitgestaltungs-
potential.

*Umsetzung des Projektes „Einführung der digitalen Archivierung": Ziele, Rahmen-
konzept, Realisierung von Pilotprojekten unter Berücksichtigung archivischer Belange*

Zur Vorgeschichte des Projektes „Einführung einer digitalen Archivierung"
wäre kurz anzumerken, daß die seit Jahren bekannten Probleme mit der wenig effizienten und schlecht organisierten Informationsversorgung sowie der
nicht immer optimal funktionierenden Schriftgutverwaltung oder den steigenden Kosten, etwa für Altaktenräume, in den Entwurf mündeten, sie durch
den Aufbau eines digitalen Archivierungs- und Retrievalverfahrens zu behe-
ben. Nun begann man in Münster nicht sofort mit der Suche nach
Archivierungshard- und -software. Das gesamte Vorhaben sollte zunächst
von der organisatorischen Seite her angegangen und konzeptionell unter-
mauert und dann erst in technischer Hinsicht entwickelt werden. Denn es
sind letztlich die unzureichenden organisatorischen Gegebenheiten der bisherigen Archivierung, die die Ämter dazu bewegen, die neuen Techniken ab-
zufragen. Für die Realisierung des Projektes „Einführung einer digitalen
Archivierung" bildete sich als Koordinierungsgremium die Arbeitsgruppe
„Digitale Archivierung". Zu der Gruppe gehörten zunächst Vertreter des
Hauptamtes, des Stadtarchivs und des Amtes für Datenverarbeitung. Für das
Stadtarchiv Münster war diese frühzeitige Beteiligung natürlich von großem
Vorteil. So konnten die Aufgaben des Archivs umfassend vertreten werden.

---

4 (...Fortsetzung)
   vierung" bei der Stadtverwaltung Münster – Mitwirkung des Stadtarchivs. In: Archivierung
   von Unterlagen aus digitalen Systemen, Beiträge zur Tagung im Staatsarchiv Münster 3.-4.
   März 1997, hrsg. von Frank M.Bischoff. Münster 1997 (Veröffentlichungen der staatlichen
   Archive des Landes Nordrhein-Westfalen, Reihe E, Beiträge zur Archivpraxis, Heft 4) S. 117ff.

Die Arbeitsgruppe „Digitale Archivierung" legte für die Realisierung des Projektes folgende Verfahrensschritte fest. Es sollten eine Zieldefinition erarbeitet, ein generelles Rahmenkonzept erstellt und schließlich drei Pilotprojekte realisiert werden. Die Erfahrungen bei der Umsetzung dieser Pilotprojekte sollten genutzt werden für eine verwaltungsweite Einführung der digitalen Archivierung.

In einem ersten Schritt erarbeitete die Arbeitsgruppe Ziele, die durch die neuen Archivierungsformen erreicht werden sollen. Eine Reduzierung von Kosten sowie die Steigerung der Qualität der Verwaltungsarbeit durch Vereinheitlichung und Ausschöpfung von Informationspotentialen wurden dabei als Hauptziele formuliert. Das ebenfalls fixierte Ziel „Wahrung der Datensicherheit" soll durch die Sicherung dauerhafter Zugriffsmöglichkeiten erreicht werden. Das Ziel „Wahrung des Datenschutzes" gilt es durch die Vergabe von Zugriffsberechtigungen durchzusetzen. Außerdem wird die Gewährleistung der Unveränderbarkeit von Dokumenten und Daten festgeschrieben. Besonders die letzten Punkte sind aus archivischer Sicht sicherlich als äußerst wichtig einzustufen.

Als zweiter Verfahrensschritt erstellte die Arbeitsgruppe ein Rahmenkonzept „Digitale Archivierung".[5] Mit dem Konzept wird die Vorgehensweise bei der Einführung einer digitalen Archivierung in der Stadtverwaltung Münster festgelegt. Momentan soll mit einem anforderungsgerechten Archivierungs- und Retrieval-Verfahren begonnen werden. Der spätere Ausbau der Archivierung zur elektronischen Dokumenten- und Vorgangsbearbeitung (Workflow) wird nicht ausgeschlossen. Das Rahmenkonzept befaßt sich zunächst mit der organisatorischen, personellen und technischen Ausgangslage. Im Mittelpunkt des Konzeptes steht jedoch die Festlegung allgemein gültiger Rahmenbedingungen für den Einsatz einer digitalen Archivierung. Von entscheidender Bedeutung – auch für das Stadtarchiv – ist dabei die Festlegung eines einheitlichen Verfahrens für die Einführung der digitalen Archivierung in den verschiedenen Verwaltungsbereichen. Die Projektkoordination und -umsetzung übernimmt der Arbeitskreis Digitale Archivierung, der um Betreuer aus den einzelnen Pilotfeldern erweitert wurde. Von besonderer Be-

---

5   Arbeitsgruppe Digitale Archivierung. Rahmenkonzept zur Digitalen Archivierung bei der Stadt Münster, 1997.

deutung ist er, wenn es um die Wahrung von verwaltungsweiter Einheitlichkeit insbesondere bei der Organisation der Retrievalmöglichkeiten geht.[6]

Das Stadtarchiv gehört als festes Mitglied auch zu diesem Gremium. Das
bedeutet, daß das Archiv bei Auswahl und Betreuung bestehender und zukünftiger Einzelprojekte maßgeblich beteiligt ist und so dafür Sorge tragen
kann, daß archivische Belange berücksichtigt werden. Diese wurden im Konzept wie folgt fixiert: Der Aufgabenkomplex des Stadtarchivs „Erfassung und
Bewertung des gesamten Verwaltungsschriftgutes", unter anderem zur
Dokumentation des Verwaltungshandelns und weiter gefaßt der Stadtgeschichte, gewinnt durch die Einführung der technikunterstützten Vorgangsbearbeitung und der digitalen Archivierung sowie insbesondere durch den
damit verbundenen eventuellen frühzeitigen Wegfall von Originalunterlagen
erheblich an Bedeutung. Die dauernd aufzubewahrenden (also historisch-
archivwürdigen) Dokumentationswerte werden durch das Stadtarchiv definiert. Die archivwürdigen Dokumente werden vom Stadtarchiv zukünftig
auch in digitalisierter Form aufbewahrt oder verwaltet werden müssen. Für
die dauernde Nutzbarkeit und Auswertung der historisch-archivwürdigen
digitalisierten Dokumente muß Sorge getragen werden.[7]

Diese Anforderungen sind noch relativ allgemein formuliert. Ihre konkreten
Ausformungen müssen noch erarbeitet werden. Das Konzept legt weiter fest,
daß „das Stadtarchiv ... bei allen möglichen Organisationsszenarien der Archivierung in den Ämtern grundsätzlich zu beteiligen" ist. Dieser Aspekt
ermöglicht es, bei jedem neuen Projekt eine Aussonderungskomponente
vorsehen zu lassen. Zur Konkretisierung der Übergabe- und Nutzungsfrage
wurden vom Stadtarchiv aus bereits Gespräche mit der Organisationsabtei-
lung geführt. Dabei wurde festgehalten, daß technische Komponenten und
Voraussetzungen für die Nutzung digitalisierter historisch-archivwürdiger
Dokumente bzw. Akten sicherzustellen sind. Eine Priorität liegt jedoch zunächst auf der Entwicklung von organisatorischen Vorgaben, eine Übergabe
digitalisierter Dokumente und Akten fiele eigentlich unter die Aktenordnung. Es gilt Regelungen für die Übergabe von digitalisierten Dokumenten und für die Nutzung dieser Informationen durch das Stadtarchiv fest-
zulegen. Die zu erstellende Übergabe- und Nutzungsordnung müßte die gesetzlich vorgeschriebene Anbietungspflicht für Dateien fixieren, Fristen bis zu

---

6 Vgl. dazu: Anja Gussek-Revermann, (wie Anm. 4) S. 127.
7 Arbeitsgruppe Digitale Archivierung. Rahmenkonzept zur Digitalen Archivierung bei der
   Stadt Münster, 1997, S. 18.

deren Löschung festlegen und ihre Verwahrung, Erhaltung und Nutzung durch das Stadtarchiv regeln.

Für eine spätere Übernahme oder Nutzung maschinenlesbarer Daten sind verschiedene Modelle denkbar. Eine dauerhafte Datenspeicherung und -pflege am Entstehungsort der Dateien, also bei den städtischen Dienststellen oder auch zentral im Rechenzentrum erscheinen als Lösungsansätze. Das Stadtarchiv würde so im Grunde zu einer Art Informationsverwalter und zwar für historisch-archivwürdige Daten und Informationen. Deren Nutzungsrecht läge beim Archiv. Eine weitere Möglichkeit wäre die tatsächliche Übergabe der Daten. Diese Lösungsansätze müssen diskutiert und zu einer Entscheidung geführt werden. Eine physische Übernahme von Datenbeständen wird allerdings als relativ unwahrscheinlich angesehen.Wichtiger erscheint es, das Stadtarchiv in die Lage zu versetzen, die Daten nutzen zu können für die wissenschaftliche Forschung, zur Beantwortung von Anfragen usw. Hier müssen Grundsatzüberlegungen angestellt und neue Organisationsmodelle entwickelt werden. Die Lösung dieser Probleme soll in Münster eine neu einzurichtende Arbeitsgruppe entwickeln. Die Vorgaben werden vom Stadtarchiv zu entwickeln sein. Es handelt sich um eine zentrale Organisationsaufgabe, die das Archiv jedoch nicht allein lösen kann.

Ein allgemeingültiges Konzept, wie mit elektronischen Unterlagen zu verfahren ist, läßt sich im Moment auf kommunaler Ebene noch nicht erkennen. Die Archivare können jedoch versuchen, Einfluß bei der Einführung einer digitalen Archivierung in den eigenen Verwaltungen zu nehmen. Die Frage der langfristigen Archivierung von maschinenlesbaren Daten wurde auch in der Stadtverwaltung Münster noch nicht endgültig geklärt. Bisher wurde nur generell die Übergabe und die zu ermöglichende Nutzung im Rahmenkonzept festgelegt. Ein endgültiges Übernahme- und Nutzungskonzept liegt noch nicht vor. Mit der angestrebten Installierung einer verwaltungsübergreifenden Arbeitsgruppe ist jedoch ein erster Schritt getan worden.

Den Abschluß des Rahmenkonzeptes zur Einführung einer digitalen Archivierung bei der Stadtverwaltung Münster bilden Aussagen zu personellen und technischen Rahmenbedingungen für die Einführung einer digitalen Archivierung. Zur Auswahl in Frage kommender Hard- und Software werden noch keine Aussagen gemacht. Da sich die DV-Welt ständig ändert, können sich bereits umgesetzte technische Lösungen später als falsch erweisen und ausgetauscht werden. Das Rahmenkonzept legt dazu fest, daß auch nach

Austausch von einzelnen Komponenten der Zugriff auf bestehende Daten weiterhin jederzeit möglich sein muß. Dieser Grundsatz scheint zu bestätigen, daß Datensicherheit, Langzeitaufbewahrung und die Gewährleistung der Zugänglichkeit von Daten zu den Grundprinzipien des Rahmenkonzeptes gehören. Damit wird archivischen Prinzipien durchaus Rechnung getragen.

Die dritte Stufe der Einführung einer digitalen Archivierung, die Realisierung von Einzelprojekten, befindet sich momentan in der Umsetzungsphase. Es sind drei Pilotfelder ermittelt worden: Amt für kommunale Abgaben, Presse- und Informationsamt sowie ein Fotoarchiv des Stadtmuseums. Das erste Archivierungssystem soll ab Januar 1998 beim Amt für kommunale Abgaben einsatzfähig sein. Bei den drei Einzelprojekten handelt es sich um völlig unterschiedliche Dokumententypen. Beim Amt für kommunale Abgaben soll eine digitale Archivierung von Steuerbescheiden im Bereich Grundbesitzabgaben erfolgen. Das Presse- und Informationsamt strebt einen digitalen Pressespiegel und ein digitales Pressearchiv an. Das Stadtmuseum plant die Digitalisierung eines großen historischen Fotobestandes. Das Projekt zielt auf die effektivere Gestaltung des Reproduktionsdienstes sowie die Schonung der Originale ab.

Allein beim Amt für kommunale Abgaben handelt es sich bei der Digitalisierung um typisches Verwaltungsschriftgut, das allerdings aus Sicht des Archivs nicht archivwürdig ist, so daß eine Übergabe maschinenlesbarer Daten im Moment noch nicht zu erwarten ist. Allerdings ist zumindest bei zwei Projekten eine dauerhafte Aufbewahrung des digitalisierten Materials vorgesehen. Damit wären natürlich entsprechende Forderungen an Speichermedien, Datenpflege, Konvertierung usw. zu stellen, die auch aus archivischer Sicht unbedingt erfüllt werden müssen. Somit wird das archivische Problem der dauerhaften Aufbewahrung zum Problem der übrigen Verwaltung. Die Einleitung eines derartigen Erkenntnisprozesses, daß sich nämlich archivische Prinzipien mit verwaltungseigenen Anforderungen decken, erscheint als pragmatischer Weg, Akzeptanz bei der Verwaltung für archivische Anforderungen wie beispielsweise dauerhafte Aufbewahrung und Nutzung zu erreichen. Charles M. Dollar formuliert in ähnlicher Weise in seiner Publikation „Die Auswirkungen der Informationstechnologien auf archivische Prinzipien und Methoden": „Um überhaupt Einfluß auf die Informationstechnologien zu nehmen, müssen Archivare sehr überzeugende Argumente in der Richtung entwickeln, daß mit der Befriedigung von archivischen Bedürfnissen auch die grundlegenden Informationsanforderungen der Verwaltung besser erreicht werden können.[8]"

Wie die Entwicklung in der Stadtverwaltung Münster insgesamt weitergeht, läßt sich im Moment noch nicht prognostizieren. Besonders auch die finanzielle Situation der Kommunen läßt einen flächendeckenden Einsatz einer digitalen Archivierung bis hin zur elektronischen Vorgangsbearbeitung im Augenblick noch nicht erwarten. Es erscheint wahrscheinlicher, daß sich bei der Stadtverwaltung Münster weitere Einzelprojekte anschließen werden, an denen das Stadtarchiv dann – so legt es das Rahmenkonzept jedenfalls fest – ebenso zu beteiligen wäre.

Einsatz der digitalen Archivierung beim Stadtarchiv

Das Stadtarchiv beschäftigt sich neben der Frage, wie die Übernahme von maschinenlesbaren Unterlagen in Zukunft in der Stadtverwaltung Münster geregelt werden soll, auch mit der Entwicklung eines Konzeptes für ein eigenes Projekt „Digitale Archivierung". Es existieren Bestrebungen, eine Digitalisierung im Rahmen der Abteilung stadtgeschichtliche Dokumentation aufzubauen.

Beim bereits erwähnten Pilotprojekt des Presseamtes entwickelte sich rasch die Erkenntnis, daß sich Vorstellungen und Planungen des Presseamtes und des Stadtarchivs in Teilbereichen durchaus ähneln. Beide Einrichtungen archivieren Presseartikel, die beim Stadtarchiv auch recht häufig – meist als Einstiegsinformationsquelle – genutzt werden. Dabei erwies sich die bisherige Praxis der Pressearchivierungan an mehreren Stellen in der Verwaltung als wenig effizient. Dieser und weitere Aspekte mündeten in ein gemeinsames Projekt des Presse- und Informationsamtes und des Stadtarchivs zum Aufbau eines „Digitalen Pressearchivs". Das Stadtarchiv versteht dabei die Digitalisierung im Bereich Pressearchiv, wie bereits angeschnitten, als erste Stufe der Einführung einer digitalen Archivierung beim Stadtarchiv. Langfristig wird die kontinuierliche Digitalisierung weiterer Bestände der Abteilung stadtgeschichtliche Dokumentation angestrebt. Dazu zählen verschiedene

---

8   Charles M. Dollar, Die Auswirkungen der Informationstechnologien auf archivische Prinzipien und Methoden, übersetzt und hrsg. von Angelika Menne-Haritz. (Veröffentlichungen der Archivschule Marburg, Institut für Archivwissenschaft. 19) Marburg 1992, S. 18.

Sammlungsbestände wie Karten und Pläne, Fotos, themen- oder personenbezogene Materialsammlungen.

Das Archiv möchte seine Dienstleistungen für die Benutzer erweitern, opti-
mieren und einem breiteren Nutzerkreis offerieren. Im täglichen Ablauf der
Archivarbeit ergibt sich häufig der Bedarf an schnell abrufbaren Informationen und Materialien zu Fragen der Stadtgeschichte – sowohl verwaltungsintern als auch von Seiten der übrigen Benutzer/-innen. Die Reaktion auf
aktuelle, schnell zu beantwortende Anfragen könnte durch eine Digitalisierung wesentlich verkürzt werden. Zum einen sollen die digitalisierten Bestände direkt eingesehen und genutzt werden, zum anderen könnten je nach
Bedarf historische Aufarbeitungen, etwa bei Jubiläen oder ähnlichen Anlässen, der interessierten Benutzerschaft zur Einsicht gegeben werden. Die Arbeit am gemeinsamen Projekt „Digitale Pressedokumentation" befindet sich
noch im Anfangsstadium. Mit diesem Vorhaben wird der erste Schritt auf
dem Weg neuer moderner Präsentationsformen von Archiv- bzw.
Dokumentationsbeständen gewagt. Das Stadtarchiv möchte sich auch dieser
Herausforderung stellen.

Karl-Ernst Lupprian
Speicherung und Archivierung digitaler Akten

Eigentlich widerstrebt es mir, über ein Thema zu sprechen, zu dem ich nur dürftige praktische Erfahrungen einbringen kann. Andererseits hat sich gerade im Bereich der Informationstechnologie die Gedankenarbeit mit Papier und Bleistift vor der Implementierung von Lösungen bewährt. Meine heutigen Ausführungen versuchen vorwiegend auf der Grundlage von Literaturstudien, wobei der kürzlich erschienene Vortragsband des DLM-Forums in Brüssel beispielhaft erwähnt sei – einige Konsequenzen der überall propagierten, vielerorts geplanten und bislang nur mancherorts realisierten Einführung des „papierlosen Büros" für Verwaltung und Archiv anzureißen.

Denn schon bei der Definition des „digitalen" oder „virtuellen" Aktes bzw. seiner angloamerikanischen Entsprechung „electronic record" bzw. „electronic records" (man beachte den Plural!) gibt es Schwierigkeiten. Noch vor wenigen Jahren wurde die Meinung vertreten, daß ein „electronic record" die zu seiner Erstellung und Lesbarmachung notwendige Hard- und Software umfassen müsse, wohl ein Ausfluß der mißverständlichen Meinung, „daß das Medium die Botschaft sei". Heute versucht man, den ohnehin schon virtuellen „electronic record" weiter zu entmaterialisieren, indem man eine Überlieferungsform zu schaffen sucht, die von Hard- und Software möglichst unabhängig ist, indem man essentielle Merkmale (wie z.B. die Gliederung eines Textes, Größenrelationen zwischen Überschriften, Textattribute) von akzidentiellen (z.B. dem bei der Erstellung eines Textes verwendeten Font) trennt und sowohl den Inhalt des „record", seine Struktur und die ihn in einen organisatorischen Zusammenhang stellenden und die Umstände seiner Erzeugung beschreibenden Metadaten in einem möglichst eindimensionalen und international lesbaren Format speichert. Einen vielversprechenden und meines Erachtens auch praktikablen Ansatz verfolgt Luciana Duranti in Kanada. Sie vergleicht „records" – oder vielmehr die Aggregation von „records", denn nur eine solche erreiche je Archivwürdigkeit – in konventioneller Umgebung mit solchen in digitaler Umgebung und kommt zu dem Schluß, daß die Methoden der traditionellen Diplomatik sich auch auf diese Quellenart anwenden lassen.

Ein Problem der derzeit üblichen Betrachtungsweise des einzelnen „record" oder „Datensatzes" ist seine Belastung mit einem gewaltigen Overhead von

Metadaten, die jeder einzelne Datensatz mit sich herumschleppen muß, damit seine Verläßlichkeit und Authentizität jederzeit gewährleistet ist. Das führt zu immensen Datenvolumina, und man kann meines Erachtens nur dem Vorschlag eines Vertreters der Bürobranche auf dem DLM-Forum in Brüssel zustimmen, der vor jeder Langzeitspeicherung elektronischer Daten eine strenge Prüfung empfahl, ob nämlich eine Speicherung auf einem augenfälligen Medium (Papier, Mikroform) als die bei weitem ökonomischere der Bewahrung elektronischer Bearbeitungsmöglichkeiten – die durch den raschen Technologiewandel ohnehin unsicher zu realisieren sind – nicht der digitalen Speicherung vorzuziehen sei. Dies bedeutet, daß Schriftgut z.T. für das Auge direkt lesbar, z.T. maschinenlesbar aufbewahrt wird – ein meiner Überzeugung nach, durchaus realistischer Ansatz, für den es bereits technische Lösungen gibt.

Was dringend erarbeitet werden sollte, ist eine Quellenkunde der „electronic records", vor allem eine systematische und umfassende Typologie. Leider ist eine solche schon für die konventionelle Schriftgutüberlieferung der Neuzeit noch nicht grundlegend ausgearbeitet. Wäre dies anders, dann hätten wir mit dem maschinenlesbaren Schriftgut vermutlich weniger Schwierigkeiten. So aber stoßen wir schon bei der Bewertung, dieser unerläßlichen Schnittstelle und Schere zwischen Registratur und Archiv, auf Probleme. Denn die Aussonderung maschinenlesbaren Schriftgutes wird weitgehend automatisiert ablaufen müssen, um nicht zu einer kontraproduktiven Tätigkeit zu entarten: Wissensdatenbanken, in denen die Bestimmungen von Aussonderungsvereinbarungen algorithmisiert vorliegen, analysieren Vorgänge, die in die (virtuelle) Altregistratur übertragen wurden, anhand typologischer, inhaltlicher und klassifikatorischer Merkmale und treffen zumindest eine Vorentscheidung über die Archivierung.

Doch bevor wir von der Archivierung sprechen können, müssen einige Probleme der Bildung und Führung digitaler Registraturen angerissen werden. Denn diese müssen den wohlbegründeten Anforderungen, die an konventionelle Papierablagen gestellt werden (also strukturierte Aktenbildung, Nachvollziehbarkeit des Entscheidungsprozesses usw.), in gleichem Maß genügen. Doch was beim Handling von Papierunterlagen simpel ist, gestaltet sich bei digitalem Schriftgut schwierig. So wird ein Entwurf häufig mehrfach und oft auf mehreren Ebenen überarbeitet, gutgeheißen oder verworfen, umgeschrieben. Bestimmte Phasen sollen im Akt bleiben, andere nicht. Ein elektronisches Registratursystem muß diesbezügliche Anweisungen des Sachbearbeiters automatisch in eine strukturierte Speicherung und Indexierung umsetzen können. Das bedeutet für den Sachbearbeiter mehr Arbeit, die bisher vom Registrator erledigt wurde.

Auch die authentische Speicherung der Merkmale des Geschäftsgangs wie Eingangs- und Zuteilungsvermerke, Mitzeichnungen, Randbemerkungen, Schlußverfügungen u.a., die wesentliche und unverzichtbare Elemente von Verwaltungsakten sind, ist nicht einfach umzusetzen. Die Vorstellung, daß man jedes Dokument nach jeder Veränderung neu abspeichert und den Geschäftsgang so mittels einer Kette von Versionen des gleichen Textes festhält, würde zu einer gigantischen Verschwendung von Speicherplatz und zu einer unüberschaubaren Datenhalde führen. Eine Möglichkeit wäre der Einsatz von „elektronischen Fingerrabdrücken" wie z.B. den Signaturen, die so auch verwaltungsintern nutzbar gemacht werden können. Hierfür gibt es inzwischen die rechtlichen Voraussetzungen, aber keineswegs die technische und organisatorische Infrastruktur, nach deren Kosten ich hier nicht fragen möchte.

Bedenkt man ferner die in regelmäßigen Abständen notwendigen Umkopieraktionen zur Regenerierung der Datenträger und die durch den raschen Technologiewechsel erforderlichen Datenmigrationen, die ja schon zu Lebzeiten der Unterlagen und nicht erst im Archiv anfallen werden, dann muß man sich schon fragen, wie Authenzität und Integrität der Daten mit vertretbarem Aufwand bewahrt werden können. Die technischen Probleme werden sich lösen lassen, dessen bin ich gewiß, aber zu welchem Preis? Wurden doch vor einigen Jahren für die Konvertierung von Verzeichnungsdaten im Rahmen eines Programmupdates von einem Softwareanbieter Preise von DM 10,-- pro Kilobyte in den Raum gestellt. Und man muß der irrigen Meinung, Speicher sei billig, energisch entgegentreten. Schon jetzt wird dank der Möglichkeiten elektronischer Unterlagenproduktion weitaus mehr abgespeichert, als wirklich notwendig. Sicher sind die Speichermedien immer preisgünstiger geworden, aber die oben genannten Folgelasten sind es, die erhebliche Kosten verursachen.

Ich möchte hier auf einige Details, die ich in der Zusammenfassung angesprochen habe, verzichten und mich nun der Archivierung digitaler Akten zuwenden. In welcher Form werden uns Daten gegenübertreten, die zu virtuellen Akten zusammengefügt sind? Das sind Textdateien (ggfs. mit Hypertextkonstrukten), Arbeitsblätter aus Tabellenkalkulationen, die wiederum mit Texten interoperativ verbunden sein können, Bilddaten, in wohl geringerem Maß auch Audio- und Videodaten, und natürlich Datenbanken bzw. Teile davon und Verweise auf solche.

Man kann sich vorstellen – und vielleicht ist dies ein gangbarer Weg für die Archivierung – all diese Daten in ein Datenbanksystem einzubinden, dessen einzelne Datenbasen dann die Bestände repräsentieren. Um die notwendige Unabhängigkeit von Hard- und Softwareplattformen zu erreichen, müssen die Daten in ein möglichst einfaches, „flaches" Standardformat wie z.B. SGML für Texte und TIFF für Bilddaten konvertiert werden. Letztere könnten – wie auch Audio- und Videodaten – als Binary Large Objects (BLOBs) in die Datenbank eingebunden werden. Die Frage nach Standards für die Langzeitspeicherung von Audio- und Videodaten ist damit allerdings noch nicht geklärt. Ebenso fraglich ist es, wie man die Authentizität wahren kann, denn es ist schwer vorstellbar, Signaturen archivierter digitaler Unterlagen längerfristig nachzuverifizieren. Die schon in der aktiven Phase maschinenlesbarer Unterlagen anfallenden Umkopier- und Migrieraktionen setzen sich in ihrer archivischen Existenz natürlich fort.

Allein die Auswahl und Übernahme maschinenlesbarer Daten wirft genug Fragen auf. Organisatorische Strukturen ändern sich heutzutage rascher als in früheren Zeiten. In vernetzten Umgebungen werden Daten verteilt gespeichert; hier muß vor der Übernahme eine physische Zusammenführung der virtuell verbundenen Daten realisiert werden. Systeme, die all dies leisten können, gibt es noch nicht. Genausowenig existieren derzeit elektronische Registratursysteme, die den Anforderungen an geordnete Schriftgutverwaltung nachkommen. In Bayern experimentiert man – bei bewußtem Verzicht auf einige bislang gültige Vorgaben für geordnete Aktenführung! – auf kommunaler Ebene mit Workflow- und Speichersystemen (wie z.B. Easy-Archiv und Easy-Workflow), in denen die Vorgangsbildung vom Workflowsystem wahrgenommen wird. Das funktioniert in Bereichen mit stark formalisierten Tätigkeiten wie z.B. in der Rechnungsbearbeitung recht gut, ist jedoch schon auf der Ebene der Sachbearbeitung bei komplexeren Vorgängen noch nicht realisiert. Hinzu kommt ein wichtiger „human factor": Das Gehirn ist für das rasche Erfassen von Text vom Bildschirm schlecht eingerichtet, da – im Gegensatz zum Lesen von Text auf Papier – die Hirnhälfte eingesetzt wird, die eigentlich auf Mustererkennung trainiert ist. Das wird in der Praxis (wie schon auf dem DLM-Forum in Brüssel bemerkt wurde) dazu führen, daß der Sachbearbeiter sich seine Vorgänge auf Papier ausdruckt, die Ausdrucke bearbeitet und dann die Änderungen wieder eingibt – ein nicht gerade die Produktivität steigerndes Verfahren.

Das Studium von Workflow-Systemen und ihrer Konzepte lohnt sich auf jeden Fall. Verlangt es doch, die Bürotätigkeit der Verwaltung detailliert zu analysieren und in Strukturmodellen abzubilden; dies sollte im Rahmen der Verwaltungsreform ja ohnehin geschehen.

Wenn das „papierlose" – oder wohl eher „papierarme" – Büro je mit gegenüber dem Steuerzahler vertretbaren Kosten realisiert werden soll, müssen m.E. verbindliche Standards für digitale Unterlagaen und ihr Handling geschaffen werden, wie sie einst die Büroreform für die konventionelle Schriftgutverwaltung teilweise verwirklicht hat und wie sie für den Bibliotheksbereich z.T. bereits erarbeitet sind. In einer Informationsgesellschaft, die nationale Grenzen verblassen läßt, werden diese Standards weltweite Geltung haben müssen, um die Forderungen nach der Nutzung modernster Informationstechnologie und schlanker Verwaltung in Einklang bringen zu können.[1]

---

1 Literaturhinweise: Alf Erlandsson, Electronic records management. A literature review. Paris 1997 (ICA studies 10); Guide for managing electronic records from an archival perspective. Paris 1997 (ICA Studies 8); Vorträge und Ergebnisse des DLM-Forums über elektronische Aufzeichnungen. Brüssel, 18.-20. Dezember 1996. Luxemburg 1997 (INSAR Beilage II); Robert K. Logan, The alphabet effect. The impact of the phonetic alphabet on the development of western civilization. New York 1987, S. 233-238.

Gudrun Fiedler
Effektives archivisches Management für elektronische Unterlagen am Beispiel der Länder Niedersachsen und Baden-Württemberg und des Bundesarchivs

Das Life-Cycle-Konzept

Gegenwärtig setzen Bund und Länder aus Rationalisierungsgründen darauf, daß die EDV die Arbeitsabläufe in der Verwaltung zunächst zur Herstellung eines ausschließlich papiernen Endproduktes zumindest *unter*stützt. Auf Dauer soll jedoch das Papier, und damit traditionelle Arbeitstechniken, die zentrale Funktion verlieren. Die Arbeitsabläufe sollen in erster Linie ohne Papier als zentralen Datenträger durch die EDV *ge*stützt werden.[1]

Selbst wenn die derzeit geplanten EDV-Projekte nur teilweise realisiert werden, so ist doch jetzt schon abzusehen, daß sich zukünftig 'Zwischenzustände' ergeben, durch die der Charakter des Schriftgutes verändert wird. An dieser Stelle sei das Beispiel für einen fließenden Übergang von einer konventionellen Schriftgutführung auf Papier hin zu IT-gestützten Akten genannt. So ist nach Auskunft des niedersächsischen Finanzministerium geplant, die Steuerbescheide nicht mehr als Papierausdruck in die Steuerakte aufzunehmen, sondern digital auf den Zentralrechnern in den Finanzämtern vorzuhalten. Bei der Übernahme in eine Alt-Registratur würden die Bescheide auf CD-ROM gespeichert und abgelegt.

Archivarinnen und Archivare müssen jedoch den Medienwechsel nicht fürchten. Die Tätigkeiten der Bewertung, Übernahme, Auf-bewahrung und Nutzbarmachung von Schriftgut können weiterhin durchgeführt werden. Traditionell vor allem mit den Materialien Pergament und Papier verbunden, müssen sie allerdings neu überdacht und die Struktur der Vorgehensweise muß in abstrahierter Form auf das neue Medium übertragen werden.

Dabei ist es notwendig, sich frühzeitig einen Überblick über geplante und realisierte Anwendungen digitaler Systeme in den einzelnen Verwaltungen zu verschaffen und anschließend die darin gespeicherten Informationen im

---

1 Zur Begrifflichkeit „ge-stützt / unter-stützt" vgl. Peter Bohl u. Carsten Müller-Boysen, Klassifikation der EDV-Anwendungen in der Verwaltung,. In: Der Archivar 50/1997, Sp. 333-339.

Hinblick auf ihre Archivwürdigkeit zu bewerten. Im wesentlichen sind zwei grundlegende Typen digitaler Systeme zu unterscheiden, zum einen die bereits zahlreich vorkommenden Datenbankanwendungen (u.a. Geoinformationssysteme zur Landes- und Raumplanung), zum anderen die z. Zt. in der Projektphase befindlichen Systeme zur IT-gestützten Vorgangsbearbeitung. Als Vorstufe zu diesen können die bereits teilweise eingesetzten Systeme zur IT-unterstützten Registraturverwaltung angesehen werden, die der elektronischen Speicherung der Registraturdaten von Papierakten dienen.

Im folgenden werden drei wichtige Aspekte im Hinblick auf die Archivierung elektronischer Unterlagen vorgestellt:

* die frühzeitige schriftliche Fixierung von Regelungen für eine künftige Übernahme elektronischer Unterlagen;
* die Notwendigkeit archivfachlicher Stellungnahmen und archivfachlicher Mitwirkung bereits bei der Entwicklung digitaler Systeme;
* sowie der frühzeitige Aufbau einer Infrastruktur zur dauerhaften Aufbewahrung von elektronischen Unterlagen.

Ein effektives Management von elektronischen Unterlagen aus digitalen Systemen setzt also bereits sehr früh bei der Entstehung der Systeme ein. Ein solches Konzept wird deshalb als 'Life-Cycle-Konzept' bezeichnet.

Schriftliche Regelungen als Grundlage für die Archivierung elektronischer Unterlagen

Zunächst soll die Fixierung von Regelungen am Beispiel des Landes Niedersachsen vorgestellt werden. Derartige Regelungen sollen ein Mindestmaß an Zusammenarbeit zwischen Archiven und Behörden bei der Übernahme digitaler Unterlagen konstituieren. Wie auch die Archivgesetze anderer Bundesländer weist das Niedersächsische Archivgesetz[2] den Archiven die Aufgabe einer dauerhaften Aufbewahrung von Schriftgut auf digitalen Datenträgern zu.[3]

---

2   Gesetz über die Sicherung und Nutzung von Archivgut in Niedersachsen vom 25. Mai 1993 (NArchG). In: Niedersächsisches Gesetz und Verordnungsblatt 1993, S. 129.
3   Unter Schriftgut sind dabei zu verstehen „schriftlich geführte oder auf maschinenlesbaren Datenträgern gespeicherte Akten ... , Urkunden und andere Einzelschriftstücke ... sowie Dateien einschließlich der Ordnungen und Verfahren, um das Schriftgut auswerten zu können." (§2 Abs. 1 Satz 1 NArchG).

Eine Archivierung „von digitalen Beständen bedeutet ... [aber – d.Verf.] nicht die Aufbewahrung von Datenträgern oder von Geräten und Programmen, die in der datenführenden Stelle verwendet wurden, sondern zunächst nur die Bewahrung der Bits und der Bitfolge [also der logischen Struktur – d. Verf.] der von dieser Stelle erzeugten Daten.[4]" Ein grundlegender Unterschied zwischen der Speicherung von Informationen auf elektronischen Datenträgern (Magnetband, Diskette...) und der Fixierung von Texten auf Papier besteht nämlich darin, daß in digitalen Systemen gespeicherte Informationen nicht mehr an einen einzigen bestimmten Datenträger gebunden sind. Die Anordnung von Daten auf einem Datenträger (physische Datenorganisation), – wie etwa bei Papier die Einteilung des Blattes durch die äußerliche Gestaltung des Textes -, und die Strukturierung der Daten selbst (logische Datenorganisation), – bei einem auf Papier geschriebenen Text etwa die Einteilung in Kapitel, Titel, Abschnitte -, fallen nunmehr auseinander.[5] Ein elektronischer Datenträger wird getrennt vom Vorgang der Informationsspeicherung strukturiert, bzw. 'formatiert'. Ein Blatt Papier hingegen wird während des Schreibens durch die äußerliche Gestaltung des Textes strukturiert.

Entsprechend schreibt die Übernahmeordnung vom 18. 12. 1995[6] den abgebenden niedersächsischen Behörden die technischen Mindestvoraussetzungen zur Übergabe automatisiert geführter Dateien vor: „Wird das Archivgut als automatisiert geführte Datei übernommen, gilt..., daß den Registraturdaten nach Absprache mit dem Staatsarchiv eine technische Beschreibung der Struktur der automatisierten Datei beizufügen ist. Die technische Beschreibung muß mindestens die Anzahl der Datensätze angeben, eine ausreichende Beschreibung der Datenstruktur und des Satzaufbaus liefern sowie bei codierten Daten vollständige Codelisten enthalten[7]".

---

4   Wettengel, Michael, Technische Infrastruktur für die Archivierung von digitalen Datenbeständen: Anforderungen und Verfahrensweisen. In: Mitteilungen aus dem Bundesarchiv 1/1997, S. 9.

5   Dollar, Charles, Die Auswirkungen der Informationstechnologien auf die archivischen Prinzipien und Methoden. Marburg 1992. Precht, Manfred; Meier, Nikolaus; Kleinlein, Joachim, EDV-Grundwissen. Eine Einführung in Theorie und Praxis der modernen EDV. 3. Auflage. Bonn u. a. 1996, S. 309 f..

6   Übernahme von Schriftgut der niedersächsischen Landesverwaltung durch die Staatsarchive (Übernahmeordnung), Runderlaß der Niedersächsischen Staatskanzlei vom 18.12.1995. In: Niedersächsisches Ministerialblatt 1996, S. 292.

7   Wie Anm. 6, Ziffer II.4.1 (Übernahmeverfahren), Satz 5. Im übrigen sollte bei IT-gestützten Vorgangsbearbeitungssystemen die technische Dokumentation erweitert werden durch den „vollständigen Nachweis der Bearbeitung und der Entscheidungsfindungsprozesse". Vgl.

(Fortsetzung...)

Bleibt noch die wichtige Frage nach den anfallenden Kosten des erhöhten Aufwandes, der für eine Bereitstellung digitaler Daten zur Übernahme in das Archiv betrieben werden muß. Die Verwaltungsvorschriften zum Niedersächsischen Archivgesetz befassen sich mit der Kostenfrage und legen fest, daß den „Finanzgebaren im Archivwesen entsprechend ... die dateiführende Stelle die Kosten der Herstellung einer zur Übernahme durch das zuständige Staatsarchiv bestimmten Abbildung einer automatisierten Datei [trägt – d. Verf.]."[8]

Archivfachliche Stellungnahmen und Mitwirkungsmöglichkeiten

Die unter Punkt 2 angesprochenen Rahmenbedingungen gilt es, im konkreten Falle der Archivwürdigkeit von Daten eines digitalen Systems auszufüllen – und das bedeutet im Gegensatz zu früher die Mitwirkung der Archive schon in der Entwicklungsphase der Systeme. Dabei ist zu beachten, daß digitale Systeme von technischen Fachleuten programmiert werden unter sehr gegenwartsbezogenen, eben programmiertechnisch ausgerichteten Aspekten.

Bei einer Bewertung kann deshalb der Fall eintreten, daß von archivischer Seite aus bestimmte Informationen als archivwürdig deklariert werden, die technischen Voraussetzungen für eine Übernahme jedoch vollständig fehlen und damit auch die Grundlage für eine Archivierung. Nachträglich nach Abschluß der Entwicklung digitaler Systeme vorgebrachte Forderungen der Archivarinnen und Archivare sind nur mit einem hohen Kostenaufwand oder überhaupt nicht mehr zu realisieren.

Zu den archivfachlichen Vorgaben bei der Entwicklung von Datenbanken und IT-gestützten Vorgangsbearbeitungssystemen allgemein gehört die Einrichtung einer Exportschnittstelle, die die Speicherung von Informationen auf einem externen Datenträger in einem Standardformat ermöglicht. Bei einer IT-gestützten Vorgangsbearbeitung sollte in der Konzeptionsphase bereits eine aus archivischer Sicht zwingend notwendige sachsystematische Ordnung gefordert werden. Diese auch den Verwaltungsinteressen dienenden

---

7   (...Fortsetzung)
    Wettengel, (wie Anm. 4) S. 9, Anm. 1.
8   Vgl. Ziffer 5.2 der Verwaltungsvorschriften zum Niedersächsischen Archivgesetz, Runderlaß
    der Staatskanzlei vom 10.1.1995. In: Niedersächsisches Ministerialblatt 1995, S. 167.

Vorgaben sind durchaus nicht selbstverständlich. Es gibt Beispiele für eine Realisierung solcher Projekte, bei denen an die Stelle einer Vorgangsbildung über Aktenzeichen die Speicherung von Einzeldokumenten getreten ist, die über eine Volltextrecherche wiedergefunden werden können. Aus archivischer Sicht sind jedoch die folgenden Komponenten unabdingbar notwendig:

- eine strukturierte Suche über Aktenplan/Aktenzeichen,
- eine Aktenbildung/Vorgangsbildung sowie
- eine dauerhafte Speicherung von Geschäftsgangsvermerken, Verfügungen und Zeichnungen im Aktenzusammenhang.

Für die Bewertung derartiger digitaler Akten aus IT-gestützten Systemen zur Vorgangsbearbeitung sollte die Möglichkeit geschaffen werden, ebenso wie bei Papierakten auf der Grundlage von Archivierungsmodellen eine effiziente Bewertung der Unterlagen im Aktenzusammenhang durchführen zu können. Eine individuelle Bewertung durch Einsicht in elektronische Akten auf dem Bildschirm sollte nur in Ausnahmefällen geschehen. Die Landesarchivdirektion Baden-Württemberg zum Beispiel hat Anforderungen für ein Aussonderungsmodul formuliert für den Bereich der IT-unterstützten Registraturverwaltung von Sach- und Einzelfallpapierakten. Sie können auf eine elektronische Registraturverwaltung von digitalen Akten ausgeweitet werden. Systeme zur IT-gestützten Vorgangsbearbeitung sollten demnach technische Komponenten beinhalten, die die Möglichkeit bieten:

„1. automatisch die [digitalen – d. Verf.] Akten zu ermitteln, deren Aufbewahrungsfristen abgelaufen sind,

2. aus diesen automatisch die [digitalen – d. Verf.] Akten auszuwählen, die aufgrund der vom zuständigen Archiv vorgegebenen Auswahlkriterien bleibenden Wert besitzen, und

3. die ausgewählten [digitalen – d. Verf.] Akten in einem vom Archiv definierten Format zu übergeben sowie

4. die [digitalen – d. Verf.] Akten, deren Aufbewahrungsfristen abgelaufen sind und die keinen bleibenden Wert besitzen, zu löschen.

Je nachdem, ob es sich um strukturierte oder unstrukturierte Geschäftsprozesse handelt, sind an die zweite Funktion unterschiedliche Anforderungen zu richten."[9]

---

9 Schäfer, Udo: Anforderungen an die Entwicklung des Aussonderungsmoduls für die IT-gestützte Vogangsbearbeitung. In: Fachtagung Verwaltungsinformatik '97, hrsg. von Andreas Engel und Raphael Ostermann, Forschungsstelle für Verwaltungsinformatik der Universität Koblenz. Koblenz 1997, S. 47.

Auch für Datenbanken wäre ein Aussonderungsmodul mit Selektionsfunktion wichtig, um Teilmengen der gespeicherten Daten archivieren zu können.

Technische Infrastruktur für die Archivierung von digitalen Datenbeständen

Die Archivierung oder Langzeitspeicherung von elektronischen Unterlagen aus digitalen Systemen erfordert einen gegenüber der dauerhaften Aufbewahrung von Papier erhöhten Aufwand. Dauerhafte Aufbewahrung bedeutet auch für elektronische Daten, daß sie „auf Dauer lesbar, verstehbar sowie prinzipiell zugänglich und benutzbar sind."[10]

In der Bundesrepublik sind zwei Modelle zur Langzeitspeicherung realisiert worden. Im Bundesarchiv wurde 1991 ein eigenes Referat für die Archivierung maschinenlesbarer Datenbestände gegründet und mit der nötigen Infrastruktur ausgerüstet. Das Referat verfügt über 3 ½ Mitarbeiter sowie eine Magnetbandstation zum Zweck der Datenanalyse und Datensicherung.[11] Zur Lagerung der Datenträger steht ein eigens ausgestattetes, klimatisiertes Magazin zur Verfügung.

In Niedersachsen wurde durch Organisationserlaß in der Landesverwaltung die technische Seite der Archivierung elektronischer Unterlagen dem Informatikzentrum Niedersachsen (IZN) übertragen.[12]. Die Archive nehmen dabei die angebotene Beratung und Unterstützung des IZN in Anspruch und greifen auf die langjährige Erfahrung des dort angesiedelten zentralen Mehrzweckrechenzentrums des Landes Niedersachsen (MRZ) im Umgang mit der Speicherung automatisiert geführter Dateien und auf die bereits vorhandene technische Ausstattung zurück. Das MRZ wird allerdings nur über die materielle Kontrolle des maschinenlesbaren Archivgutes verfügen, während die generelle Verfügbarkeit und die Entscheidung über die Nutzung bei den niedersächsischen Staatsarchiven verbleibt.

Tatsächlich übernommen wurden im Bundesarchiv bisher Massendaten aus Datenbanken der ehemaligen DDR und der Bundesverwaltung. Dabei handelt es sich um einfach strukturierte (sequentielle) Datenfolgen, die softwa-

---

10 Wettengel (wie Anm.3).
11 Wettengel, Michael: System zur Archivierung maschinenlesbarer Daten im Bundesarchiv. In: Mitteilungen aus dem Bundesarchiv 2/1993, S. 70-72.
12 Runderlaß der Staatskanzlei vom 24.9.1996. In: Niedersächsisches Ministerialblatt 1996, S. 1625.

reunabhängig als sog. 'flat files' in ASCII- oder EBCDIC- Datenstrings gespeichert wurden. Erfahrungen bei der Speicherung von derartigen Massendaten haben darüber hinaus bereits die Nationalarchive in Kanada, den USA, in Frankreich, der Schweiz und in Skandinavien gesammelt.

Die Archivierung von modernen Bürosystemen und Multimedia-Anwendungen ist dagegen sehr viel schwieriger. Die softwareunabhängige Speicherung von Daten dieser Systeme ist wesentlich komplexer, wobei „Systemfunktionen, logische Relationen und Verknüpfungen ....nur noch dokumentiert, aber nicht mehr in ihrer ursprünglichen Form bewahrt werden" könnten.[13] Hierzu gibt es praktischen Erfahrungen in den USA und in Kanada. In Skandinavien und der Schweiz werden zur Zeit gerade konkrete Erfahrungen gesammelt. In Niedersachsen wird gegenwärtig ein Überblick über die DV-Anwendungen der Landesbehörden erstellt. In naher Zukunft soll zunächst eine Archivierung geeigneter Daten des Landesamtes für Statistik ebenfalls in softwareunabhängiger Form erfolgen.

Effektives Management elektronischer Unterlagen als Erweiterung archivarischer Kompetenz

Die Archivierung elektronischer Unterlagen erfordert gegenüber der Archivierung von Papier eine langfristiger angelegte archivische Konzeption, die bereits bei der Entstehung digitaler Systeme ansetzt, dadurch aber auch einen höheren personellen und materiellen Aufwand als die Archivierung von Papier. Dabei müssen sich Archivarinnen und Archivare auch auf modellhaftes technisches Denken einlassen. Bei der Langzeitspeicherung tritt an die Stelle des traditionell in einer Hand liegenden Archivierungsprozesses die Teilung in einen fachlichen und einen technischen Betreuungsabschnitt. Dies muß keine Einengung archivarischer Kompetenz bedeuten, sondern kann durchaus als Erweiterung verstanden werden.

---

13 Wettengel (wie Anm. 3).

Barbara Richter
Digitalisierung und Vorhaltung von Bildbeständen im Archiv der sozialen Demokratie[1]

Auf dem letztjährigen Archivtag wurde in der Fachgruppe 6 ein Vortrag gehalten zum Thema: „Archivdatenbanken, Netzwerke und Datenautobahnen." Dr. Hubert Salm von der Konrad-Adenauer-Stiftung führte dort aus: „Wie nie zuvor sind die technischen Hilfsmittel zur Sammlung und Auswertung von Daten ... im Umbruch. Mittlerweile ist sicherlich unstrittig, daß die technische Revolution der Informations- und Kommunikationstechnologie Einfluß auf das Umfeld von Archiven hat."[2] Er umreißt damit einen Tatbestand, der viele Fachkolleginnen und Fachkollegen in den letzten Jahren zunehmend beschäftigt hat. Hat sich doch durch diesen Umstand die archivarische Arbeit zunehmend verändert. So stellt auch Karsten Uhde fest: „Die Erschließung von Beständen wird nicht nur im Hinblick auf die verwendeten EDV-Programme überdacht werden müssen. Der veränderte Zugriff und auch die zu erwartenden veränderten Recherchestrategien sollten bei der Gestaltung von Online-Findbüchern berücksichtigt werden."[3] Wie wir im AdsD feststellen, bezieht sich diese Feststellung nicht nur auf die Findmittel, die sich auf Schriftgut beziehen. Auch beim Sammlungsgut – und mein Thema ist ein Bericht über die Bildbestände im AdsD – werden neue Recherchestrategien Anwendung finden.

Wenn es also richtig ist, daß bei der Anwendung von Online-Findbüchern, und es bei den Bildbeständen zusätzlich dazu auch noch um das Anbieten der digitalisierten Bilder geht, vor allem die Recherchestrategien überdacht werden müssen, dann ist es auch richtig, daß das Hauptaugenmerk auf der Erarbeitung der „richtigen" Verzeichnungsrichtlinien zu liegen hat. Thema wird es also in den Archiven zunehmend sein, daß sich die archivwissenschaftlich gewonnenen Grundsätze mit den Möglichkeiten der neuen Technologien verbinden lassen. Vor allem in Bereichen, die naturgemäß einer rascheren technologischen Entwicklung unterliegen als Schriftgut, ist der Einfluß auch auf die Arbeit der Archive enorm. So ist z. B. bei der archivari-

---

1 Das Archiv der sozialen Demokratie der Friedrich-Ebert-Stiftung, Bonn wird im Folgenden mit AdsD abgekürzt.
2 Hubert Salm, Archivdatenbanken, Netzwerke und Datenautobahnen. In: VdA, Fachgruppe 6, Mitteilungen Nr. 22, S. 11.
3 Karsten Uhde, Archive im Internet. In: Der Archivar 49 (1996), Sp. 213.

schen Aufbereitung und Präsentation von Bildbeständen inzwischen ein Standard erreicht, der dem der OCR-Erkennung[4] weit voraus ist.

Das AdsD hat bei der Suche nach einer geeigneten Präsentationsform für die umfangreiche Fotosammlung (Papierfotos, Negative, Dias) auf schon bestehende Digitalisierungssyteme zurückgegriffen. Die technischen Details der Digitalisierung sollen ausgelassen werden, erwähnt werden soll lediglich, daß wir im AdsD mit herkömmlichen Flachbettscannern und digitalen Kameras digitalisieren und die Sicherung der Daten sowohl im Netz über gespiegelte Platten als auch dauerhaft mit CD-Roms vornehmen. Die Originale werden selbstverständlich weiter archivgerecht gelagert und stehen weiterhin zur Verfügung.

Die Grundvoraussetzung im Archiv der sozialen Demokratie war:
– In den Beständen gibt es umfangreiche visuelle Sammlungen. Dazu gehören neben der Fotosammlung, die einschließlich Dias und Negativen ca. 1,4 Millionen Verzeichnungseinheiten umfaßt auch die Plakatsammlung mit ca. 65.000 Stück, die Flugblattsammlung, die ungefähr 35.000 einzelne Stücke umfaßt und weitere kleinere Sammlungen wie Fahnen, dreidimensionales Sammlungsgut etc..
– Die Erschließung der Bestände wurde früher nur in groben Kategorien vorgenommen, die Plakate z.B. wurden chronologisch thematisch geordnet, bei den Fotos wurde unterschieden in verschiedene Sammlungen wie z. B. Personensammlung, SPD-Sammlung oder historische Sammlung usw. Dadurch waren nicht nur die Recherchen ungleich aufwendiger, außerdem mußten auch noch die Originale immer wieder in die Hand genommen werden um einzelne Reproduktionen anzufertigen.
– Die Benutzung all dieser Bestände war in der Vergangenheit schwierig weil: immer in Originalbeständen recherchiert werden mußte, gerade bei Fotos und Plakaten war dies mit einer Gefährdung verbunden, häufig wurden die Originale auch beschädigt,
weil Originale für Ausstellungen dem Bestand entnommen wurden und oft monatelang kein Stellvertreter dafür da war,
weil bei Gefahr für die Originale oftmals Teilbestände gänzlich gesperrt werden mußten. Einzige Vorlage für solche Stücke waren eigens angefertigte Dias.

---

4 Die OCR-Erkennung ist vor allem im archivarischen Bereich noch wenig einsetzbar. Zwar ist die Erkennung der jetztigen gängigen Schriften schon sehr weit fortgeschritten, bei gebrochenen Schriften allerdings ist diese Erkennung noch mit sehr viel Aufwand verbunden.

Vor dem Digitalisierungszeitalter war der Umfang der Betreuung der Benutzer – sowohl in zeitlicher, als auch in beratender Hinsicht – gerade bei diesen Sammlung sehr groß. Handelt es sich hierbei doch um sehr empfindliche Medien. Durch unsachgemäßes Handhaben, und dazu gehört eigentlich schon das Ausheben der Fotos ohne Baumwollhandschuhe, ebenso unwiderrufliche Schäden entstehen können, wie bei dem als sensibel angesehenen Schriftgut. Selbstverständlich ist es, daß in Archiven oder Bibliotheken alte Folianten oder Urkunden nur unter besonderen Bedingungen herausgegeben werden. Nicht so selbstverständlich scheint dies in der Vergangenheit bei Fotos gewesen zu sein.

Wer hat nicht in seinen Archivbeständen Fotos bei denen das einzige Original durch Konterstriche[5] verunstaltet ist, oder das durch Knicke, Risse oder andere Verschleißformen unbrauchbar geworden ist? Wie oft werden Fotos durch unsachgemäße Behandlung – und dazu gehören schon Kratzer oder auch Fingerabdrücke – beschädigt? In der Vergangenheit führte dies oftmals dazu, daß in Archiven die Originale weggeschlossen und für die Benutzung höchstens noch Reproduktionen angeboten wurden. Allerdings bedeutete dies wiederum einen ungleich arbeitsintensiveren und rohmaterialverschlingenden Aspekt der archivarischen Arbeit. Im AdsD befindet sich z.B. eine Fotosammlung mit derzeit (geschätzten) 1,2 Millionen Fotos. Eine jährliche Zuwachsrate von ca. 100.000 Stück war in den letzten Jahren durchaus üblich. Nicht mitgerechnet sind noch nicht entnommene Stück aus anderen Beständen. Rechnet man die Plakatsammlung[6] noch mit dazu, dann ergibt sich ein noch komplexeres Bild. Plakate sind schon allein ihres Formates nach eine besondere Spezies von Archivmaterial. Ihr Handhaben führt unweigerlich noch schneller zu Schäden an den Originalen, da oftmals die nötigen Flächen für eine sachgerechte Präsentation fehlen.

Anders als bei schriftlichen Vorlagen lassen sich Bildbestände unter anderen Bedingungen digital erfassen, es herrschen andere Kriterien, die bei der Digitalisierung beachtet werden müssen. Anders als bei Schriftgut z.B. muß bei Bildern nicht über die Erhaltung einzelner Schritte nachgedacht werden, zu

---

5   Konterstriche dienen ursprünglich der Abmarkierung eines Ausschnittes, der zu einem anderen Zweck als das Originalbild erneut vergrößert werden soll.

6   Die Plakatsammlung des AdsD ist mit ca. 65.000 Exemplaren eine wichtige Quelle, die bislang nicht systematisch erschlossen war. Mit Mitteln der VW-Stiftung läuft von 1996 – 2000 ein Erschließungs- und Digitalisierungsprogramm, das die Sammlung komplett digital zugänglich machen soll.

sichern ist in diesem Fall lediglich das fertige Produkt. Es stellt sich also nicht die Frage nach der Erhaltung der Authentizität, da es selbstverständlich sein muß, daß nur die originalgetreue Wiedergabe des vorliegenden Produktes, des Bildes, bei der Vorhaltung dieser Daten gewünscht ist. Natürlich gilt es auch festzustellen, daß eine Digitalisierung eine vollkommen andere Darstellung ist, als z.B. der individuell zu verändernde Handabzug bei Fotos. Trotzdem gelingt es derzeit schon mit herkömmlichen und daher erschwinglichen Softwareangeboten eine originalgetreue Wiedergabe von digitalisierten Bildern herzustellen. Das Verändern der Bilder, die individuelle Note der Fotografen kann auch mit digitalen Bilder ihren Ausdruck finden. Und natürlich ist es möglich, die Unterschiedlichkeit der verschiedenen Handabzüge durch verschiedene Scans darzustellen.

Wenn es also stimmt, daß im vordigitalen Zeitalter die Präsentation solcher Bestände nicht in ausreichendem Maße möglich war, dann ergeben sich für das Zeitalter der Digitalisierung von Bildbeständen folgende Anforderungen an Archive:

4. Auch Bildbestände müssen in Archiven systematisch erschlossen werden. Dazu gehören: Verschlagwortung und Aufbereitung durch Indices (Orte, Personen, Institutionen etc.).

5. Bildbestände müssen besonders aufbereitet werden, da sie wie keine anderen Bestände in Archiven für die Herstellung von Ausstellungen herangezogen werden. Es muß möglich sein, mit möglichst geringem Aufwand hervorragende Wiedergabeergebnisse zu produzieren.

6. Dazu sind Digitalisierungsprogramme zu benutzen, die es ermöglichen, von einer einmalig hergestellten Vorlage (Scan) beliebig viele, gleichbleibend gute Reproduktionen herzustellen. Anders als bei Reproduktionen oder gar Duplikaten von Reproduktionen entsteht hier kein Qualitätsverlust.

7. Die archivarische Arbeit in Archiven mit großen Bildbeständen kann umgestaltet werden. Notwendig dazu sind:
   a. eine ausreichende technische Ausstattung,
   b. zur Aufarbeitung aufgelaufener Bestände eine zeitlich befristete personelle Ausstattung, die die notwendigen Digitalisierungsmaßnahmen retrospektiv durchführt,
   c. die Entwicklung von Verzeichnungskriterien für die Bildbestände.

8. Nach Abschluß dieser Arbeiten können endlich die Serviceleistungen schneller und mit weniger Aufwand erledigt werden, so daß mehr Zeit bleibt für die eigentlichen archivarischen Erschließungsarbeiten.

9. Die Präsentation der digitalisierten Bilder über PCs – oder auch Internet ist eine zeitgemäße Form, die auf die Arbeit der Archive aufmerksam macht. In Zukunft wird ein Teil der Ausstellungstätigkeit der Archive über solche Medien[7] geschehen.

10. Die Sicherung von Bildbeständen kann so zeitgemäß gelöst werden. Anstehende Medienwechsel werden auch das Problem der Haltbarkeit digitaler Daten lösen helfen.

Mein Thema ist, ein Bericht über die Erfahrung im AdsD mit der Vorhaltung von digitalisierten Bildbeständen zu geben. Es zeigt sich, daß einerseits die Tätigkeit, der mit den Sammlungen befaßten Kolleginnen und Kollegen eine wesentlich andere geworden ist – weg von der immer wiederkehrenden umfassenden Beratung bei Recherchen hin zur Erschließung der Bestände und damit zur Vorbereitung der Digitalisierung, und daß sich andererseits auch die Herangehensweise der Benutzenden rasant schnell an die Neuerungen angepaßt hat und uns in gewisser Weise nun zu immer schnelleren Fortschritten anhält.

These 1
Bisher waren die Sammlungen, wie Bild-, Plakat- oder auch Flugblattsammlung nicht im Mittelpunkt des archivarischen Erschließungsinteresses. Die Pflege dieser Sammlungen ist zeit- und geldintensiv (es mußte Fachpersonal eingestellt werden, ein eigenes Fotolabor eingerichtet oder aber ausreichende Haushaltsmittel für Reproduktionsarbeiten außer Haus eingestellt werden). Außerdem sind es oft recht „unhandliche" Bestände, deren Aufarbeitung – zumindest in unserem Haus – nur punktuell geschah, z.B. zur Vorbereitung einer Ausstellung.

These 2
Die Möglichkeiten der digitalen Erfassung rücken die Bildbestände aus dem Schattendasein der Archive mehr in die Benutzeröffentlichkeit.
Durch die Möglichkeiten der Verknüpfung von textlicher Erfassung, ja sogar Volltexten mit einer bildlichen Darstellung, wächst der Charme des Bildes über den Charakter der bloßen Illustration von Büchern oder Zeitschriften hinaus für einen wesentlich größeren Benutzerkreis.

---

7   Dazu gehört die Präsentation im Internet, aber auch die selbständige Erarbeitung von multimedialen CDs.

These 3

Ein Hauptaugenmerk liegt weiterhin auf der sachgemäßen Behandlung des Sammlungsgutes. Bilder sind ja nicht allein Fotos im Format 13x18, sondern darüber hinaus auch die Plakate, deren Formate eine normale Ausgabe in den Lesesaal schon immer verboten hat. Durch die systematische Digitalisierung solcher Bestände wird ein weiteres Ausheben der Originale zu fast 100% überflüssig, da Auswahl und auch Vervielfältigung in der Regel durch die digitalen Daten geschehen kann. Der Schutz für die Originale vor Gebrauchsspuren kann so gewährleistet werden.

Die einzelnen Arbeitsschritte bei der Erfassung und Digitalisierung können wie folgt beschrieben werden:

1. Die Fotos werden ausgehoben, verzeichnet und signiert. Um die Verzeichnung von Anfang an schlüssig und gleichförmig zu gestalten, wurde als erster Schritt die Erarbeitung von Verzeichnungskriterien für diese Bestände durchgeführt. Hierbei standen vor allem im Vordergrund:
   - Verschlagwortung und Aufbereitung durch Indizes (Orte, Personen, Institutionen, Ereignisse etc.),
   - Erarbeitung von Kriterien für die weitere Erfassung (Rechte, KünstlerInnen, Angaben über Formate und andere bildliche Auffälligkeiten wie z.B. Farbe, Zustand der Vorlage, Papierabzug, Baryth etc.).

2. Als nächstes wird die Bewertung der Fotos vorgenommen d.h.: Aufnahme von Entscheidungskriterien für eine mögliche Digitalisierung. Zumindest in unserem Archiv ist eine retrospektive Digitalisierung aller derzeit im AdsD lagernden Fotos nicht machbar. Der derzeitige Bestand hat ca. 1,2 Millionen Fotos, dazu kommen noch Negative und Dias. Im Jahr 1997 konnten bereits ca. 11.000 aus diesen Beständen digitalisiert werden. Die Kriterien für eine Digitalisierung sind u.a. Relevanz in der Benutzung oder hereinkommende Anfragen, aber auch die gezielte vorrangige Sicherung der schon gefährdeten Bestände.

3. Danach werden die Fotos archivgerecht verpackt und einer dauerhaften Lagerung zugeführt. Alle Fotos werden gleichmäßig mit 300 dpi eingescannt, dabei reicht der entstandene Daten-File aus, um eine Wiedergabe bis zu DIN A4 für alle Medien zu gewährleisten. Nur in den wenigen Fällen, in denen größere Ausdrucke gewünscht werden, oder Bilder für besondere Zwecke, wie Ausstellungen etc gewünscht werden, wird ein zweiter Scan mit höherer Auflösung notwendig.

Bei der Plakatsammlung hingegen werden alle verzeichneten Stücke auch in hoher Auflösung gescannt, eine Wiedergabe bis zu DIN A0 ist möglich.

Durch die Zurverfügungstellung von digitalen Bildern unterbleibt ein Ausheben der Originale, die Bilder – vor allem auch die großformatigen Plakate – werden so endlich vor Gebrauchsbeschädigungen geschützt. Auch der Aspekt der Sicherung von Originalen durch Digitalisierung stand bei unserer Entscheidung für eine digitale Vorhaltung so großer Bildbestände im Vordergrund der Überlegungen: Da es sich nicht durchgängig verwirklichen ließ, daß die Benutzung des Fotoarchivs in der Vergangenheit ausschließlich mit Baumwollhandschuhen geschah, haben viele Originale Schäden abbekommen, Fingerabdrücke, Kratzer oder auch Knicke. Jetzt müssen den Benutzern keine Originalfotos mehr vorgelegt werden, da sie selbst am Bildschirm Recherchen durchführen können. Sie bekommen alle notwendigen Hinweise zum Foto einschließlich der bildlichen Darstellung. Des weiteren können jetzt, nach der Digitalisierung, auch die Glasnegative, die im Archiv vorliegen, wieder mitbenutzt werden. Diese waren zu ihrem eigenen Schutz lediglich archivgerecht gelagert worden, eine Benutzung hätte gerade bei diesem Material eventuell rasch zu einem Scherbenhaufen geführt.

Aber auch „junge" Bilder stellen Archive vor große Probleme gestellt. Da z.B. Bildjournalisten heutzutage PE-Papiere, Schnellentwickler, Schnellfixierer und Schnelltrocknung verwenden, sind die Originale oft schon nach kurzer Lagerzeit verblaßt, zeigen Veränderung in den Kontrasten und weisen braune Flecken auf. Um diese Fotos dauerhaft zu erhalten muß man sich zu einer Form der Reproduktion entschließen. Im vordigitalen Zeitalter wurde dies schon aus Kosten- und Zeitgründen in der Regel unterlassen. Durch die Möglichkeit der digitalen Erfassung rechnen sich solche Reproduktionen zum Zweck der dauerhaften Sicherung. Nicht anders sieht es bei Farbnegativen und Dias aus. Auch diese bleichen trotz archivgerechter Lagerung nach einigen Jahren in der Regel aus, auch sie müssen dauerhaft anders gesichert werden.

Verändert hat sich in den letzten Jahren auch die Wunschvorstellung der Anfragenden. Verlage oder Grafiker wollen als reprofähige Vorlage am liebsten schon einen Datensatz – sie sparen sich so das Einscannen für die Druckvorlage und passen die Datei direkt in ihre Texte ein. Die Wiedergabe als Ausdruck, sei es ein Laserausdruck, als Kopieersatz oder Pictroprint, ob als Fotoabzug, auf Folie oder auf anderem Material sind selbstverständlich weiterhin möglich, werden allerdings immer seltener nachgefragt. Häufiger dagegen werden Nachdrucke von Plakaten erbeten für Ausstellungen, als Schmuck für Schulen etc.. Es zeigt sich für den Arbeitsablauf als sehr günstig, daß solche Nachdrucke oder Ausdrucke bei uns hergestellt werden können, so minimiert sich der Verwaltungsaufwand für die Kolleginnen und Kollegen immer mehr, Transporte zu Fachlabors werden überflüssig und die Originale sind immer in der Sammlung vorhanden und unter der Aufsicht der zuständigen Bearbeiter.

Die Digitalisierung von Teilbeständen eines Archivs verändert aber auch das Archiv insgesamt.Die Transparenz zwischen den unterschiedlichen Fachgebieten – die Trennung in hier Nachlässe oder Organistionsakten – dort Bilder oder anders ausgedrückt auf der einen Seite Schriftgutbestände und auf der anderen Seite Bildbestände, wird ein wenig mehr aufgehoben. Allein der Vorteil, daß bestandsübergreifende Recherchen durch die EDV immer einfacher werden, wird von den KollegInnen insgesamt als positiv bewertet. Der Zugriff auf die bildliche Darstellung wird von allen als besonders positiv dargestellt. Ist es doch so auch für die Nichtfachleute für den Bereich Fotos möglich, bei Anfragen rasche Auskünfte über Vorhandensein und Zustand der Fotos oder Plakate zu geben.

Allerdings, und das sollte bei aller Euphorie über die Vorteile der Vorhaltung von digitalen Beständen nicht vergessen werden, hat diese Form der Präsentation auch gewisse dunklere Seiten. Da scheinbar alles machbar ist – und mit Hilfe der modernen Technik auch in recht kurzer Zeit machbar ist – wachsen natürlich die Ansprüche an die Serviceleistungen des Archivs noch mehr. Und dies erzeugt zusätzlich zur ständigen Weiterbildung in Sachen EDV einen weiteren Druck. Zwar wandeln sich die Archive – wenn auch manches Mal recht schwerfällig – zu modernen Dienstleistungszentren, in denen die wachsenden Ansprüche der Benutzenden immer größere Bedeutung erlangen, aber dies funktioniert nur mit einem großen Maß an Veränderungswillen. Tatsache ist, es gibt heute nur noch sehr wenige Forschende, die bereit sind, längere Archivaufenthalte mit aufwendigen Recherchen und dem zeitaufwendigen Exzerpieren in ihre Forschungsarbeiten einzuplanen. Am liebsten wäre es den Nutzern, daß sie alles schon im Volltext am Bildschirm abrufen könnten und sich abschnittsweise markieren und ausdrucken. Diese Wunschvorstellungen werden uns noch vor große Probleme stellen.

Bei den Bildern ist es glücklicherweise ein wenig einfacher. Die Darstellung am Bildschirm, die Möglichkeit des Ausdruckes, selbst die Auswahl von Ausschnitten ist weniger problematisch, da es nur ein Wechsel des Handwerkzeuges und daher nicht so einschneidend ist. Walter Benjamin sagte dazu: „Die technische Reproduzierbarkeit des Kunstwerks emanzipiert dieses zum ersten Mal in der Weltgeschichte von seinem parasitären Dasein am Ritual. Das reproduzierte Kunstwerk wird in immer steigendem Maße die Reproduktion eines auf Reproduzierbarkeit angelegten Kunstwerks. Von der photographischen Platte ist eine Vielheit von Abzügen möglich; die Frage nach dem echten Abzug hat keinen Sinn." [8]

Wenn wir diese Erfahrung herunterbrechen auf die archivarische Arbeit, dann macht auch Sinn, was Hubert Salm auf dem letzten Archivtag ausführte: „Kommunikationstechnik prägt zunehmend die Kommunikationsgewohnheiten und damit das Verhalten von Menschen. Mit dem Grad der Nutzung digitaler Informationsverarbeitung müssen sich die Archive mit dem geänderten Gehalt an relevanter Information auf dem Datenträger Papier auseinandersetzen und auch die digitalen Kommunikationsströme in ihrer Arbeit berücksichtigen.

Die dazu notwendigen Technologien werden zwangsläufig zu einem Konzentrationsprozeß und ebenso zu einer Änderung von Zielen und Methoden der Archivierung führen. Nur ein methodisches Konzept, das die klassischen Informationsträger Papier und Mikrofilm gleichberechtigt neben die digitale Technik stellt, sichert den Anspruch der Archive, relevante Informationen dauerhaft und wissenschaftlich gesichert zu erschließen." [9]

Die Vorhaltung als digitale Sammlungen bringt für die Benutzer und die Bearbeiter gleichermaßen raschere Zugriffszeiten und verbesserte Recherchestrukturen, wenn sie auch noch in einer Datenbank erfaßt werden und beide Daten gleichzeitig angeboten werden. In diesem Sinne können wir, davon bin ich überzeugt, gerade bei Bildbeständen die digitalen Kommunikationsströme nutzen, die Methoden unserer Archivierung verändern und die relevanten Informationen, hier das Anbieten von Datenfiles verantworten.

---

8 Walter Benjamin, Das Kunstwerk im Zeitalter seiner technischen Reproduzierbarkeit. Frankfurt/Main 1969, S. 21.
9 Hubert Salm (wie Anm. 2), S. 21.

Hans-Gerhard Stülb
Die Entmaterialisierung von Tondokumenten und deren Sicherung

Dieser Vortrag befaßt sich mit den Sicherungsverfahren für Tondokumente nach heutigem Wissensstand, den damit verbundenen Zielen, Kosten und Gefahren. Insbesondere die Gefahr der sogenannten „Entmaterialisierung" von Tondokumenten soll betrachtet werden. Eine richtige Einschätzung dieser Gefahren ist wesentlich für das Treffen richtiger Entscheidungen für die Digitalisierungprozesse.

Die Sicherung von Tondokumenten ist notwendig.

In den Hörfunkarchiven der Rundfunkanstalten lagern seit den 30er Jahren Tondokumente auf unterschiedlichen Tonträgern. Dazu gehören vor allem Magnettonbänder, Schellackplatten, analoge Schallplatten (gelegentlich „Schwarze Scheiben" genannt), und seit ca. 15 Jahren auch Compact Disks (CD's). Die Magnettonbänder, die jahrelang die üblichen Standardtonträger in den Rundfunkanstalten waren, haben nach Untersuchungen des Instituts für Rundfunktechnik (IRT) eine Lebensdauer von ca. 50 Jahren, je nach Art der Lagerung. Im Schallarchiv des Norddeutschen Rundfunks herrschen seit den 60er Jahren nahezu ideale Bedingungen hinsichtlich Temperatur und Luftfeuchtigkeit. Außerdem wurde in einer groß angelegten Aktion Ende der 50er Jahre eine große Anzahl von Tonmaterial von alten auf neue Bänder überspielt. Daher ist der NDR noch nicht davon bedroht, größere Teile seines Archivbestandes durch Lagerschäden zu verlieren. Anderen Rundfunkarchiven geht es da weit schlechter. Gleichwohl zeigen sich bei älteren Materialien auch im NDR zunehmend Auflösungserscheinungen: Klebestellen halten nicht mehr, das Material zerfällt oder die Aufnahmen werden durch den „Kopiereffekt" oder andere ähnliche Erscheinungen unbrauchbar.

Die Rundfunkanstalten haben aber den öffentlichen Auftrag, diesen Teil des Kulturerbes zu sichern. Die Anstrengungen zur Sicherung der Materialien orientieren sich an zwei grundlegenden Zielen:
- Möglichst lange Erhaltung der Originaltonträger mit den darauf befindlichen Aufnahmen
- Sicherung der Aufnahmen unter Verzicht auf die Originaltonträger
Dieser Vortrag befaßt sich nur mit der zweiten Komponente.

Die Sicherung von Tondokumenten ist teuer.

Nach vorsichtigen Schätzungen müssen die umfangreichen Magnetband-
bestände in den Archiven der ARD ca. alle 30-50 Jahre einmal umkopiert
werden, um die Aufnahmen langfristig zu sichern und das Risiko von Verlu-
sten durch Beschädigung der Tonträger zu minimieren. Bei einem angenommenen Bestand von 500.000 Tonträgern pro Archiv, einer durchschnittlich
angenommenen Länge von 15 Minuten pro Tonträger und dem Faktor 2,5 für
die Bearbeitungszeit würde ein Tontechniker 198 Jahre für das Umkopieren
benötigen. An Personalkosten ergäbe das 19,8 Mio. DM. Dazu kämen Materi-
alkosten (Magnetband) von ca. 6,5 Mio. DM, wenn eine Kopie von Analogband auf Analogband vorgenommen würde.

Die Sicherung von Tondokumenten muß durch Digitalisierung erfolgen.

Es ist bekannt, daß jede Kopie einer Aufnahme von einem Analogtonträger
Kopierverluste erzeugt, so daß jeder Sicherungslauf zu einer Verschlechte-
rung der Qualität der Aufnahmen führt. Digitale Kopien hingegen sind prinzipiell verlustfrei, so daß eine Digitalisierung unumgängliche Voraussetzung
für eine langfristige Sicherung bedeutet.

Seit geraumer Zeit werden in den Rundfunkanstalten Überlegungen angestellt, welches die beste Form digitaler Sicherung darstellt. Der Westdeutsche
Rundfunk begann bereits vor Jahren mit damals noch sehr teuren sogenannten „CD-Brennern" eine Sicherung des analogen Materials auf normale
Audio-CD vorzunehmen. Der Süddeutsche Rundfunk und der Bayerische
Rundfunk sind seit einiger Zeit dabei, die vorhandenen Aufnahmen auf
DAT-Cassetten zu überspielen. Die digitalen DAT-Cassetten wurden Anfang
der 90er Jahre von der Firma SONY als möglicher Nachfolger der herkömmlichen Musik-Cassette vorgestellt, konnten sich aber auf dem Consumer-
Markt, wohl wegen der Inkompatibilität zu den MC's, der teuren Aufnahme-
geräte und des Widerstands der Schallplattenindustrie nicht durchsetzen. Die
Schallplattenindustrie befürchtete erhebliche Verkaufsverluste von CD's,
wenn eine verlustfreie Kopie für jedermann möglich würde. DAT-Cassetten
sind heute somit fast nur im professionellen Produktionsbetrieb der Platten-
firmen und Rundfunkanstalten im Einsatz.

DAT-Cassette, wie Audio-CD haben aber trotz digitaler Speicherung den Nachteil, daß das Auslesen und Kopieren der Musiktitel nach wie vor fast nur in Echtzeit geschehen kann (auch wenn das Auslesen von CD's über moderne CD-ROM-Laufwerke inzwischen schneller geht). Daher wurde für die Sicherungsverfahren in den Rundfunkanstalten und auch der Schallplattenindustrie der Blick auf die moderne Computertechnik gerichtet, in der digitale Files in verschiedensten Formaten verwendet werden. Sie kennen vermutlich alle von Ihren Multimedia-PC's das sogenannte WAVE-Format, ein von der Firma Microsoft eingeführter Standard für die Speicherung von Audioaufnahmen. Sie erkennen diese Dateien auf dem Computer an der Endung .wav.

Die Rundfunkanstalten haben sich prinzipiell dazu entschlossen, ihre Materialsicherung in diesem Format vorzunehmen und die moderne Computertechnik dazu einzusetzen. Aus der Suche nach dem haltbarsten Tonträger, die bisher den Alltag geprägt hat, wurde die Suche nach dem „ewigen Datensatz". Dieser einmal entstandene Datensatz hat, wie jedes Computer-File, den Vorteil, daß man es beliebig oft und automatisiert verlustfrei kopieren kann. Eine interessante Aussicht, wenn man bedenkt, daß Personal und Sachmittel überall immer knapper werden und die vorhandenen Ressourcen ökonomisch eingesetzt werden müssen.

Es ist aber auch klar, daß dieses Verfahren der Speicherung eine erhebliche Größe an Speicherplatz verbraucht. Eine Minute Musik, umgewandelt in das WAVE-Format benötigt beispielsweise ungefähr 10 MegaByte an Speicherplatz auf dem Datenträger. Sie können sich ausrechnen, was das für die riesigen Archivbestände der Rundfunkanstalten bedeutet.

Eine Arbeitsgruppe der ARD hat sich daher mit der Frage befaßt, welche systemtechnischen Möglichkeiten es gibt, diese Datenmengen auf handhabbaren Speichern abzulegen. Die Lösung aus heutiger Sicht ist bereits auf dem Markt zu kaufen. Es handelt sich um Industrierobotanlagen, die in großen Rechenzentren für Backup-Verfahren erprobt wurden und seit Jahren im Einsatz sind. Sie werden in großen Unternehmen, z.B. in Banken und Versicherungen zur Sicherung der dort ebenfalls sehr wichtigen Datenbestände eingesetzt. Der Südwestfunk hat als erste öffentlich-rechtliche Rundfunkanstalt ein solches System seit etwa einem Jahr im Probebetrieb. Weltweit neu ist hierbei nur die Nutzung dieser Systeme für Audiomaterial.

Natürlich werden sich die Datenträger im Laufe der Zeit genauso schnell verändern wie die bisherigen Tonträger. Der Schellackplatte folgten Analogplatte und Magnetband, danach die CD und vielleicht demnächst die DVD. Der Floppy-Diskette folgten die Festplatten, beschreibare CD's und Bandrobotsysteme. Vielleicht haben wir in einigen Jahren völlig neue Systeme, wie holografische Speicher. Für uns ist vor allem wichtig, daß die generierten Files leicht, sprich automatisiert und sicher von einem Datenträger auf den moderneren neueren Träger kopiert werden können. Immerhin geschieht dies wegen des digitalen Formats verlustfrei.

Die Strategie mit solchen Langzeit-Massenspeichern zu arbeiten, hat zusammengefaßt, folgende Vor- und Nachteile:

Vorteile:
- Schneller Zugriff auf alle digitalisierten Informationen (heute max. 180 sec. bei 80 TB Speicherkapazität möglich)
- Beliebig häufige Kopiermöglichkeiten ohne Qualitätseinbuße
- Automatisierte Langzeit-Sicherungsverfahren in bewährter Computertechnik
- Unterschiedliche Inhalte (Audio, Video, Texte, Faksimiles, Bilder, Bücher (!), Zeichnungen, historisches Aktenmaterial) in einem Speicher und damit im Zugriff von jedem beliebigen Arbeitsplatz
- Ständig sinkende Hardwarepreise (Speicherkapazität)
- Miniaturisierung, Verringerung des Raumbedarfs

Nachteile:
- Unterschiedliche Datenformate erfordern differenzierte Softwaremodule
- Notwendigkeit hochdifferenzierter detaillierter Dokumentation der gespeicherten Files mit Retrievalsystemen
- Gefahr des unwiederbringlichen Verlustes originärer Quellen bei Datenverlusten oder sprunghafter technologischer Fortentwicklung erfordern differenzierte multiple Havarie-Strategien

Digitalisierung = Entmaterialisierung.

Alles wird digital! Beim Digitalisierungsvorgang werden die analogen Tonsignale in Bits und Bytes umgewandelt. Auf der untersten Datenebene entsteht eine nahezu endlose Kette von Nullen und Einsen in vielfachen Kombinationen. Während bei analogen Verfahren durch mechanische und elektrische Abtastungen verschiedenster Art die Signale hörbereit wiederhergestellt werden können, ist nach der Digitalisierung das Hören erst nach einer datentechnischen Umrechnung des digitalen Datenstroms in analoge Signale möglich (D/A-Wandlung). Dazu bedarf es entsprechender Hard- und Software. Somit ist der digitale Datenstrom, anders als das analoge Signal, nicht mehr unmittelbar greifbar und damit entmaterialisiert.

Entmaterialisierung bedeutet einen Verlust von Authentizität.

Die Authentizität der Originale ist aus zwei Blickwinkeln in Gefahr. Erstens bedeuten die nicht mehr "greifbaren" Töne einen physikalischen und psychologischen Verlust von Authentizität der Originalaufnahme. Dieser Authentizitätsverlust tritt stufenweise auf. Auf dem Weg von der Wachswalze über die Analogschallplatte mit Rillen zum Magnetband mit einer entsprechenden Streuung der Partikel und die per Laser abtastbaren "Berge und Täler" (oder Einsen und Nullen) auf der CD wird das Material immer weniger greifbar. Durch eine Umwandlung in Computerfiles wird die Greifbarkeit noch einmal vermindert, weil die lineare Abtastung der CD durch eine softwaretechnische Umrechnung ersetzt wird.

Während die CD trotz allem noch ein körperlich-physisch "greifbares" Medium bleibt, ist das File endgültig auf der unüberschaubaren Festplatte verschwunden und ein Festplattencrash würde es (fast) für immer vernichten. Zweitens können digitale Files nahezu beliebig und spurenlos verändert werden. Jeder, der schon einmal mit einer einfachen Schnittsoftware ein Musikstück verändert hat, weiß das. Es bleiben keine Spuren der Veränderung. Niemand kann mit Sicherheit feststellen, ob es sich noch um ein authentisches Original handelt.

An einem digital gezeichneten Bild kann ich Ihnen demonstrieren, wie leicht eine Veränderung heutzutage möglich ist. Natürlich hat es auch früher schon Fälschungen gegeben, denken Sie an die Hitler-Tagebücher oder aktuell, das eingangs gezeigte gefälschte Foto von Lady Diana – nur mit der digitalen Technik ist das alles sehr viel leichter geworden. Fast jeder kann mit ein wenig Übung solche Veränderungen vornehmen. Für diese Folie habe ich etwa eine Minute benötigt.

Die Abhängigkeit vom technischen Umfeld ist allumfassend.

Damit wird klar, daß die Abhängigkeit von entmaterialisierten Musik- und Wortbeiträgen zu der Technik, die ihre Rückwandlung in hörbare Signale ermöglicht, immer größer wird. Gleichzeitig erfolgen die technischen Entwicklungssprünge in immer kürzeren Abständen. Während der Analog-Schallplattenspieler viele Jahrzehnte überdauert hat, wird die 1980 herausgekommene CD wahrscheinlich schon bald durch die DVD abgelöst. Die neuen Geräte werden, wie es bisher aussieht, nicht kompatibel zur "alten CD" sein. In noch stärkerem Maße wirkt sich die schnelle technische Entwicklung auf den Bereich der Computertechnik aus: Insbesondere die Software von heute, aber auch teilweise die Hardware ist in vielen Fällen nicht mehr in der Lage, die Files von 1980 zu lesen. Anders ausgedrückt: Wer kann mir heute noch sagen, wie ich meine alten Texte, die ich einst auf dem guten alten C64-Computer von Commodore verfaßt habe, auf meinem heutigen PC lesen kann?

Effizienz durch Kooperation

Sektionssitzung unter Leitung von *Reiner Groß*

Udo Schäfer
Archivische Überlieferungsbildung in Kooperation zwischen Archiven und Behörden verschiedener Träger. Das Projekt zur vertikalen und horizontalen Bewertung in Baden-Württemberg

Einleitung

„Die Mitarbeiterinnen und Mitarbeiter der Landesverwaltung handeln wirtschaftlich. [...] Sie analysieren ihren Arbeitsaufwand und erledigen ihre Aufgaben zeit- und kostensparend. Dabei schöpfen sie die Möglichkeiten moderner Kommunikationsmittel aus und pflegen eine enge Zusammenarbeit mit anderen Behörden des Landes."[1] Mit dieser Regel bringt das Leitbild der Landesverwaltung Baden-Württemberg vom 11. Dezember 1995 ein an sich selbstverständliches Prinzip öffentlichen Handelns zum Ausdruck, das aber in einer Zeit, in der die personellen und materiellen Ressourcen abnehmen, während die Aufgaben zunehmen, eine neue Dimension erfährt. Die staatliche Archivverwaltung Baden-Württemberg führt bereits seit Juli 1995 ein Projekt durch, das die sich aus dem Leitbild ergebenden Forderungen an das archivarische Handeln zu verwirklichen sucht. Allerdings wurde das Projekt nicht im Vorgriff auf das Leitbild der Landesverwaltung begonnen. Vielmehr hatte sich in der staatlichen Archivverwaltung Baden-Württemberg bereits seit längerer Zeit die Erkenntnis durchgesetzt, daß im Rahmen der archivischen Überlieferungsbildung neue Wege gerade auch im Hinblick auf die Kooperation zwischen den staatlichen Archiven sowie mit den kommunalen Archiven und den Behörden beschritten werden müssen.[2]

---

1 Leitbild der Landesverwaltung Baden-Württemberg vom 11. Dezember 1995. In: Gemeinsames Amtsblatt des Landes Baden-Württemberg 44 (1996) S. 32.
2 Robert Kretzschmar, Vertikale und horizontale Bewertung. Ein Projekt der staatlichen Archivverwaltung Baden-Württemberg. In: Der Archivar 49 (1996) Sp. 258-260.

Effizienz als Ziel

Ziel des Projekts zur vertikalen und horizontalen Bewertung ist es, das Aussonderungsverfahren rationeller und effizienter zu gestalten sowie die Qualität der archivischen Überlieferung zu erhöhen. Aufgrund der Ergebnisse des Projekts sollen die zuständigen Archive Verwaltungszweig für Verwaltungszweig, Behörde für Behörde und Aktenplaneinheit für Aktenplaneinheit festlegen, ob die zugehörigen Unterlagen zu vernichten, zu übergeben oder anzubieten sind. Allerdings ist das Projekt auf die Verwaltungszweige beschränkt, denen die Regierungspräsidien als allgemeine Verwaltungsbehörden der Mittelstufe angehören.

Die Unterlagen, die auf der Ebene der Aktenplaneinheiten zur Vernichtung oder zur Übergabe bestimmt worden sind, bedürfen während des Aussonderungsverfahrens keiner Entscheidung des Archivs über den bleibenden Wert mehr. In der allgemeinen Verwaltung sind zum Beispiel die Unterlagen der unteren Verwaltungsbehörden über den Ausgleichsstock, der zur Förderung der Infrastruktur strukturell benachteiligter Gemeinden dient, zu vernichten und die Unterlagen der Regierungspräsidien über Wappen und Siegel zu übergeben.

Lediglich die Unterlagen, die auf der Ebene der Aktenplaneinheiten zur Anbietung bestimmt worden sind, müssen während des Aussonderungsverfahrens noch bewertet werden. Allerdings werden für Fallaktenserien zum Teil Auswahlkriterien vorgegeben. Aus den Unterlagen der unteren Verwaltungsbehörden zur Einleitung betrieblicher Abwässer sind zum Beispiel in der Wasserwirtschaftsverwaltung besondere Fälle auszuwählen und ein Sample von 5 % zu bilden. Auf die Sachakten und die Fallaktenserien, zu denen keine Auswahlkriterien entwickelt werden, ist auch in Zukunft die konventionelle Methode anzuwenden, den bleibenden Wert durch Einsicht zu ermitteln. In der allgemeinen Verwaltung sind zum Beispiel die Unterlagen der Regierungspräsidien und der Landratsämter über die Wahlprüfungen auf diese Weise zu bewerten.

Das Verfahren, die Unterlagen auf der Ebene der Aktenplaneinheiten in zu vernichtende, zu übergebende und anzubietende Unterlagen einzuteilen, hat zur Folge, daß die Behörden nur noch einen Teil der Unterlagen, die sie zur Erfüllung der Aufgaben nicht mehr benötigen, in Verzeichnissen erfassen müssen. In den Verwaltungszweigen, die Gegenstand des Projekts zur vertikalen und horizontalen Bewertung gewesen sind, können die Behörden deshalb bei einer Aussonderung sehr viel Zeit einsparen. Insofern leistet das Projekt auch außerhalb der Archive einen Beitrag zur Verwaltungsreform, weil es den Behörden die Erfüllung einer Pflichtaufgabe wesentlich erleichtert.

Außerdem bemüht sich die staatliche Archivverwaltung Baden-Württemberg um die Integration eines Aussonderungsmoduls in die IT-unterstützte Registraturführung, die in den Landesbehörden mehr und mehr zum Einsatz kommt. Das Modul soll die Möglichkeit bieten, die Ergebnisse des Projekts in einer elektronischen Systemumgebung umzusetzen. Auf diese Weise kann eine weitere Rationalisierung des Aussonderungsverfahrens erreicht werden.

Natürlich ziehen auch die Archive Vorteile aus dem Projekt. Sie liegen:
1. in der erheblichen Reduktion der Unterlagen, die während des Aussonderungsverfahrens noch bewertet werden müssen,
2. in der Entwicklung von Kriterien zur Auswahl von Fallakten einzelner Serien,
3. in den Kenntnissen über die sich in der Verwaltung vollziehenden Prozesse, die die Entscheidung über den bleibenden Wert der Unterlagen erleichtern, auf die weiterhin die konventionelle Methode anzuwenden ist,
4. in der Möglichkeit, auf die Auflösung von Behörden und andere Maßnahmen im Rahmen der Verwaltungsreform schnell zu reagieren, und
5. in der höheren Qualität der archivischen Überlieferung.

Die Reform der öffentlichen Verwaltung in Deutschland im Sinne des New Public Management kann vor den Pforten der öffentlichen Archive nicht haltmachen. Auch die Archive müssen die Frage beantworten, ob sie die gesetzlichen Aufgaben rationell und effizient erfüllen. Für die Aufgabe, eine archivische Überlieferung zu bilden, die eine historische Analyse zu unterschiedlichen Themen ermöglicht, bietet das Projekt zur vertikalen und horizontalen Bewertung eine Methode, Effizienz zu erzielen.

Vertikale und horizontale Bewertung als Methode

Im Zentrum des Projekts zur vertikalen und horizontalen Bewertung stehen die Regierungspräsidien. Als allgemeine Verwaltungsbehörden der Mittelstufe, die mehreren Verwaltungszweigen angehören, bewegen sie sich im Spannungsfeld zwischen Territorial- und Ressortprinzip. Deshalb ist die archivische Bewertung der in den Regierungspräsidien entstehenden Unterlagen mit besonderen Problemen verbunden. In den Fällen, in denen sich das Territorialprinzip durchsetzt und das Regierungspräsidium eine Bündelungsfunktion wahrnimmt, sind auf der Mittelstufe der Verwaltung Unterlagen zu erwarten, die ein Abbild der wesentlichen Entscheidungsprozesse bieten. Wird das Verwaltungshandeln aber durch das Ressortprinzip bestimmt, so bleibt dem Regierungspräsidium in vielen Fällen nur die Rolle des Mittlers zwischen dem Fachministerium und der allgemeinen oder besonderen Verwaltungsbehörde der Unterstufe. In solchen Fällen bildet sich die Erfüllung einer öffentlichen Aufgabe in den Unterlagen des Regierungspräsidiums nicht hinreichend ab. Deshalb ist es nicht sinnvoll, diese Unterlagen ohne die Unterlagen zu bewerten, die in den anderen Behörden des jeweiligen Verwaltungszweiges entstehen.

Das Projekt ist in Teilprojekte gegliedert, die sich jeweils einem Verwaltungszweig widmen. Am Anfang stand die Wasserwirtschaftsverwaltung, an die sich die allgemeine Verwaltung und die Straßenbauverwaltung anschlossen. Die Teilprojekte zur Wasserwirtschaftsverwaltung[3] und zur allgemeinen Verwaltung[4] sind abgeschlossen. An deren Stelle traten Teilprojekte, die sich mit der Umweltverwaltung und dem Verwaltungszweig Raumordnung, Bauwesen, Denkmalschutz, Wirtschaft und Verkehr befassen.

In der Methode ist das Projekt dem Project Invoering Verkorting Overbrengingstermijn[5] (PIVOT) vergleichbar, das der niederländische Rijksarchivdienst seit dem Jahre 1991 durchführt. Dabei werden die Handlungen der Behörden bewertet. Aus dem Wert der Handlungen ergibt sich der Wert der zugehörigen Unterlagen. Das Projekt zur vertikalen und horizontalen Bewertung legt der Entscheidung über den bleibenden Wert eine Analyse der

---

3 Vgl. Udo Schäfer, Vertikale und horizontale Bewertung der Unterlagen der Wasserwirtschaftsverwaltung – Dokumentation. Einführung und Textabdruck (http://www.lad-bw.de).

4 Vgl. Martin Häußermann, Vertikale und horizontale Bewertung der Unterlagen der allgemeinen Verwaltung – Dokumentation. Einführung und Textabdruck (http://www.lad-bw.de).

5 Projekt zur Einführung der Verkürzung der Übergabefrist. – Vgl. zu dem Projekt Roelof Hol, Die Zergliederung der Handlungsträger. PIVOT: Die Umstellung der Bewertung von Papier auf die Bewertung von Handlungen durch die zentralen Staatsarchive in den Niederlanden nach 1940. In: Andrea Wettmann (Hg.), Bilanz und Perspektiven archivischer Bewertung (Veröffentlichungen der Archivschule Marburg 21), Marburg 1994, S. 47-61; Robbert Jan B. Hageman, Ein neues niederländisches Verfahren zur Bewertung von Registraturgut. In: Archivpflege in Westfalen und Lippe 41/1995, S. 20-24.

Aufgaben und Funktionen der Behörden zugrunde, die durch eine Analyse der in den Behörden entstandenen Unterlagen ergänzt wird.

In der Regel sind an der Erfüllung einer öffentlichen Aufgabe innerhalb eines Verwaltungszweiges oder sogar über einen Verwaltungszweig hinaus mehrere Behörden beteiligt. Deshalb ist in der ersten Phase eines Teilprojekts zu ermitteln, welche Aufgaben ein Verwaltungszweig erfüllt, welche Behörden an der Erfüllung der einzelnen Aufgaben beteiligt sind und bei welcher Behörde oder bei welchen Behörden die maßgeblichen Unterlagen zu den einzelnen Aufgaben zu erwarten sind. Zu diesem Zweck werden die Aufgaben und Funktionen der Regierungspräsidien vertikal mit denen der Ministerien, der unteren Verwaltungsbehörden und der unteren Sonderbehörden sowie horizontal mit denen der Landesoberbehörden und der unselbständigen Landesanstalten verglichen. Der horizontale Vergleich erfolgt auch auf der Unterstufe und gegebenenfalls sogar auf der Oberstufe der Verwaltung.

Nach welchen Kriterien ist aber im Rahmen des vertikalen und horizontalen Vergleichs zu bemessen, bei welcher Behörde oder bei welchen Behörden die maßgeblichen Unterlagen zu einer Aufgabe zu erwarten sind? Ein Indiz bietet die Kompetenz, auf der die Mitwirkung einer Behörde an der Erfüllung einer öffentlichen Aufgabe beruht. In der Regel leitet sich die Kompetenz aus einer Norm ab, die in einem Gesetz, einer Rechtsverordnung oder einer Verwaltungsvorschrift enthalten ist. Eine Behörde kann in einem Verwaltungsverfahren die Kompetenz besitzen, die Entscheidung zu treffen, sie vorzubereiten oder sie zu vollziehen. In der allgemeinen Verwaltung entscheidet zum Beispiel das Bundesministerium des Innern oder das Innenministerium des Landes, ob einem Verein im Sinne des § 21 BGB nach § 43 Abs. 1 und 2 BGB die Rechtsfähigkeit zu entziehen ist. Es obliegt dem Regierungspräsidium, die Entziehung der Rechtsfähigkeit vorzubereiten. Der Vollzug erfolgt durch das Regierungspräsidium, das Landeskriminalamt und die Landespolizeidirektion. Dabei hat das Regierungspräsidium die Federführung inne.

Entscheidend ist aber nicht, auf welcher Kompetenz die Mitwirkung beruht, sondern in welcher Funktion die Mitwirkung erfolgt. Als Funktion wird die Art und Weise bezeichnet, in der sich eine Behörde an der Erfüllung einer öffentlichen Aufgabe tatsächlich beteiligt. Die maßgeblichen Unterlagen zu einer Aufgabe sind bei den Behörden zu erwarten, deren Handlungen den Verlauf eines Verwaltungsverfahrens oder eines Projekts prägen. Das folgende Beispiel stammt aus der Wasserwirtschaftsverwaltung. Auch in den wasserrechtlichen Verfahren, in denen die Kompetenz, eine wasserrechtliche Erlaubnis, Bewilligung oder Genehmigung zu erteilen, beim Regierungspräsidium liegt, sind die maßgeblichen Unterlagen bei der unteren Verwaltungsbehörde zu erwarten, weil diese die Entscheidung bis zum Entwurf vorbereitet.

In der zweiten Phase eines Teilprojekts wird die Analyse der Aufgaben und Funktionen durch eine Analyse der in den Behörden entstandenen Unterlagen ergänzt. Die Analyse der Unterlagen kann zur Korrektur der Ergebnisse führen, die im Rahmen der Analyse der Aufgaben und Funktionen erzielt worden sind. Außerdem kann sich aus dem Inhalt der Unterlagen eine andere archivische Bewertung als aus der Analyse der Aufgaben und Funktionen ergeben. Als Beispiel sei wiederum auf die Wasserwirtschaftsverwaltung verwiesen. Wasserversorgungsanlagen werden entweder durch Gemeinden oder durch kommunale Zweckverbände errichtet. Sie werden durch die unteren Verwaltungsbehörden lediglich überwacht. Trotzdem sollen die unteren Verwaltungsbehörden den zuständigen Archiven die zugehörigen Unterlagen anbieten. Denn die Unterlagen enthalten Pläne, die in einem Exemplar bleibenden Wert besitzen und deren Übernahme bei anderen Stellen nicht gesichert ist.

Eine öffentliche Aufgabe erhält nur dann ein Abbild in der archivischen Überlieferung, wenn sie aus archivischer Sicht bedeutend ist. Aus dieser Sicht ist in der allgemeinen Verwaltung zum Beispiel die finanzielle Förderung des Feuerlöschwesens durch die Regierungspräsidien unbedeutend. Die Unterlagen, die zu einer unbedeutenden Aufgabe gehören, werden in der Regel zur Vernichtung bestimmt. In gleicher Weise wird mit den Unterlagen verfahren, die zwar bei der Erledigung einer bedeutenden Aufgabe entstanden sind, sich aber bei dem vertikalen und horizontalen Vergleich nicht als maßgeblich erwiesen haben. Bei den maßgeblichen Unterlagen wird zwischen solchen, die insgesamt bleibenden Wert besitzen und deshalb dem zuständigen Archiv zu übergeben sind, und solchen, die lediglich in Auswahl bleibenden Wert haben, unterschieden. Letztere müssen auch in Zukunft dem zuständigen Archiv zur Entscheidung über die Übernahme angeboten werden.

Für jedes Teilprojekt werden die Ergebnisse, die durch die Analyse der Aufgaben und Funktionen sowie durch die Analyse der Unterlagen erzielt worden sind, zusammen mit den Bewertungsentscheidungen in einer aufgabenbezogenen Dokumentation niedergelegt. Die zuständigen Archive müssen die Bewertungsentscheidungen von den Aufgaben auf die zugehörigen Einheiten der jeweiligen Aktenpläne übertragen. Die Fortschreibung der Dokumentation obliegt einem der an dem jeweiligen Teilprojekt beteiligten Staatsarchive.

Die Entscheidungen über den bleibenden Wert von Unterlagen orientieren sich an den einzelnen Aufgaben eines Verwaltungszweiges und an den Behörden, die sich an der Erfüllung der einzelnen Aufgaben beteiligen. Solange sich die Funktionen der Behörden nicht ändern, gelten die Entscheidungen auch für solche Unterlagen, die erst in der Zukunft entstehen.[6]

Kooperation zwischen Archiven und Behörden verschiedener Träger als Mittel

Es ist bereits zwischen der Phase, in der die Aufgaben und Funktionen analysiert werden, und der Phase, in der die Analyse der Unterlagen erfolgt, differenziert worden. Die Aufgaben und Funktionen einer Behörde werden also nicht durch die Einsicht in deren Unterlagen analysiert. Statt dessen werden in den Behörden Gespräche geführt, in denen die Mitarbeiter den Archivaren die Aufgaben, Kompetenzen und Funktionen erläutern. Die Gespräche finden auf der Ober-, Mittel- und Unterstufe eines Verwaltungszweiges in mindestens einer Behörde aus jeder Behördengruppe statt. Im Rahmen des Teilprojekts, das sich der Straßenbauverwaltung widmet, sind zum Beispiel Gespräche im Landesamt für Straßenwesen, in zwei Regierungspräsidien, in einem Autobahnbetriebsamt, in zwei Straßenbauämtern und in einem Landratsamt geführt worden. Ein Gespräch im Ministerium für Umwelt und Verkehr steht noch aus. Die Formen, in denen die Gespräche erfolgen, sind sehr unterschiedlich. Auf der Mittelstufe der Verwaltung reichen sie vom Gespräch mit dem Leiter der jeweiligen Abteilung und seinem Stellvertreter bis zum Gespräch mit mindestens jeweils einem Vertreter aus jedem Referat. In den Mitteln ist die Analyse der Aufgaben und Funktionen also der Analyse der Aufgaben und der Organisation einzelner Verwaltungszweige durch den Landesrechnungshof oder durch im Auftrag der Landesregierung handelnde Unternehmensberatungsgesellschaften vergleichbar. Die Dokumentationen

---

6   Vgl. zu Abschnitt 3 insgesamt Udo Schäfer, Ein Projekt zur vertikalen und horizontalen Bewertung. In: Robert Kretzschmar (Hg.), Historische Überlieferung aus Verwaltungsunterlagen. Zur Praxis der archivischen Bewertung in Baden-Württemberg (Werkhefte der Staatlichen Archivverwaltung Baden-Württemberg A 7), Stuttgart 1997, S. 61 – 71; ders. (wie Anm. 3).

zur Bewertung der Unterlagen der Wasserwirtschaftsverwaltung und der allgemeinen Verwaltung wurden mit mehreren Regierungspräsidien ausführlich erörtert. Aufgrund dieser Gespräche erwiesen sich aber nur wenige Änderungen und Ergänzungen als erforderlich. Die Archivare verschaffen sich durch die Kooperation mit den Behörden die zur Analyse der Aufgaben und Funktionen erforderlichen Informationen und binden die Behörden zugleich in die Bewertung der Unterlagen ein. Die sich aus § 3 Abs. 2 Satz 1 LArchG BW ergebende Pflicht, die Unterlagen im Benehmen mit der anbietenden Stelle zu bewerten,[7] wird durch das Projekt zur vertikalen und horizontalen Bewertung erfüllt.

In der staatlichen Archivverwaltung Baden-Württemberg hat die Kooperation zwischen der Landesarchivdirektion und den Staatsarchiven bei der archivischen Überlieferungsbildung Tradition.[8] Das Projekt zur vertikalen und horizontalen Bewertung setzt die Tradition nicht nur fort, sondern bereichert die Kooperation um eine neue Form. Die staatliche Archivverwaltung führt zum erstenmal ein Projekt durch, in dem systematisch die Unterlagen mehrerer Verwaltungszweige bewertet werden. Jedes Teilprojekt wird durch eine besondere Projektgruppe betreut. In jede Projektgruppe entsendet die staatliche Archivverwaltung einen Vertreter der Landesarchivdirektion und in der Regel jeweils einen Vertreter zweier Staatsarchive. Die Landesarchivdirektion koordiniert die Arbeit der Projektgruppen und stimmt die von diesen vorgelegten Dokumentationen mit den Staatsarchiven ab.

Die Bewertung der Unterlagen der Landratsämter als untere Verwaltungsbehörden obliegt in Baden-Württemberg in der Regel den Kreisarchiven.[9] Für die Bewertung der Unterlagen der Stadtkreise und der großen

---

7   Vgl. Jürgen Treffeisen, Im Benehmen mit ... – Formen der Kooperation bei Bewertungsfragen mit den betroffenen Behörden. Erfahrungen des Staatsarchivs Sigmaringen. In: Robert Kretzschmar (Hg.), Historische Überlieferung aus Verwaltungsunterlagen. Zur Praxis der archivischen Bewertung in Baden-Württemberg (Werkhefte der Staatlichen Archivverwaltung Baden-Württemberg A 7), Stuttgart 1997, S. 73–101.

8   Vgl. Robert Kretzschmar, Aktenaussonderung und Bewertung in Baden-Württemberg. Rechtsgrundlagen, Organisationsrahmen, Arbeitsmethoden. In: Ders. (Hg.), Historische Überlieferung aus Verwaltungsunterlagen. Zur Praxis der archivischen Bewertung in Baden-Württemberg (Werkhefte der Staatlichen Archivverwaltung Baden-Württemberg A 7), Stuttgart 1997, S. 19–33.

9   Vgl. Robert Kretzschmar, § 3 Abs. 3 LArchG Baden-Württemberg. Zur Überlassung staatlicher Unterlagen an andere Archive. In: Ders. (Hg.), Historische Überlieferungen aus Verwaltungsunterlagen. Zur Praxis der archivischen Bewertung in Baden-Württemberg (Werk-
(Fortsetzung...)

Kreisstädte sind die Stadtarchive auch dann zuständig, wenn die Unterlagen bei der Erfüllung einer Aufgabe der unteren Verwaltungsbehörde entstanden sind. Aus diesen Gründen beteiligt sich an jeder Projektgruppe auch ein Vertreter der Kommunalarchive. Er wird entweder durch die Arbeitsgemeinschaft der Kreisarchivare beim Landkreistag Baden-Württemberg oder durch die Arbeitsgemeinschaft hauptamtlicher Archivare im Städtetag Baden-Württemberg berufen. Als Empfehlungen leitet die Landesarchivdirektion die Dokumentationen an die Arbeitsgemeinschaften weiter. Das Projekt zur vertikalen und horizontalen Bewertung bietet ein Forum, auf dem staatliche und kommunale Archivare zum Nutzen der öffentlichen Verwaltung und der öffentlichen Archive in Baden-Württemberg eng zusammenarbeiten.

Resümee

Auf dem Kolloquium Bilanz und Perspektiven archivischer Bewertung, das im Jahre 1994 in Marburg stattfand, ist die Forderung erhoben worden, effizientere Bewertungsmethoden zu entwickeln.[10] Die vertikale und horizontale Bewertung stellt eine solche Methode dar. Sie bietet die Möglichkeit, das Aussonderungsverfahren in einem Verwaltungszweig zu standardisieren und zu rationalisieren und die Qualität der archivischen Überlieferung zu erhöhen, indem sie die Sachkompetenz von Archiven und Behörden verschiedener Träger in die archivische Überlieferungsbildung einbezieht.

---

9 (...Fortsetzung)
  hefte der Staatlichen Archivverwaltung Baden-Württemberg A 7), Stuttgart 1997, S. 55–60.
10 Hartmut Weber, Bewertung im Kontext der archivischen Fachaufgaben. In: Andrea Wettmann (Hg.), Bilanz und Perspektiven archivischer Bewertung (Veröffentlichungen der Archivschule Marburg 21), Marburg 1994, S. 80f.

Hans Ammerich
„Wir kennen uns, wir helfen uns!". Effizienz durch Zusammenarbeit
zwischen kulturellen Institutionen: Die Beispiele Speyer und Köln.˙

Die folgenden Ausführungen sollen Möglichkeiten der Zusammenarbeit
zwischen Archiven, Bibliotheken, Museen, historischen Vereinen und sonstigen Bildungseinrichtungen in Köln und Speyer aufzeigen. Es versteht sich
von selbst, daß eine Vollständigkeit der Kooperationsmodelle nicht erreicht
werden kann. Nur einige Beispiele sollen vorgestellt werden.

Arbeitskreis mittelalterliches Köln

Mitte 1996 wurde auf Anregung des Direktors des Kölnischen Stadtmuseums, Dr. Schäfke, und zwar nach Absprache mit dem Direktor des
Römisch-Germanischen Museums, Prof. Dr. Hellenkemper, der „Arbeitskreis
mittelalterliches Köln" als lockerer Zusammenschluß gegründet. Konkreter
Anlaß waren die Ausgrabungen auf dem Heumarkt in Köln, eine der wichtigsten und größten innerstädtischen Ausgrabungsstätten derzeit in Europa.
Hier kommt die Mittelalterarchäologie besonders zum Tragen. Die Ergebnisse der Grabung sollen von dem Arbeitskreis diskutiert und gedeutet werden. Zum Arbeitskreis, der immer – in größeren Abständen – an einem Frei-
tagnachmittag – zuletzt jeweils an der Grabung – zusammenkommt, gehören:
Der ehemalige und derzeitige Leiter des Stadtarchivs, der Direktor des Historischen Archivs des Erzbistums Köln, der Stadtkonservator, der Leiter des
Instituts für Architekturgeschichte an der Universität Köln, der Leiter des
Schnütgen-Museums und der Lehrstuhlinhaber für Mittelalterliche Geschichte an der Universität Köln.

Der Arbeitskreis will auch Einfluß nehmen auf die Mitarbeiter an der neuen,
auf 7 Bände geplanten Geschichte der Stadt Köln (Hrsg. Hugo Stehkämper).

---

* Die Beispiele zum Archiv des Erzbistums Köln vermittelte mir freundlicherweise Professor
  Dr. Toni Diederich.

Kooperation zwischen den Speyerer Archiven: Der „Tag der offenen Tür"

Am 8. Mai 1993 führten alle Speyerer Archive einen Tag der offenen Tür durch. Es war dies bundesweit die erste Aktion dieser Art. Diese Gemeinschaftsveranstaltung im Rahmen der Speyerer Kulturtage bot sich aufgrund der besonderen Archivdichte in Speyer an und stieß auf eine große öffentliche Resonanz. Das Stadtarchiv, das Zentralarchiv der Evangelischen Kirche der Pfalz, das Archiv des Bistums Speyer und das Landesarchiv ließen einen Tag lang Interessierte hinter die Kulissen archivischer Arbeit schauen. Kleine Ausstellungen und gezielte Führungen begleiteten den „Archivtag", der neue Wege der gemeinsamen Öffentlichkeitsarbeit gewiesen hat. Ein bleibendes Ergebnis war die Herausgabe eines gemeinsamen Faltblattes der vier Archive.

Am 15. Juni 1996 boten die Speyerer Archive zum zweiten Mal einen gemeinsamen „Tag der offenen Tür" an. Ausstellungen sowie Führungen durch Benutzerräume und Magazine vermittelten den Besuchern einen Einblick in die Arbeitsweise der Archive. Um die Bedeutung von Archiven stärker in der Öffentlichkeit präsent zu machen, ließ das Zentralarchiv der Evangelischen Kirche der Pfalz ein Plakat entwerfen, das an diesem Tag vorgestellt wurde. Trotz hochsommerlicher Temperaturen kamen viele Interessierte in die Archive. Alle Beteiligte gewannen den Eindruck, daß ein solcher Tag der Archive bestens dazu geeignet ist, das „verstaubte Image" dieser Institutionen abzubauen.

Die Archive als Träger kultureller Bildungsarbeit

1. Die Geschichtswerkstatt in Speyer

Landesarchiv, Stadtarchiv, Bistumsarchiv und Zentralarchiv der Evangelischen Kirche der Pfalz arbeiten häufig zusammen, beispielsweise in der Benutzungsbetreuung, bei der Bestellung von Archivierungsmitteln in größeren Mengen, bei Fragen der Restaurierung und bei Fotoaufträgen. Auf diese Weise werden unnötige Arbeitsgänge vermieden, Kosten gespart und die vorhandenen Ressourcen genutzt. Auch sonst werden gute kollegiale Beziehungen gepflegt. Dies zeigt sich am Beispiel der von den vier Speyerer Archiven maßgeblich getragenen, seit März 1994 bestehenden Geschichtswerkstatt, die regen Zuspruch findet. Ferner ist auch das Historische Museum der

Pfalz in die Arbeit eingebunden. Im Rahmen monatlicher Zusammenkünfte soll Geschichte gemeinsam er- und verarbeitet werden. Die Einrichtung versteht sich als Angebot an alle an der Regional- und Stadtgeschichte Interessierten.

Die Sitzungen der ersten Geschichtswerkstatt standen unter dem Motto „Erlebte Krisen. Zweiter Weltkrieg und Nachkriegsalltag." Die im Rahmen der Geschichtswerkstatt entstandenen Zeitzeugenberichte wurden 1995 in Buchform veröffentlicht und so einem breiteren Kreis zugänglich gemacht. Im Umfeld der Geschichtswerkstatt entstand auch die vom Stadtarchiv, Bistumsarchiv und Evangelischen Zentralarchiv gemeinsam konzipierte Ausstellung unter dem Titel „Verwalteter Alltag. Kriegsende und Nachkriegszeit in Speyer 1945 – 1948", die vom 24. März bis 14. Mai 1995 im Historischen Rathaus in Speyer stattfand.

Die Geschichtswerkstatt soll ebenfalls dazu anregen, Themen unter Heranziehung von Archivmaterial zu bearbeiten. Die Speyerer Archive stehen den Laienhistorikerinnen und -historikern als „Häuser der Geschichte" mit Rat und Tat zur Seite und sehen ihre Aufgabe vor allem darin, Schwellenangst vor der Benutzung von Archiven abzubauen. Die durch gezielte Pressearbeit unterstützte Tätigkeit der Geschichtswerkstatt hat inzwischen dazu geführt, daß in privater Hand befindliches Fotomaterial sowie andere schriftliche Unterlagen aus der Kriegs- und Nachkriegszeit an die Archive abgegeben wurden.

Im Arbeitsjahr 1996/97 befaßte sich die Geschichtswerkstatt mit Aspekten jüdischen Lebens in Speyer und der Pfalz. Anlaß für die Wahl dieses Themenkomplexes war der 900. Jahrestag des Kreuzzugspogroms von 1096. Neben der Quellenarbeit standen auch der Besuch historisch relevanter Punkte in der Stadt Speyer (mittelalterlicher Judenhof, jüdischer Friedhof) sowie der Judaica-Abteilung des Historischen Museums auf dem Programm. Eine Reihe der Teilnehmerinnen und Teilnehmer trifft sich auch nach Abschluß der Geschichtswerkstatt im Mai diesen Jahres weiterhin einmal im Monat im Rahmen eines Arbeitskreises, um die Spuren jüdischen Lebens in Speyer anhand der Archivalien zu verfolgen. Eine „Neuauflage" der Geschichtswerkstatt ist für das kommende Jahr in Aussicht genommen.

2. Zusammenarbeit mit dem Staatlichen Institut für Lehrerfort- und weiterbildung Rheinland-Pfalz in Speyer

Auch eine Zusammenarbeit mit dem Staatlichen Institut für Lehrerfort- und
-weiterbildung Rheinland-Pfalz (SIL) wurde auf den Weg gebracht. Gemeinsam mit diesem Institut organisierten die Speyerer Archive Anfang 1994
(31.1./1.2.) ein Seminar zum Thema „Geschichtsunterricht im Archiv". Die
mit 19 Teilnehmern aus dem Gymnasialbereich sehr gut besuchte Veranstaltung wurde in den Räumen des Landesarchivs Speyer durchgeführt. Neben
dem Landesarchiv (Herr Dr. Kermann) stellten sich das Stadtarchiv (Frau
Menrath), das Archiv des Bistums Speyer (Herr Dr. Ammerich) und das Zentralarchiv der Ev. Kirche der Pfalz (Frau Dr. Stüber) mit ihren Beständen vor.
Herr Dr. Debus, Leiter des Landesarchivs, führte einleitend in die Aufgaben
und Arbeitsweise von Archiven ein. Der thematische Schwerpunkt lag auf
der pfälzischen Revolution des Jahres 1849. Prof. Dr. Kreutz (Universitäten
Mannheim/Rostock) gab einen Überblick über die Ereignisse „von der März-
revolution 1848 zum pfälzischen Aufstand 1849". Der zweite Tag war dann
dem Quellenstudium vorbehalten, das anhand der von Herrn Kermann ausgewählten 12 Dokumente erfolgte. Die Teilnehmer erhielten Kopien der
Quellen, die auch im Original zur Einsicht bereitlagen. Die Leseprobleme
konnten durch einige der Teilnehmenden, durch die anwesenden Archivarinnen und Archivare und durch das abschließende Verteilen der Transkrip-
tionen überwunden werden.

Die gemeinsame Arbeit an den Dokumenten zeigte, daß es durchaus möglich
ist, die schulbuchübliche Fixierung auf allgemeine und überregionale Themen mittels gezielten Quelleneinsatzes aus der Regional- und Lokalgeschichte im Unterricht zu durchbrechen. Diskutiert wurde auch eine fächerüber-
greifende Unterrichtseinheit Geschichte/Deutsch etwa im Hinblick auf Revo-
lutionslyrik. Die Auswertung unter Leitung von Herrn Dr. Gembries (SIL)
ergab eine überwiegend positive Resonanz. Es wurde deutlich, daß die Zusammenarbeit von Archiven und Schulen ein hohes Maß an Einsatz auf beiden Seiten erfordert – nicht zuletzt deshalb, weil das Land Rheinland-Pfalz
im Vergleich etwa zu Hessen und Nordrhein-Westfalen nicht über hauptamtliche Archivpädagogen verfügt. Gleichwohl sind weitere Fortbildungen
der Reihe „Geschichtsunterricht im Archiv" in Aussicht genommen. Die Archive in Speyer werden sich angesichts der knappen Personallage darum
bemühen, derartige „Randaufgaben" gemeinsam wahrzunehmen, und bauen
dabei auf den Synergieeffekt. Die archivpädagogischen Angebote der Speyerer

Archive zeigen sich in der Lehrerfortbildung ebenso wie in der Archivführung für Schulklassen aller Schularten, für Lehramtsstudierende oder andere Gruppen.

3. Seminare für „Nachwuchshistoriker" in Speyer

Ein weiteres Projekt der Speyerer Archive ist es, Nachwuchshistoriker für die Arbeit an kirchengeschichtlichen Themen zu begeistern. Am 22. November 1996 waren 26 junge Forscher und Forscherinnen einer Einladung des Historischen Vereins der Pfalz, des Zentralarchivs der Evangelischen Kirche der Pfalz und des Archivs des Bistums Speyer gefolgt und beschäftigten sich mit dem Thema „Staat und Kirche im 19. und 20. Jahrhundert". Einen Einblick in gerade abgeschlossene oder noch laufende Arbeiten gaben vier junge Historiker. Einen Schwerpunkt bildete dabei das Verhältnis von Kirche und französischer Besatzungsmacht nach den beiden Weltkriegen. Anregungen für weitere Forschungen gaben Arbeitsgruppen, die Quellenmaterial aus den beiden kirchlichen Archiven vorstellten. Im November diesen Jahres soll wieder eine studentische Nachwuchstagung stattfinden mit dem Thema: „Staat und Kirche in der Zeit des Nationalsozialismus in der Pfalz".

4. Kirchliche Fortbildungsveranstaltungen und kirchliche Archive in Speyer

Auch bei kirchlichen Fortbildungsveranstaltungen arbeiten die Speyerer Archive zusammen. „Was können und sollen Missionsarchive leisten?" Unter diesem Motto diskutierten 20 Archivarinnen und Archivare aus Missionswerken der alten und neuen Bundesländer vom 18. bis 20. April 1994 in der Diakonissenanstalt Speyer. Die Veranstaltung wurde vom Zentralarchiv der evangelischen Kirche der Pfalz organisiert. Das Zentralarchiv bewahrt mit dem Archiv der Ostasienmission einen bedeutenden Missionsbestand auf. In einer Archivführung lernten die Gäste eine sachgerechte Magazingestaltung kennen. Anhand ausgewählter Beispiele aus dem Fotobestand der Ostasienmission wurde die Feinerschließung von Bildbeständen vermittelt. Im Archiv des Bistums Speyer referierte im Rahmen der Vortragsreihe Dr. Hans Ammerich über die Probleme der Papierkonservierung.

5. (Kirchliche) Archive und (Kirchen-)Geschichtsvereine

Die Vertretung des Bistumsarchivs und des Zentralarchivs im Vorstand der Kirchengeschichtsvereine und die Mitwirkung in kirchenhistorischen und archivpädagogischen Projekten ist m.E. eine Grundbedingung für die kirchenarchivische Arbeit. Es läßt sich auch feststellen, daß Vorsitzende und Vorstandsmitglieder kirchengeschichtlicher Vereine recht häufig aus dem Bereich des kirchlichen Archivwesens kommen oder den Kirchenleitungen angehören. Aber auch im Vorstand und in den Gremien des „Historischen Vereins der Pfalz" und der „Pfälzischen Gesellschaft zur Förderung der Wissenschaften" sind die Speyerer Archivare vertreten.

Das Zusammenwirken mit kulturellen Institutionen bei Ausstellungen

Die Ausstellungstätigkeit gehört zu den Schwerpunkten archivischer Arbeit. Freilich kann es für die Archivare nicht darum gehen, große Ausstellungen zu initiieren – ein Konkurrenzunternehmen zum Museum kann und will das Archiv nicht sein. Die Ausstellungen sind vielmehr sachbezogen und an aktuellen Anlässen orientiert. So unterstützen Archive Museen oder arbeiten mit anderen Institutionen zusammen. Die Suche nach Verbündeten sollte sich nicht nur auf kulturelle Institutionen innerhalb der Stadt, des Landkreises richten; sie sollte sich auf die eigene Verwaltung erstrecken, die es für archivische Belange zu gewinnen gilt. Bei der Gedenkausstellung des Historischen Archivs des Erzbistums Köln „Kölner Erzbischöfe im Konflikt mit dem preußischen Staat. Clemens August Freiherr Droste zu Vischering († 1845), Paulus Kardinal Melchers († 1895)" war die Zusammenarbeit zwischen dem Archiv, der Diözesan- und Dombibliothek Köln und der Dombauverwaltung besonders nützlich und effektiv. In einem vorbereitenden Arbeitsgremium, das sich aus der Kontaktaufnahme des Archivs mit Domkapitular Prälat Prof. Dr. Norbert Trippen sowie der Dombauverwaltung und der Erzbischöflichen Diözesan- und Dombibliothek ergab, wurden Konzeption, Organisation und Inhalte der Ausstellung erarbeitet. Die Institutionen unterstützten das Historische Archiv des Erzbistums Köln auch bei der Präsentation der Ausstellung in kollegialer und freundschaftlicher Weise. Die schönsten Leihgaben kamen vom Dom, d.h. der Dombauverwaltung.

Partnerschaftliche Zusammenarbeit bei archivischer Sammlungstätigkeit: Das Beispiel „Dokumentation Rheinischer Architektur Köln e.V."

In Köln wurde im Frühjahr 1997 ein Verein mit dem Namen „Dokumentation Rheinischer Architektur Köln e.V." gebildet, der – wie es in der Satzung heißt – „die Sammlung und Archivierung von Dokumenten, Publikationen, Literatur, Skizzen, Zeichnungen, Fotos, Filmen, Datenträgern sowie Modellen baugeschichtlich und städtebaulich relevanter Bauten und Projekte der Region Rheinland" fördern soll. Der Verein besitzt kein eigenes Archiv. Zweck des Vereins ist – laut Satzung – „die Förderung der Wissenschaft und Forschung, der Bildung und Erziehung, der Kunst und Kultur. Der Satzungszweck wird verwirklicht insbesondere dadurch, daß der Verein

– die Archive in der Stadt Köln in den Sammlungen baugeschichtlicher und architektonischer Dokumente, Pläne und Publikationen unterstützt;
– selbständig Architekturnachlässe, einzelne Dokumente und Publikationen sammelt und für die sachgerechte Unterbringung, Restaurierung, Lagerung und Katalogisierung sorgt;
– geeignete Sammlungen wissenschaftlich erforscht und bearbeitet, dokumentiert, publiziert und präsentiert;
– Ausstellungen vorbereitet und durchführt;
– das Bewußtsein für gute Architektur im Rheinland und deren Erhaltung durch entsprechende Öffentlichkeitsarbeit unterstützt;
– einen festen Ort schafft, in dem Ausstellungen, Veranstaltungen und Diskussionen für architekturinteressierte Bürger stattfinden können;
– Stipendien zur wissenschaftlichen Forschung über Architekturnachlässe und die in ihnen enthaltenen Architekturprojekte vergibt".

Mit der Gründung des Vereins „Dokumentation Rheinischer Architektur Köln e.V." wird eine langfristig wirkende Konzeption entwickelt, die auf dem Grundstock der gesicherten Nachlässe und Sammlungen in Kölner Archiven eine bedeutende Sammlung von Architekturdokumenten für Köln und das Rheinland aufbauen kann. Die Zusammensetzung des Vorstandes aus Vertretern aus dem Architektur- und Ingenieur-Beruf einerseits und sachkundigen Bauhistorikern andererseits soll das Erreichen des Vereinszwecks gewährleisten. Geborene Mitglieder sind: der Stadtkonservator und der Direktor des Stadtarchivs Köln. Es wurde noch ein Kuratorium gebildet, dem auch der Direktor des Historischen Archivs des Erzbistums Köln angehört. In partnerschaftlicher Zusammenarbeit soll der Vereinszweck verwirklicht werden.

Kontakte zu den Universitäten zu Köln und Bonn

Aus den Kontakten zu den Universitäten Köln und Bonn (vor allem aber Bonn) und den entsprechenden Archivbesichtigungen bzw. speziellen Seminarveranstaltungen hat sich in der Vergangenheit ergeben, daß einzelne Studentinnen und Studenten wegen eines Archivpraktikums nachgefragt haben. Nach Absolvierung entsprechender Praktika ergab sich in etlichen (nicht nur einigen) Fällen ein Auftrag zur Verzeichnung eines Pfarrarchivs auf Werkvertragbasis (mit fester Honorierung).

Bei den großen historischen, z.T. auch kunsthistorischen Ausstellungen haben Wissenschaftler des Historischen Archivs der Stadt und des Historischen Archivs des Erzbistums Köln an den Katalogen bzw. Handbüchern mitgewirkt. Das bedeutet, daß umgekehrt bei Anliegen der Historischen Archive auch besonderes Entgegenkommen seitens der Museen erwartet werden kann. Da einige Archivare seit Jahrzehnten in Köln tätig sind, kennen sie die meisten Museumsdirektoren einschließlich Stadtkonservator, Dombaumeister etc. persönlich. Im Umgang aller dieser Institutionen kommt das Prinzip „Wir kennen uns, wir helfen uns" besonders zum Tragen.

Fazit

Die hier vorgestellten Kooperationsmodelle zwischen Archiven gleicher oder unterschiedlicher Bereiche sowie zwischen Archiven und Bibliotheken, Museen, Sammlungen und Bildungseinrichtungen sollten lediglich einige Anregungen vermitteln. Diese Beispiele zeigen aber auch, wie unterschiedlich die „kulturellen Bedürfnisse" sind: Was in Speyer von den vier dort ansässigen Archiven im Zusammenwirken mit anderen Instituten und Vereinen an historischer Bildungsarbeit geleistet wird, wird in Köln von anderen Institutionen wahrgenommen und getragen. Freilich ist hier wie dort die kritische Selbstprüfung bezüglich des Aufgabenfeldes und die Suche nach Lösungsmöglichkeiten möglich, wenn es darum geht, die Archive in den Stand zu setzen, daß sie bei zunehmendem Aufgabenbereich und steigenden Erwartungen ihren Auftrag erfüllen können. Es bleibt die Suche nach gleichgesinnten Einrichtungen; durch die Zusammenarbeit mit ihnen lassen sich – und das zeigen die Beispiele Köln und Speyer – Synergieeffekte erzielen.

Gerd Brinkhus
Kooperation Archive – Bibliotheken auf dem Gebiet der Bestandserhaltung am Beispiel Baden-Württemberg

Zielsetzungen

1. Optimale Ausnutzung der Ressourcen

Zielsetzung des gemeinsamen Vorgehens für die Bestandserhaltung in Archiven und Bibliotheken in Baden Württemberg war -auch 1986 schon durch Sparzwänge ausgelöst- durch eine optimale Ausnutzung der Ressourcen eine hohe Effektivität zu erreichen. Dabei war einer der wesentlichen Auslöser für die gemeinsamen Planungen, die in dem Jahr 1986 verabschiedeten Landesrestaurierungsprogramm für die wissenschaftlichen Bibliotheken und Archive ihre Realisierung fanden, die getrennten Anträge der Archive und Wissenschaftlichen Bibliotheken des Landes nach Ausbau der Restaurierungskapazität.

1.1. Nutzung der vorhandenen Raumkapazität
Vorplanungen für das Staatsarchiv Ludwigsburg und eine zentrale Restaurierungseinheit für die Archive in der ehemaligen Arsenalkaserne in Ludwigsburg ergaben eine markante Überkapazität im Raumangebot. Überlegungen zu einem erweiterten Nutzungskonzept unter Einbeziehung der Bibliotheken führten zunächst zu Grundsatzüberlegungen, die im Landesrestaurierungsprogramm mündeten, und zu konkreten Planungen, die letztendlich zur Realisierung des Instituts zur Erhaltung von Archiv- und Bibliotheksgut in Ludwigsburg führten.

Dabei war von vornherein klar, daß in den einzelnen Institutionen wenigstens eine Restauratorenstelle und eine Werkstatt bleiben sollte bzw. eingerichtet werden sollte, damit konservatorische Arbeiten fachkundig vor Ort durchgeführt und betreut werden können. Der Raumbedarf für eine kleinere Werkstatt in Archiven und Bibliotheken ist gering, weil eine Ausstattung mit Großgeräten z.B. für die Naßbehandlung umfangreicher Bände nicht nötig ist. Mengenbehandlung wird in der Zentralwerkstatt durchgeführt, Vorbereitungsarbeiten in den Werkstätten vor Ort.

Die Nutzung der Einrichtungen des Instituts für Bestandserhaltung in Ludwigsburg für Verfilmung an zentraler Stelle (Sicherungsverfilmung, Schutzverfilmung), ist für die Archive selbstverständlich, weil im Bereich der Archive die Verfilmungstellen auch bisher an wenigen Stellen konzentriert waren. Für die Bibliotheken ist diese Serviceleistung weniger selbstverständlich, weil fast alle Bibliotheken über eigene Einrichtungen zur Anfertigung von Mikrofilmen und Halbtonaufnahmen für Benutzeraufträge verfügen. Besonders attraktiv ist hier für Bibliotheken nun die Nutzung der Prismenkamera, durch die schonend Aufnahmen aus gebundenen Bänden möglich sind. Denkbar wäre aber durchaus auch die archivgerechte Weiterverarbeitung des belichteten Filmmaterials, Duplizierung u.s.w.

1.2. Bündelung des Know How
Als 1986 das Landesrestaurierungsprogramm ins Leben gerufen wurde, gab es in Baden-Württembergs Archiven und Bibliotheken insgesamt 8 größere und kleinere Restaurierungswerkstätten, die alle unabhängig voneinander arbeiteten und untereinander kaum Verbindungen hatten. Diese Werkstätten verfügten durchaus über Spezialkenntnisse und viel praktische Erfahrungen auf unterschiedlichen Gebieten. Manche Bereiche, z. B. Erhaltung von Fotografien, waren kaum in Betracht gezogen worden, andere Aufgabengebiete, wie z. B. Papierrestaurierung, Einbandrestaurierung, Siegelrestaurierung, waren gut vertreten und wurden von kompetenten Restauratoren betreut.

Die in Archiven und Bibliotheken anfallenden Materialien, die auf Dauer erhalten werden müssen, sind so vielfältig geworden, daß ein einzelner Restaurator nicht mehr in allen Bereichen auf dem Laufenden sein kann. Pergament, Papier, Leder, Holz, Metall und Siegel sind die klassischen Materialien, die ein Restaurator für Archiv- und Bibliotheksgut traditionell konservatorisch und restauratorisch zu betreuen hat. In den vergangenen Jahren ist jedoch eine Vielzahl neuer Materialien mit neuen Problemen in den Archiven und Bibliotheken aufgetaucht: Fotos, Negative, Tonträger, Kunststoffe verschiedenster Art, Tonträger, Datenträger, bei denen oft nicht einmal zuverlässige Daten für die Bedingungen einer dauerhaften Lagerung vorliegen. Der Einzelne ist überfordert, wenn er Empfehlungen oder Materialien auf ihre Zuverlässigkeit prüfen soll. Und es ist effektiver, ad hoc an einer Zentralstelle abrufen zu können, wieweit die Entwicklungen und Überprüfungen auf dem Gebiet z. B. der Datenträgeraufbewahrung gediehen sind. Ebenso ist es kaum möglich, den Überblick über die relevante oft sehr spezielle Fachliteratur zur Konservierung und Restaurierung zu behalten, geschweige denn in der gegenwärtigen prekären finanziellen Situation die relevante Literatur nur annähernd vollständig vorzuhalten. Auch hier übernimmt das Institut eine wichtige Rolle für die Archive und Bibliotheken des Landes.

Durch die Aufbauarbeit des Instituts konnte zunächst ein Austausch zwischen den vorhandenen Werkstätten intensiviert werden. Bis heute ist aus den dezentralen Werkstätten viel Know How in das Institut transferiert worden. Für die Institutionen ohne eigene Werkstatt (im Konzept allerdings dringlich vorgesehen) ist natürlich der Nutzen der Übernahme fertiger Problemlösungen vor allem im konservatorischen Bereich von größtem Nutzen. Heute können die Restauratoren / Konservatoren in den dezentralen Werkstätten bereits vielfach Nutzen aus den Erkundungen und Vorarbeiten des Instituts ziehen.

1.3. Differenzierter Personaleinsatz

Die Restauratoren sind als Alleskönner in Bibliotheken und Archiven vielseitig gefordert, von der aufwendigen Restaurierung eines mittelalterlichen Einbands über die Gestaltung von Ausstellungen bis hin zur zeitraubenden Trockenreinigung (Ausbürsten von Bänden). Da Restauratoren in den Bibliotheken in der Regel „Einzelkämpfer" sind, besteht kaum eine Möglichkeit, Arbeiten, die einer geringeren Qualifikation bedürfen, zu delegieren und sie lediglich zu beaufsichtigen, während der Restaurator selbst an Aufgaben arbeitet, für die seine Qualifikationen nötig sind. Leider ist es bisher noch nicht gelungen, die personelle Ausstattung des Instituts diesen Bedürfnissen anzupassen. Es besteht im Institut eine gewisse „Kopflastigkeit", die die Effektivität erheblich beeinträchtigt. So sollten z. B. schimmelbefallene Bestände nach der Sterilisation vom Schimmelrasen befreit werden, eine Tätigkeit, die unter Aufsicht der Restauratoren mit optimalen Schutzbedingungen (Reinraumarbeitsplätze) durchgeführt werden könnte, wenn denn entsprechende Stellen zur Verfügung stünden.

1.4. Nutzung von Großgeräten

Die eben erwähnten Reinraumarbeitsplätze sind zur Gesundheitsfürsorge durchaus in Archiven und Bibliotheken nützlich, sind aber vom Preis und vom Raumbedarf her nicht überall realisierbar. Andere Großgeräte, wie z. B. Langsiebanfaserung oder Anfaserungsgeräte überhaupt, große Wässerungsbecken, Saugtische zur Behandlung großformatiger Karten usw. können wesentlich effektiver in einer zentralen Einrichtung genutzt werden. Zumal der

Einsatz dieser Geräte geplant werden kann und die Rüstzeiten im Vergleich zur Betriebszeit des Gerätes optimal gehalten werden können.

1.5. Fortbildungsmöglichkeiten
Die Bündelung des „Know How" im Institut für Erhaltung von Archiv- und Bibliotheksgut enthält die Verpflichtung, das Wissen weiterzugeben. Der Austausch zwischen den Restauratoren in den dezentralen Werkstätten und den neu hinzukommenden Restauratoren im Institut fand auf regionalen Fortbildungsveranstaltungen statt, die sich
1. An die Restauratoren in den einzelnen angeschlossenen Einrichtungen, darüber hinaus aber
2. auch an die Bestandserhaltungsreferenten in den kooperierenden Archiven und Bibliotheken richteten.

Die Ergebnisse dieser Fortbildungsveranstaltungen haben sich zum Teil in Publikationen niedergeschlagen.[1] Wichtig scheint mir hier zu sein, daß die zentrale Einrichtung die Funktion eines "Motors übernimmt, der regelmäßig für Kontakte innerhalb der Restauratoren und der Bestandserhaltungereferenten in der Region sorgt. Auf diesem Wege findet dann auch der Informationstransfer statt, der den einzelnen Institutionen in vielen Fällen eigene Recherchen erspart und dem Institut die Richtung angibt, wo der Bedarf der beteiligten Institutionen liegt. Außerdem wird der Informationsaustausch untereinander gefördert. Auch für Fortbildungsveranstaltungen außerhalb des Landes kann jetzt eine sinnvolle Teilnahme der Restauratoren im Lande koordiniert werden, den Restauratoren der angeschlossenen Institutionen werden im Prinzip die gleichen Fortbildungsmöglichkeiten geboten, wie den Mitarbeitern des Instituts.

1.6. Koordination von Aktivitäten und Förderung der Kooperation
Fortbildungen aktiv und passiv zu koordinieren und anzuregen ist eine wesentliche Aufgabe des Instituts, von der alle Beteiligten in hohem Maße profitieren. Koordination ist aber auch hilfreich, wenn es gilt z. B die Katastrophenvorsorge in Archiven und Bibliotheken umzusetzen.

---

1 Bestandserhaltung in Archiven und Bibliotheken. Hrsg. von Hartmut Weber. Stuttgart 1992. (Werkhefte der Staatlichen Archivverwaltung Baden-Württemberg: Serie A; H. 2); Bestandserhaltung. Herausforderung und Chancen. Hrsg. von Hartmut Weber. Stuttgart 1997. (Veröffentlichungen der Staatlichen Archivverwaltung Baden-Württemberg. Bd. 47)

Durch die unterschiedliche Verwaltungsstruktur im Bereich der Bibliotheken und Archive ist die Umsetzung der Katastrophenvorsorge den einzelnen Einrichtungen übertragen worden. Während im Bereich der Archive der Plan im Auftrag der Landesarchivdirektion erarbeitet und für die angeschlossenen Einrichtungen verbindlich gemacht wurde, waren die Bibliotheken selbst für die Umsetzung zuständig. Für Bestandsschutzmaßnahmen war es nun sehr vorteilhaft, sich den Vorgaben der Archive anzuschließen und nur geringe Modifikationen für die Bibliotheken vorzunehmen. So wurden auch die Notfallboxen (Erste Hilfe bei Wasserschäden) in Baden-Württemberg so verteilt, daß jeweils eine Einrichtung am Ort ausgestattet wurde. Die Notfallteams benachbarter Einrichtungen sollen in enger Abstimmung aufgestellt werden, die Planungen bezüglich Katastrophenvorsorge vor Ort sollen ganz aufeinander abgestimmt werden. (Kühlhäuser, Transport, Absprache mit der örtlichen Feuerwehr u.s.w.)

1.7. Kompetenter Verhandlungspartner (Erarbeiten einer Verhandlungsposition durch Leistung)
Bestandserhaltungsbemühungen haben es in der öffentlichen Verwaltung, sei es in Archiven oder Bibliotheken, nicht leicht. Auch wenn innerhalb der einzelnen Einrichtungen (Archiv oder Bibliothek) das Wissen um die Notwendigkeit von Bestandserhaltungsmaßnahmen durchaus vorhanden ist, scheitern manche Vorhaben einfach an der fehlenden finanziellen Ausstattung. Für das Institut für Erhaltung von Archiv- und Bibliotheksgut sind trotz der allgemeinen Mittelknappheit (im Landeshaushalt) erhebliche Summen bereitgestellt worden. Auch wurden in einer Zeit des Stellenabbaus einige neue Stellen für das Institut geschaffen. Nur wenn das Institut auf längere Sicht gesehen in der Lage ist, durch Leistung zu überzeugen, wird dieser Trend sich weiter halten. Es ist nun einmal so, daß die Politiker sich gerne in der Öffentlichkeit mit Einrichtungen identifizieren, die Leistungen erbringen, die etwas Besonderes darstellen. Das Ludwigsburger Institut ist eine solche Einrichtung und ich denke, daß die angeschlossenen Bibliotheken und Archive auch weiterhin von diesem publicitywirksamen Image des Instituts profitieren können.

Positive Nebeneffekte

1. Archive und Bibliotheken lernen einander besser kennen

Neben den geplanten oder wenigstens erwarteten Vorteilen der Zusammenarbeit haben sich aber auch positive Nebeneffekte ergeben, die sicher auf dem Verordnungswege nicht zu erreichen wären. Durch den Austausch zwischen den Bestandserhaltungsreferenten und Restauratoren wächst auch die Kenntnis vom Aufbau und der Aufgabenstellung der jeweils anderen Seite. Und es gelingt leichter, Projekte, die in beiderseitigem Interesse liegen anzukurbeln und durchzusetzen: so ist es ohne großen Aufwand gelungen, die Verfilmung der Württembergischen „Ur-flurkarten" zu bewerkstelligen, für die ein kompletter Vorlagensatz aus Leihgaben aus Bibliothek und Archiven erst zusammengestellt werden mußte.

2. Institutionen lernen voneinander

Lernfähig sind die Menschen innerhalb der Institutionen und sie bewirken Änderungen. Besonders auf dem Gebiet der Bestandserhaltung ist es deutlich sichtbar, daß Bibliotheken und Archive voneinander gelernt haben. Ich denke an Papierzerfall, dauerhafte säurefreie Papiere und die unsinnige Diskussion um die Verwendung des Recyclingpapiers in öffentlichen Verwaltungen aus Umweltschutzgründen. Ich bin davon überzeugt, daß weder die Bibliotheken noch die Archive allein diesen Bewußtseinswandel hätten bewirken können, erst die gebündelten Argumente waren und sind heute schlagkräftig genug, um einer allzu leichtfertig mit Umweltschutz und Recycling argumentierenden Lobby entgegentreten zu können:

3. Kooperation bietet eine bessere Verhandlungsposition

4. Gemeinsame Planungen führen zu Übernahmen, der Planungsaufwand wird reduziert, die Zusammenarbeit wird dadurch effektiver

Ich spreche diesen Punkt bei den Nebeneffekten noch einmal an, um deutlich zu machen, daß eine auf den ersten Blick aufwendige Abstimmung bei Planungen durchaus Zeit und Aufwand einsparende Nebeneffekte haben kann. Nach einer gewissen „Einarbeitung", dem Aneinandergewöhnen, tritt hier ein nicht planbarer aber wertvoller Nebeneffekt ein. Man geht viel selbstverständlicher auf die Erfahrungen der jeweils anderen Seite ein, eine gewisse

Identifikation mit der jeweils anderen ebenfalls Kulturgut bewahrenden Institution stellt sich ein.

Nachteile

Wo Licht ist, ist auch Schatten, und so will ich nicht nur die positiven Seiten unseres Projektes vortragen.

1. Verlängerung der Entscheidungswege

Einen wesentlichen Nachteil, der besonders bei den Bibliotheken ins Gewicht fällt, ist die Verlängerung der Enscheidungswege: In der „eigenen" Restaurierungswerkstatt hat der Bestandserhaltungsreferent unmittelbaren Kontakt zu seinem Restaurator und kann Entscheidungen ad hoc mit geringer Verzögerung im Dialog mit dem Restaurator treffen. Für Aufträge, die an das Institut gegeben werden, ist jedoch vorher unbedingt eine genaue Anweisung über die Art der Behandlung beizugeben, dennoch sind gelegentlich Rückfragen nötig, die z. B. bei sehr arbeitsintensiven Fällen auch von der Leitung des Instituts unter Hinweis auf Aufwandsreduzierung an den Auftraggeber gerichtet werden müssen. Es ist verführerisch, alles zu verlangen, was möglich ist, wenn es nicht auf Kosten der eigenen Einrichtung geht. Hier ist die Institutsleitung gefragt, die auch im Bereich der Bestandserhaltung auf Effektivität und Rentabilität achten muß. Der Bestandserhaltungsreferent ist in diesen Fragen nicht mehr ganz selbständig/autark, er muß nicht nur seinen eigenen Bestand vor Augen haben, sondern sich die Gesamtaufgabe, Erhalt von Archiv- und Bibliotheksgut in Baden-Württemberg, zu eigen machen.

2. Logistik

2.1. Transportwege

Ein weiteres gravierendes Problem ist es, die Distanzen zwischen den angeschlossenen Institutionen zu überwinden. Obgleich das Institut relativ zentral liegt, ist die Entfernung zwischen den auftraggebenden Institutionen und dem Institut für Erhaltung von Archiv- und Bibliotheksgut zum Teil erheblich (bis zu 250 km). Daraus ergeben sich logistische Probleme, da ein regelmäßiger Fahrdienst zwischen allen beteiligten Institutionen nicht existiert. Die Transportverzögerungen wirken sich natürlich besonders negativ aus bei der Inanspruchnahme der Verfilmungsmöglichkeiten (Prismenkamera), die, vor allem was die Bibliotheken angeht, ad hoc aus aktuellem Bedarf in Anspruch genommen werden sollte. Aber auch der Transport von Objekten, die restauriert werden sollen, muß geplant und organsiert werden, was gelegentlich sehr zeit- und arbeitsaufwendig werden kann.

2.2. Bereitstellung bzw. Abruf der Objekte
Problematisch ist auch die Anmeldung/ Übergabe von Objekten an das Institut. Es haben sich noch keine zufriedenstellenden Modalitäten gefunden, die den Proporz zwischen den angeschlossenen Institutionen wahren und gleichzeitig für das Institut eine rationelle Arbeitsweise ermöglichen, d.h. die Möglichkeit bieten, gleichartige Schäden z.b. im Papierbereich in eine Mengenbehandlung durchzuführen. Das Schadenserfassungssystem per EDV soll hier mehr Klarheit bringen und es den Institutionen ermöglichen, Schäden „auf Vorrat" zu melden, die dann vom Institut abgerufen werden können, wenn entsprechende Partien bearbeitet werden: z. B. Anfasern, Spalten o. ä.

3. Rückfragen zu eventuell auftauchenden Problemen bei der Behandlung sind aufwendig

Die Erledigung von Rückfragen zu einzelnen Aufträgen oder die Besprechung von Maßnahmen für bestimmte Objekte ist oft nur unter dem Aufwand einer Reise zufriedenstellend möglich, auch wenn die gemeinsam erarbeiteten „Blaubeurener Empfehlungen[2]" eine gute Richtschnur für Zweifelsfragen geben. Es ist ebenso ein gewisses Unbehagen bei den Mitarbeitern des Instituts spürbar, wenn es darum geht, Aufwand zu reduzieren; im Interesse effektiver Arbeit und mit den Vergleichsmöglichkeiten, die das Insitut durch seine übergeordnete Position hat, ist es aber unumgänglich nötig, daß auf Effektivität geachtet wird.

Offene Probleme

1. Zeitverzögerungen

Zeitverzögerungen, die sich aus den Transportproblemen ergeben, wären vermeidbar, wenn die Transportmöglichkeiten vor allem auf Seiten der Biblio-

---

2   Blaubeurener Empfehlungen. Empfehlungen für die Restaurierung und Konservierung von Archiv- und Bibliotheksgut. In: Bestandserhaltung in Archiven und Bibliotheken. siehe Anm. 1, S. 157 -170. Auch in: Zeitschrift für Bibliothekswesen und Bibliographie 39 (1992), S. 1 – 15.

theken verbessert werden könnten. Großer Wert sollte beim Versand von restaurierungswürdigem Gut auf kurze, direkte und sichere Transportwege gelegt werden.

2. Kommunikationsaufwand

Je größer eine Institution ist, desto schwieriger wird es, immer den richtigen Ansprechpartner zu finden. Kommen – wie im Fall des Ludwigsburger Instituts – noch größere Entfernungen dazu vergrößert sich der Aufwand erheblich. Ich denke, daß durch einen verbesserten Informationsfluß zwischen den Einrichtungen des Landesrestaurierungsprogramms auch erreicht werden kann, daß sich der Kommunikationsaufwand reduziert.

3. Koordinierung von Aufträgen

Ein heikles Problem ist die Koordinierung von Aufträgen. Wie kann eine gleichmäßige, angemessene Berücksichtigung aller angeschlossenen Institutionen erreicht werden, wenn schon die Kapazitäten völlig unzureichend sind und eine Statistik über den Aufwand am einzelnen Objekt kaum eine Aussage machen kann? Das Problem ist wegen der allgemein sehr guten Kooperation (noch) nicht akut, es ist bisher kein Proporzdenken der angeschlossenen Institutionen spürbar. Um so wichtiger ist es darum aber auch, daß das Institut für Ausgleich sorgt, damit Egoismus oder Anspruchsdenken gar nicht erst geschürt werden.

4. Bestehende Hierarchien in sehr unterschiedlichen Administrationen

Das Institut für Erhaltung von Archiv- und Bibliotheksgut ist in die Struktur der Archivverwaltung integriert, angesiedelt bei der Landesarchivdirektion. Die Staatsarchive des Landes sind in diese Struktur eingebunden und befinden sich auf gewohntem Terrain. Die wissenschaftlichen Bibliotheken sind entweder Universitätsbibliotheken und als solche in die Universitäten eingegliedert oder Landesbibliotheken, die direkt dem Ministerium zugeordnet sind. Gemeinsame Unternehmungen werden in der Direktorenkonferenz, die in der Regel zweimal im Jahr stattfindet, besprochen und beschlossen. Es ist der vielleicht bedeutendste Grund für das gute Funktionieren des Modells Restaurierung in Baden Württemberg, daß nicht alles geregelt ist.

5. Abbruch der Ausbauplanungen im personellen Bereich

Es ist nicht absehbar, wann sich das ursprüngliche Personalmodell für das Institut in Ludwigsburg realisieren läßt. Bei der gegenwärtigen Intensität des Sparens dürfte dieser Zeitpunkt in weiter Ferne liegen. Durch Vorleistungen, effektives Arbeiten muß das Institut beweisen, daß die Konzeption richtig ist und daß für eine effektive Arbeit der Stellenplan baldmöglichst komplettiert werden muß.

Manfred Treml
Ausstellungen als Kooperationsprojekte. Beispiele aus der Arbeit des Hauses der Bayerischen Geschichte

„Effizienz durch Kooperation" – so heißt der Titel dieser Sektion. Ich erlaube mir dazu ein paar sicher nicht sachgemäße Anmerkungen: Effizienz ist ein Begriff aus dem Begriffsarsenal betriebswirtschaftlicher Theorie. In einem Untersuchungsbericht zur Managementpraxis in Museen heißt es ebenso unmißverständlich wie aufschlußreich: „Effizienz ist im wesentlichen eine organisatorische Gestaltungsaufgabe, die durch Controllingsysteme gesteuert wird. Controlling ist ein Instrumentarium, das der Museumsleitung als Hilfsmittel zur Steuerung und Kontrolle dient."

Managementberater und Marketingexperten operieren mit derartigen Ansprüchen ständig. Die eigentliche Bewährungsprobe erfährt der Effizienzanspruch aber erst durch eine erfolgreiche Kontrolle, die wiederum Meßbarkeit voraussetzt. Und hier beginnt das Dilemma. Viele Kulturleistungen, ästhetische Angebote etwa und pädagogische Leistungen, entziehen sich einfachen kybernetischen Steuerungsmodellen ebenso wie einer qualifizierenden Kontrolle, die uns etwa die curricularen Lehrpläne der 70er Jahre versprachen. In der Technik bewährte wiederholbare Verlaufsmuster oder ökonomisches Bilanzdenken liefern jedenfalls keine ausreichenden Evaluationsinstrumente, um Kulturleistungen wirklich zu messen, es sei denn, man gibt sich mit Teilwahrheiten oder dem billigen Quotenfetischismus der neuen Medien zufrieden.

Kulturarbeit aber – dies ist meine feste Überzeugung – hat ihre eigenen Gesetze und sollte den Effizienz-Begriff auch adäquat definieren und verwenden. Daß dieses Modell des Taylorismus inzwischen in der Wirtschaft als überholt gilt und mehr und mehr zugunsten der Betriebe als „lernende Organisationen" aufgegeben wird, dürfte den historischen Umgang mit den Effizienzanforderungen erleichtern. Das vernichtende Urteil, das ich dazu kürzlich in einer Wirtschaftszeitung las, will ich Ihnen nicht vorenthalten: „Funktionalität, Kontrolle und Effizienz lauteten die toten Prinzipien dieses Managements. Für Lernen war in diesen Maschinenbürokratien kein Platz."

Das Haus der Bayerischen Geschichte ist weder ein Archiv noch ein Museum, es hat keine eigenen Bestände und damit auch nicht die für Museen und Archive typischen Aufgabenfelder des Sammelns, Bewahrens, Erforschens. Das entlastet uns zwar einerseits, verweist uns aber andererseits lebensnotwendig auf die enge Kooperation mit den Museen, Archiven, Bibliotheken und anderen Kultureinrichtungen, die die dingliche Hinterlassenschaft unseres „kollektiven Gedächtnisses" verwalten. Das Ausstellungswesen ist unser wichtigster, aber keineswegs einziger Aufgabenbereich. Daneben stellen wir Publikationen und Medien her, beraten in ganz Bayern, koordinieren und regen an, als eine Art „kultureller Wanderzirkus" und historisches Aktivitätszentrum, dessen zentrales Ziel es ist, „Geschichtsbewußtsein zu fördern."

Die Verpflichtung, in allen Landesteilen präsent zu sein und allen Bevölkerungsschichten Angebote zu unterbreiten, verweist uns von vornherein auf die Prinzipien der Regionalisierung und der Popularisierung. Walter Benjamin hat Ausstellungen als den „vorgeschobensten Posten auf dem Terrain der Veranschaulichungsmethoden" bezeichnet, sie als Massenmedien verstanden und ihnen die Aufgaben der Volksbildung zugewiesen. In der Tat sind sie Medien visueller Kommunikation, deren besondere Qualität in der Authentizität ihrer Objekte liegt. Nicht selten wirken sie auch als Schwungräder für bestimmte Themen und werden zum Nukleus für eine Vielzahl von begleitenden Aktivitäten, die oft über die eigentliche Präsentation weit hinausreichen.

Unsere Ausstellungen sind – bis auf wenige Ausnahmen – nur auf Zeit konzipiert, meist für drei bis sechs Monate. Länger auf ihrer Reise durch ganz Bayern sind unsere Wanderausstellungen, die zwischen zwei und drei Jahren zirkulieren. Kulturhistorische Ausstellungen nach dem Verständnis unseres Hauses sind Ergebnis eines möglichst ausgewogenen Zusammenspiels von Wissenschaft, Didaktik, Gestaltung und Öffentlichkeitsarbeit.

Im Bemühen um eine zielgruppenorientierte Vermittlung befindet sich das Ausstellungswesen an der Schnittstelle zwischen Wissenschaft und Publikum und versucht eine Verbindung von Lernen und Unterhaltung, Wissen und Erleben herzustellen. Es bildet damit auch eine Brücke zwischen Universitäten, Museen, Archiven, Bibliotheken etc. und der breiten Bevölkerung. So ist die Arbeit unseres Hauses von vorneherein auf Kooperation angelegt und hat die Vernetzung von Institutionen, Wissenschaftsfächern und thematischen Ansätzen zum Ziel.

Damit ist das Haus der Bayerischen Geschichte aktiver Teil eines Netzwerkes, das der Bielefelder Historiker Jörn Rüsen mit der Fundamentalkategorie „Geschichtskultur" bezeichnet hat. Er umschreibt damit „den Gesamtbereich von Erinnerungsarbeit im Leben einer Gesellschaft" und sieht eine Vielzahl von Institutionen, gesellschaftlichen Gruppierungen und Tätigkeitsfeldern darin eingeschlossen. Die Geschichtskultur weist nach Rüsen drei Dimensionen auf, die ästhetische, die politische und die kognitive, die sich in unterschiedlichen Mischungsverhältnissen und Akzentuierungen jeweils konkretisieren. Kunst, Macht und Wissenschaft stehen dabei in einem komplizierten Wechselverhältnis, dessen gemeinsamer Nenner der Einfluß auf das historische Bewußtsein der Menschen ist. Public History, Geschichte in der Öffentlichkeit, ist dabei das gesellschaftliche Bezugsfeld, in dem Menschen historischen Angeboten begegnen.

Lassen Sie mich kurz einen Blick auf diesen bunten Teppich von Institutionen, Verbänden, Initiativen und Einzelkämpfern werfen, um Strukturen und Kooperationsfelder anzudeuten:
öffentliche Einrichtungen
- Forschung (Lehrstühle; Institute; Forschungsgesellschaften)
- Sachkultur (Museen; Archive; Bibliotheken)
- historische Stätten (Schlösserverwaltung; Denkmalpflege)
- Bildung und Erziehung (Schule; Jugendarbeit; Erwachsenenbildung)
- regionale und lokale Behörden (Bezirke; Landkreise; Ämter für Wasserwirtschaft, Vermessung, Kulturämter etc.)
gesellschaftliche und private Einrichtungen
- Geschichtsvereine (Verband; Kreisvereine; Bayerischer Heimattag)
- Landesverein für Heimatpflege (Zeitschrift „Schönere Heimat"; Heimatpfleger)
- Bayerische Einigung und Volksstiftung
- Kulturvereine (Kunst-, Brauchtums-, Trachten-, Musikpflege; Veteranen- und Kriegervereine)
- Jugendpflege (Stadt- und Kreisjugendringe; Schullandheime; Jugendherbergen)
- Tourismuseinrichtungen (Freizeit; Erlebnis)
- Medien (neue Medien; Hörfunk; Film und Fernsehen)
- Verlage (historische Sachbücher und Belletristik; Lieder etc.)
- Werbung und Marketing

Von diesem Überblick nun zur Mikrostruktur. Ich will am Beispiel vor allem
der Ausstellung „Salz Macht Geschichte", für die ich im Jahre 1995 verantwortlich war, das Kooperationsgeflecht wenigstens andeuten. Von den vier
Faktoren, die zu jeder Ausstellung gehören, ist die wissenschaftliche Kooperation ohne Frage von besonderer Bedeutung. Die Quellenpublikationen und
Kataloge sind ebenso wichtig wie die aus den Archivalien erarbeiteten For-
schungsergebnisse, die oft die eigentliche wissenschaftliche Grundlage für
die Ausstellung bilden. Kaum einer der Beiträge in unseren Aufsatzbänden
wäre ohne Archivbestände zu bearbeiten, nicht selten sind die Verfasser
Fachleute aus Museen, Archiven, Bibliotheken und Hochschulen.

Im vorbereitenden Fachkolloquium reichte das Spektrum der Teilnehmer
vom Kulturwissenschaftler über den Salinendirektor bis zum Tourismus-
experten. Und im begleitenden Beirat saßen Geologen, Geographen, Chemiker, Mineralogen, Mediziner, Forstwissenschaftler mit Technikhistorikern,
Archivaren und Museumsfachleuten in einer gemeinsamen Runde. Der wissenschaftliche Ertrag freilich kam allen gemeinsam zugute. Gerade bei der
Salz-Ausstellung waren besondere Erfolge zu vermelden:
- eine intensive interdisziplinäre Zusammenarbeit zwischen Natur- und
  Kulturwissenschaften und die daraus resultierende ganzheitliche Betrachtungsweise,
- eine ungewöhnliche Vernetzung von Institutionen aus Wissenschaft, Kultur und Wirtschaft, wie sie sonst kaum möglich ist,
- eine Akzentsetzung auf Alltags-, Sozial-, Technik- und Wirtschaftsgeschichte.

Für die Ausstellungen selbst noch wichtiger sind die Leihgaben. Schon ein
oberflächlicher Blick in unsere Kataloge zeigt, wie dicht das Geflecht der
Zusammenarbeit ist, wobei wir Ausstellungsmacher meist die Nehmenden
sind. Bei der Ausstellung „Salz" waren dies allein im Archivbereich: Wirtschaftsarchive, Vereinsarchive und Museumsarchivare, die Stadtarchive von
Bad Kissingen, Landsberg, Laufen, Mühldorf, Regensburg, Rosenheim,
Traunstein und Wasserburg, die Staatsarchive von Oberbayern und Schwa-
ben, das Hauptstaatsarchiv München und das Landesarchiv Salzburg. Ohne
die Pläne, Zeichnungen, Urkunden, Rechnungen, Verträge, Instruktionen,
Plakate und Fotografien etwa, die uns die Archive zur Verfügung gestellt
haben, wäre diese wie viele andere Präsentationen zuvor schlichtweg nicht
zu veranstalten gewesen.

Ebenso sind zahlreiche Museen als Leihgeber im Katalog verzeichnet, eine ganze Reihe von Katalogartikeln wurde von Museumsleitern verfaßt, und was wir von dort an Rat und Hilfe erfahren haben, ist für unsere Arbeit unverzichtbar. Umgekehrt konnten wir bei mancher Objekterschließung weiterhelfen und durch restauratorische Maßnahmen zur Objekterhaltung beitragen. Auch die konservatorischen Erfahrungen von Großausstellungen kommen den Museen, vor allem den regionalen, zugute. Im übrigen ist die personelle Verbindung gerade bei den Restauratoren besonders eng, so daß neue Erkenntnisse sicher für alle Beteiligten von Nutzen sind.

Eine anregende und nachhaltige Kooperation ergab sich auch aus der fehlenden und kaum untereinander abgestimmten Inventarisation von Kulturgütern, die für unser Haus von besonderem Interesse war. Eine erste gemeinsame Veranstaltung mit der Landesstelle für nichtstaatliche Museen und dem Bergbau- und Industriemuseum der Oberpfalz hat sich inzwischen gemausert zu einem EDV-Forum, das bundesweite Resonanz findet und sich mittlerweile auch den aktuellen Fragen einer gemeinsamen Nutzung des Internet widmet.

Nicht unerwähnt soll bleiben, daß wir noch engere Formen der Zusammenarbeit pflegen: Die Montgelas-Ausstellung 1996 wurde gemeinsam mit dem Hauptstaatsarchiv München erarbeitet und präsentiert; bei der Klosterausstellung in Benediktbeuren gestaltete die Bayerische Staatsbibliothek einen ganzen Raum mit hochwertigen Leihgaben in eigener Verantwortung. Daß hier noch eine Intensivierung möglich wäre durch mehr Absprache und Vernetzung, soll nicht verschwiegen werden. Gleiches gilt für ein wichtiges Thema im Multimediazeitalter, nämlich die wissenschaftlich kontrollierte und fundierte Visualisierung von Geschichte. Der Ausbau vor allem der Historischen Bildkunde im interdisziplinären Zusammenwirken aller kulturwissenschaftlichen Fächer wäre eine unverzichtbare Voraussetzung dafür.

Damit komme ich zum zweiten Faktor, der Didaktik, mit der ich alle Methoden und Formen der Vermittlung umschreibe. Unser Haus geht vom Grundsatz der Besucherfreundlichkeit aus und hofft damit ein Geschichtsinteresse zu wecken, das nicht nur uns Besucher bringt. Bei Textgestaltung, Führungslinien, Medieneinsatz und Inszenierungen versuchen wir, auch gestützt auf Ergebnisse der Besucherforschung, Standards zu entwickeln, die auch übertragbar sind, und Formen visuellen Erzählens zu kreieren, die zum fachlichen Diskurs anregen. Besonderes Gewicht legen wir außerdem auf das Führungswesen und auf die Museumspädagogik, beides Bereiche, bei denen wir mit anderen Kultureinrichtungen in Verbindung stehen. Ohne Frage könnte aber gerade auf diesem Felde das Zusammenwirken intensiver und systematischer sein, sicher zum Nutzen aller Beteiligten.

Ohne Frage gehen von Ausstellungen Wirkungen aus, die auch andere Kulturinstitutionen einer Stadt, einer Region oder eines Landes erfassen. Daß Ausstellungen eine Anreger-, eine Schwungradfunktion haben, ist im „Jahr des Salzes" 1995 besonders deutlich geworden. Mehr als 25 Sonderausstellungen wurden in Bayern zwischen Wasserburg und Bad Kissingen veranstaltet, nicht wenige davon wurden durch regionale Archive ausgerichtet.

Eine besonders intensive Kooperation hat sich im Rahmen des Begleitprogramms und der Kulturroute „Wege des Salzes" ergeben. Im Grunde spielte eine ganze Region mit. Das Begleitprogramm, das über 200 Veranstaltungen aufwies, verband zahlreiche Aktivitäten unterschiedlichster Herkunft miteinander, der kulturhistorische Wanderführer erschloß zahlreiche historische Stätten der gesamten Region. Diese Form, Geschichte zu erfahren, Kultur und Unterhaltung zu verbinden und ein Wechselspiel zwischen Ausstellung, historischen Zeugnissen und Landschaft herzustellen, bot insgesamt ein tragfähiges, weiterwirkendes Modell für die regionale Kulturarbeit, die wiederum ein Modell für andere Veranstalter darstellte.

Mit den Trägern der freien Erwachsenenbildung und der außerschulischen Jugendarbeit bestand ebenso intensiver Kontakt wie mit den Schulen und den Instituten für Lehrerfortbildung. Vorbereitende Multiplikatorenseminare, interdisziplinär und in allen Regionen Bayerns abgehalten, schufen gute Voraussetzungen für unser Bildungsanliegen. Unterstützt wurden diese Angebote durch ein didaktisches Begleitheft und ein Medienpaket, das Vorbereitung und Nacharbeit eines Ausstellungsbesuches erleichtern sollte. Dazu kamen in den drei Ausstellungen selbst eine Fülle an Spezialführungen und museumspädagogischen Programmen, die wiederum in Kooperation mit entsprechenden Einrichtungen durchgeführt wurden. Und auch beim Führungsdienst, einer zentralen Säule jeder Ausstellung, war Kooperation großgeschrieben: Die Kulturvereine und Volkshochschulen der Region wirkten bei der Rekrutierung des Personals mit, die Kommunen stellten Räume und Material für die Ausbildung zur Verfügung, die Schulen beteiligten sich unmittelbar an einem speziellen Projekt zur „Führung durch Schüler."

Erfahrungs- und Informationsaustausch auf dem immer wichtigeren Feld der Vermittlung wäre ein wichtiger Schritt auch zur Verbesserung von Archiv-, Museums- und Freizeitpädagogik.

Damit zum dritten Element, der Gestaltung.

Ich will nur einige Kooperationsfelder andeuten. Visualisierung ist ein Thema, das nicht nur Architekten, Bühnenbildner und Designer beschäftigt, sie steht seit Jahren auch im Mittelpunkt einer sehr kontrovers geführten museologischen Diskussion, die von den physiologischen Voraussetzungen des Sehens bis zu wahrnehmungstheoretischen Spekulationen über die Wirklichkeit reichen.

Von da aus ist der Weg zu Kunstausstellungen, zu den inszenierten Spektakula touristischer Multivision und den virtuellen Welten des Multimedia-Zeitalters nicht mehr weit. Eine Fülle von personellen und institutionellen Verbindungen lassen uns an diesen Entwicklungen teilhaben und regen uns zugleich an. Nicht selten auch holen wir uns aus diesem Reservoir auch Anleihen für eigene Produktionen.

Entscheidend für das Outfit einer Ausstellung sind die jeweiligen Spielorte, beim Thema „Glanz und Ende der alten Klöster" etwa war es der alte, renovierungsbedürftige Meierhof des Klosters Benediktbeuren, beim Thema „Salz" die Alte Saline in Bad Reichenhall, ein salinarisches Baudenkmal von europäischem Rang. Denkmalpflege, Bauverwaltung der Stadt, Eigentümer samt Architekt wurden dort zu natürlichen Partnern, ohne deren Unterstützung auch der eigene Gestalter kein überzeugendes Konzept hätte durchsetzen können.

Zuletzt noch zum Marketing, im speziellen der Werbung und Öffentlichkeitsarbeit, die beide unverzichtbare Standbeine jeder Ausstellung sind. Die Frage nach unseren Zielgruppen etwa beschäftigt uns im Vorfeld, während der Laufzeit und im Gefolge jeder Ausstellung. Deshalb betreiben wir systematische Besucherforschung, die uns Auskunft gibt über unser Stammpublikum, über themenspezifisch Interessierte und das touristische Segment. Wir erfahren dadurch auch vieles über Alter, Bildungsniveau und soziale wie geographische Herkunft unserer Besucher, über die Akzeptanz der jeweiligen Ausstellung, das Interesse an Objekten und Inszenierungen, die Bedeutung von Führungen und Texten und die Wirkung unserer Werbemittel. Ohne Frage lassen sich aus diesem Material Schlußfolgerungen ziehen, die nicht nur für unsere eigene Arbeit von Bedeutung sind.

Pflege und Aufbau eines Stammpublikums ist eine langfristige, intensive Aufgabe, um die wir uns seit Jahren bemühen. Schulen, Erwachsenenbildung und Jugendarbeit werden regelmäßig informiert und durch Materialien, Jahresbericht, Jahreskalender usw. auf dem laufenden gehalten. Eine ganze Palette von Verbänden und Vereinen gehört zu unseren regelmäßigen Ansprechpartnern, durch die wir verschiedenste Berufs- und Bevölkerungsgruppen erreichen: Beamte, Lehrer, Heimatpfleger, Naturschützer, Engagierte in Kunst-, Kultur- und Geschichtsvereinen, Mitglieder von Theatergemeinden u. a. m. Zu den Spitzen dieser Verbände und Institutionen bestehen nicht nur persönliche Kontakte, ihre Presseorgane und Verteiler dienen häufig auch als Informationsschienen für unsere Ausstellungs-PR. Redaktionelle Beiträge erscheinen dort regelmäßig und erreichen – ohne nennbaren Kostenaufwand für unser Haus – viele Leser.

Ein wichtiges Feld, auf das ich Ihr Augenmerk besonders lenken will, sind die neuen Medien, in Bayern immerhin 50 Radiostationen und 17 regionale Fernsehstationen. Diese inzwischen gefestigte Struktur bietet der Kulturarbeit ein weites Betätigungsfeld, das noch viel zu wenig Beachtung findet. Eine Nebenbemerkung sei mir gestattet. Ein schmerzliches Desiderat sollte möglichst bald behoben werden: die fehlende Archivierung auf diesem Sektor der audiovisuellen Medien. Hier wäre Kooperation aller Interessierten dringend geboten.

Ganz gezielt haben wir uns dem Jugendbereich gewidmet. Mit Jugendherbergen und Schullandheimen halten wir engen Kontakt; auch das Schulwandern betreuen wir im Verbund mit der Deutschen Bundesbahn. Zum Stammpublikum kommt bei jeder Ausstellung die meist schwer beschreibbare und oft nur mit viel Unsicherheit planbare Großgruppe der „themenspezifisch Interessierten", die eine Affinität zu bestimmten Bereichen des Gesamtangebotes haben oder deren Interesse durch Werbe- und PR-Arbeit geweckt wurde. Bei der Salz-Ausstellung war eine besonders breit angelegte Kooperationsarbeit nötig.

Zunächst wurde eine Werbeagentur beauftragt, die für uns vor allem das Feld der Medien zu bestellen hatte. Im Mittelpunkt der Kampagne standen die Komplexe Gesundheit, Schönheit und Essen, Bereiche, auf die Historiker sicherlich zu allerletzt gekommen wären. Mit redaktionellen Beiträgen, auch in der Yellow Presse, der Belieferung auch der neuen Medien, mit Wettbewerbs- und Spielangeboten u. ä. mehr, wurde das Thema „Salz" zunächst ins Blickfeld gerückt, um für die spätere Ausstellungswerbung den Boden zu bereiten. Ein Statement auf einem Medizinerkongreß, die Teilnahme bei einer Podiumsdiskussion der chemischen Industrie, Vorträge beim Verband deutscher Ingenieure und beim Verband der deutschen Salzindustrie gehören für mich persönlich zu den anregenden Erfahrungen dieser weitgespannten Zusammenarbeit.

Eine wichtige Funktion in der Tourismuswerbung hatte dabei das vorher erwähnte Begleitprogramm, das auf über 80 Seiten verschiedenste Aktivitäten, vom Säumerzug bis zum Stadtfest, vom Straßentheater bis zur Vortragsreise, vom lokalen Ausstellungsprojekt bis zur Wanderung in Klausen und Triften anbot. In die gleiche Richtung zielte das ebenfalls bereits erwähnte kulturhistorische Exkursionsangebot, das einen durchgängigen Radwanderweg zwischen Berchtesgaden und Rosenheim schuf.

Themenspezifische Zielgruppen, die wir durch unterschiedlichste Maßnahmen ansprachen, waren weiterhin: im medizinischen Bereich Ärzte und Apotheker, alle im balneologischen und Kurbereich Beschäftigten, die Kurpatienten gerade etwa in Bad Reichenhall, für den industriellen Bereich chemische Werke wie Wacker und Hoechst, für die Salz der unverzichtbare Grundstoff ist, aber auch Ansprechpartner im Lebensmittelbereich, man denke nur an Brezen, Sauerkraut, Käse, Salzheringe, Essiggurken, und in der Getränkeindustrie die Hersteller von Mineralwasser und Brauereien. Insgesamt wurde in diesem Bereich über Innungen, Verbandsgeschäftsführungen, Personalstellen und Betriebsräte, aber auch Betriebs- und Werkszeitungen mit zum Teil erstaunlichen Auflagen die Botschaft an die Mitarbeiter gebracht und damit weiteres Publikum gewonnen. Unser damaliger Hauptpartner war die Bayerische Hütten- und Salzwerke AG, heute ein Teil des VIAG-Konzerns. Sie war Mitveranstalter und mit Berchtesgaden und der Alten Saline Bad Reichenhall auch Hausherr von zwei Präsentationsorten.

Damit zum 3. Segment unseres möglichen Publikums, den Urlaubern und Touristen. Unser Haus pflegt seit Jahren die Kooperation mit den Fremdenverkehrsverbänden, die uns auch einen Teil der touristischen Vermarktung abnehmen. Da wir beide etwas von diesem Deal haben, ist die Grundlage

ausgesprochen tragfähig. So sind wir direkt oder indirekt bei den großen
Messen der Reise- und Touristikveranstalter präsent, gelangen über die Deut-
sche Zentrale für Tourismus in die internationale Werbung, sind mit
Package-Angeboten verschiedener Veranstalter auf dem Markt und erreichen
Hotels, Zimmervermieter und Gaststätten. Auch die Betreuung und Informa-
tion von Reisejournalisten übernehmen wir gemeinsam. Der vorher genannte
Salinenweg ist von den Fremdenverkehrsverbänden besonders begeistert
aufgenommen und in die Werbung einbezogen worden.

Gerade beim Radwandern setzten wir zusätzliche Akzente. Aus der
Zusammenarbeit mit dem Allgemeinen Deutschen Fahrradclub entstand das
Projekt einer Sternfahrt. Die große Radltour des Bayerischen Rundfunks, an
der Tausende teilnehmen und die zugleich ein bayerisches Medienereignis
ist, startete in Bad Reichenhall, und eine Reihe von Radreiseveranstaltern
unterbreitet einschlägige Angebote. Die Schiffahrt auf den bayerischen Seen
bezogen wir in Zusammenarbeit mit der Schlösser- und Seenverwaltung in
unser Werbekonzept ebenso mit ein wie die Königsschlösser, allen voran
Herrenchiemsee.

Ausstellungen sind in der Tat ein Produkte, die nur aus dem Zusammenwirken vieler entstehen. Das Geschäft des Ausstellungsmachers verlangt
hohe Kommunikations- und Kooperationsbereitschaft, wie ich Ihnen an einigen Beispielen aus der Praxis meines Hauses zu zeigen versucht habe. Vielleicht lassen sich aus diesen Erfahrungen auch Schlußfolgerungen ableiten
für eine effiziente Kulturarbeit, die Sie und andere Kulturmenschen in unserem Lande zu leisten haben – eigenständig und selbstbewußt, nicht unter
dem Diktat einer fragwürdigen Marketingterminologie und ökonomistischer
Erfolgsorientierung.

Erlauben Sie mir zum Schluß noch einen kleinen Ausflug ins Allgemeine. Die
kulturwissenschaftliche Diskussion spricht inzwischen von einem Paradig-
mawechsel in den Geisteswissenschaften. Bei dem Anglisten Klaus P. Hansen
ist zu lesen: „In letzter Konsequenz führt das neue Paradigma zu der Einsicht,
daß wir die Wirklichkeit, in der wir leben, selbst erfinden. Sie ist ein Kon-
strukt der Kultur." Kultur also wird zum bestimmenden gesellschaftlichen
Faktor, ein Grund mehr, die eigene Rolle zu überdenken.

Ich zitiere weiter: „Durch ihre Standardisierungen verleiht sie den natürlichen
und artifiziellen Fakten eine Bedeutung; sie verleiht den Dingen und Mitmen-

schen Eigenschaften, so daß die Mehrheit mit bestimmten Gefühlen reagiert. Sie strukturiert unseren Alltag durch Institutionen und formt unsere Meinungen durch Stereotypen des Denkens."

Wenn diese Erkenntnis richtig ist, dann fällt auch auf unser Thema ein neues Licht – doch das wäre ein eigener Vortrag.

Massenakten zur Zeitgeschichte

Gemeinsame Arbeitssitzung unter Leitung von *Gerhard Taddey*

Ulrich Ringsdorf
Das Lastenausgleichsarchiv in Bayreuth.
Stand – Aufgaben – Auswertungsmöglichkeiten

Mit dem Zusammenbruch von 1945 verloren 14 Millionen Deutsche in den östlichen Reichsgebieten und in den deutschen Siedlungsgebieten Ostmittel-, Ost- und Südosteuropas ihr Hab und Gut, ihre Existenzgrundlage, ihre Heimat – und ca. 2 Millionen von ihnen ihr Leben auf der Flucht, in Lagern, während der Deportation in die Sowjetunion, oder sie werden vermißt. Die Millionen Vertriebenen und Flüchtlinge strömten nun in den verbliebenen Rest des Deutschen Reiches, der seinerseits weitgehend zerstört war. In ein Gebiet also, wo die Wirtschaft zusammengebrochen war und für große Teile der Bevölkerung durch Bombenkrieg und Erdkämpfe ebenfalls Wohnung und Existenzgrundlage vernichtet waren. Die innenpolitische Antwort der jungen Bundesrepublik auf diese beispiellose Katastrophe war der Lastenausgleich mit den drei Zielen: Milderung der unmittelbaren Not, Abgeltung der Schäden, Eingliederung der Heimatlosen.

Seit Verabschiedung des Lastenausgleichsgesetzes im Jahr 1952 wurden von der Ausgleichsverwaltung ca. 57 Millionen Anträge bearbeitet, die Zahl der Akten, die dabei entstanden, dürfte nur wenig geringer sein. Die Überlegungen, was aus den Akten der Ausgleichsverwaltung werden soll, Bemühungen um eine eventuell zentrale Archivierung jener Akten, die speziell Vertreibungsschäden betreffen, reichen zurück in die sechziger Jahre. Den Anstoß gab 1968 der damalige Kölner Städtische Oberarchivrat Hugo Stehkämper mit einer engagiert formulierten 16-seitigen Eingabe an das Düsseldorfer Kultusministerium. Stehkämpers Forderung lautete – ich zitiere aus seiner Zusammenfassung: „Die Einrichtung eines als Zweigstelle des Bundesarchivs konstruierten Ostarchivs, das auf 25 bis 30 Regalkilometer den Niederschlag beispielloser Not und ihrer beispiellosen Überwindung zu bergen hätte, wäre eigentlich die am wenigsten außergewöhnliche Konsequenz deutschen Kriegs- und Nachkriegsschicksals."

Meine Damen und Herren, an der Diskussion um die zentrale Archivierung der Lastenausgleichsakten waren in der Folgezeit die Aktenproduzenten (also die Ausgleichsverwaltung) und waren Interessentenvertreter (also die Vertriebenenverbände) stärker beteiligt, als wir Archivare es gewohnt sind.

Aber es waren an dieser Diskussion auch Archivare beteiligt. Das Bundesarchiv wurde in dieser Diskussion mehr geschoben als es gezogen hat. Es wurden aber auch ganz andere Lösungen diskutiert als die zentrale Archivierung im Bundesarchiv. Beispielsweise wurde lange dafür plädiert, die Unterlagen dezentral nach Vertreibungsgebieten zu archivieren. In einem Bayerischen Staatsarchiv sollte alles zusammenkommen, was die Sudetendeutschen betrifft, im Staatsarchiv X die Lastenausgleichsunterlagen der Vertriebenen aus Schlesien, im Staatsarchiv Y die Unterlagen der Vertriebenen aus Ostpreußen etc. Man ist dann von dieser Vorstellung abgegangen,
- weil die Archivierung ein Torso bleiben müßte, wenn auch nur ein einziges Bundesland da nicht mitzog;
- weil der Aufwand der Umverteilung noch größer gewesen wäre als bei der zentralen Archivierung;
- weil die dezentrale Archivierung die umfassende Erforschung der Vertreibung der ost- und südostdeutschen Bevölkerung außerordentlich erschwert hätte.

Nach den jahrelangen Diskussionen und Vorbereitungen stand schließlich im Januar 1988 das Gesetz über die zentrale Archivierung von Unterlagen aus dem Bereich des Kriegsfolgenrechts im Bundesgesetzblatt. Ein Bundesgesetz war notwendig, um die in der Verfügungsgewalt der Länder, Kreise und Kommunen liegenden Akten in die Verfügungsgewalt des Bundes zu überführen. Das Lastenausgleichsarchiv ist die einzige Dienststelle des Bundesarchivs, die eine gesonderte gesetzliche Grundlage hat. Im April 1988 wurde durch Errichtungserlaß des Bundesministers des Innern Bayreuth als Sitz des Lastenausgleichsarchivs bestimmt. Nach den erforderlichen Umbaumaßnahmen nahm das Lastenausgleichsarchiv Anfang 1990 in einer ehemaligen Gardinenfabrik als vorläufiger Unterkunft mit 17 Mitarbeitern seine Arbeit auf. Die Lagerkapazität der Zwischenunterkunft mit 9,4 km wird demnächst – Ende 1997 – erschöpft sein. Bis zum Bezug des Neubaues mit 45 km Magazinkapazität Anfang 1999 gilt es dann zu improvisieren.

Welche Bestände werden nun im einzelnen im Lastenausgleichsarchiv verwahrt? Das Dokumentationsziel wird in der Begründung zum vorgenannten

Gesetz wie folgt formuliert: Das gewaltige Aktenmaterial soll künftig so erhalten werden, daß es der Dokumentation
- des im Rahmen des Lastenausgleichs erfaßten Gesamtschadens,
- des Vertreibungs- und Aussiedlerschicksals,
- der gesellschaftlichen, sozialen und kulturellen Verhältnisse in den Ostgebieten des Deutschen Reiches und in den ost- und südosteuropäischen Siedlungsgebieten in den Jahrzehnten bis zum Beginn der Vertreibungsmaßnahmen,
- der Lebensumstände der Deutschen in Aussiedlungsgebieten zwischen Kriegsende und Aussiedlung
- und der Tätigkeit und Wirkungsweise der gesamten Ausgleichsverwaltung,
dienen kann.

Um eine Auswahl jener Schriftgutgruppen zu treffen, welche die Erreichung des oben vorgetragenen Dokumentationsziels gewährleisten, war bereits 1978 ein sog. „Technischer Bund-Länder-Ausschuß für die zentrale Archivierung von Lastenausgleichsunterlagen" konstituiert worden, der mit Vertretern aus Archivverwaltungen und Ausgleichsverwaltungen besetzt war. Dieser Ausschuß legte in seinem Abschlußbericht von 1985 ein Archivierungskonzept vor, das seinen Niederschlag gefunden hat in der Verordnung zur Durchführung der zentralen Archivierung von Unterlagen aus dem Bereich des Lastenausgleichs vom Februar 1988. Hier ist nicht nur festgelegt, was archiviert werden soll, sondern auch, wie archiviert werden soll.

Bleiben wir bei dem „was". Den Kern und gleichzeitig den umfangmäßig gewichtigsten Teil bilden die ca. 3 Millionen positiv beschiedenen Feststellungsakten, die sich auf Verluste an Einheitswertvermögen in den Vertreibungsgebieten beziehen. Also auf die wesentlichen Vermögensschäden wie Haus- und Grundvermögen, land- und forstwirtschaftliches Vermögen und Betriebsvermögen. Feststellungsakten beinhalten quasi die Beweisführung bis zur Anerkennung bzw. Nichtanerkennung eines gemeldeten Schadens.

Von diesen 3 Millionen Einzelfallakten mit einer Vielzahl erhaltener Originaldokumente (z.B. Grundbuchauszüge, Grundrißpläne, Fotografien) sind bisher ca. 700.000 nach Bayreuth abgegeben worden. Dokumentationsziel ist die Darstellung der Lebens- und Besitzverhältnisse von Deutschen in den ehemaligen deutschen Ostgebieten und Siedlungsgebieten. Bei den positiv beschiedenen Feststellungsakten sprechen wir von einer Vollarchivierung.

Nun wurden natürlich auch Anträge auf Schadensfeststellung abgelehnt, sei es aus formalen Gründen, wegen mangelnder Glaubhaftmachung oder wegen Betrugsabsicht. Von diesen negativ beschiedenen Feststellungsakten soll zumindest der Teil archiviert werden, der geeignet ist, zum o.g. Dokumentationsziel beizutragen. Dazu zählen z.b. Akten, die wegen Überschreitung der Antragsfrist oder Unterschreitung der Bagatellgrenze abgelehnt wurden, gleichwohl aber tatsächlich entstandene Vermögensschäden dokumentieren. Von den insgesamt 300.000 Einzelfallakten dieses Überlieferungsteils werden bisher ca. 42.000 in Bayreuth archiviert.

Zur Funktionsdarstellung der ganzen Bandbreite des Leistungsbereichs des Lastenausgleichs wird eine Auswahlarchivierung durchgeführt. Für jede der 20 Leistungsarten wie Soforthilfe, Ausbildungshilfe, Hilfsmaßnahmen zum Aufbau einer Existenz usw., ist ein Archivierungsmodell mit jeweils 2.000 Aktenbeispielen eingerichtet. Die Auswahl der Aktenbeispiele wird anhand vorgegebener Fallgruppen und Fallzahlen so getroffen, daß Tätigkeit und Wirkungsweise der Ausgleichsverwaltung für jede einzelne Leistungsart erkennbar ist.

Zusätzlich zu dieser systematischen Archivierung und unabhängig von den Fallzahlen sind die Ausgleichsämter gehalten, Einzelfälle „von besonderer Bedeutung" für die Archivierung auszuwählen wie beispielsweise Fälle bekannter Persönlichkeiten, Fälle mit besonders markanten Schicksalen, mit besonders hohen Schadensbeträgen, u. ä. Diese Auswahlarchivierung ist mit ca. 43.000 Akten im wesentlichen abgeschlossen.

Von folgenden für die Archivierung in Bayreuth vorgesehenen Schriftgutgruppen aus dem Bereich des Lastenausgleichs sind noch keine Unterlagen nach Bayreuth abgegeben worden: Als erstes nenne ich die Unterlagen der Heimatauskunftstellen im Umfang von rund 500 Metern. Die insgesamt 34 Heimatauskunftstellen waren maßgeblich an der Prüfung der Feststellungsanträge beteiligt und haben unter Mitwirkung ortskundiger Personen ortsbezogene Aufstellungen über die Eigentums- und Besitzverhältnisse, die sogenannten Grund- und Betriebslisten, angelegt und fortgeschrieben. Diese Listen sollen ebenso wie die Sammlungen von Hilfsmitteln und Generalakten vollständig archiviert werden.

Zweitens die Unterlagen der Vororte. Die Vororte sind von der Ausgleichsverwaltung als Fachbewertungsstellen für die Verluste an Betriebsvermögen eingerichtet worden. Die Übernahme der bei allen Vororten geführten Betriebs- und Namenskarteien sowie der Generalakten, in denen Spezialkenntnisse über die jeweilige Branche gesammelt werden, soll zur Abbildung der Wirtschafts- und Sozialstruktur in den Vertreibungsgebieten beitragen. Als letzter Bestand in diesem Zusammenhang sind die Akten der sonderzuständigen Ämter zu nennen. Die sonderzuständigen Ämter, deren Aufgabe es ist, Anteilsrechte an Kapitalgesellschaften zu bewerten, führen sog. „Hauptakten", die für das jeweilige Unternehmen den gesamten Vermögenswert darstellen. Die Archivierung dieser Hauptakten soll ebenfalls dem Dokumentationszweck Abbildung der Wirtschafts- und Sozialstruktur dienen.

Lassen Sie mich an dieser Stelle noch einflechten, daß über die geplante Vollarchivierung e i n e s Bestandes aus dem Lastenausgleich mit der Wiedervereinigung die Zeitabläufe hinweggegangen sind. Es handelt sich um jene Feststellungsakten, die Vermögensschäden in der ehemaligen DDR belegen. Soweit bereits ins Archiv gelangt, mußten sie 1992 für die Bearbeitung von Rückforderungsverfahren an die Ausgleichsämter zurückgegeben werden. Wie diese Akten später einmal archiviert werden, darüber ist noch nicht entschieden.

Ich habe bisher immer nur vom Lastenausgleich gesprochen – und in der Tat, unsere Dienststelle firmiert ja auch als Lastenausgleichsarchiv. Doch ist dies nicht ganz korrekt! Denn nach dem Gesetz über die zentrale Archivierung von Unterlagen aus dem Bereich des Kriegsfolgenrechts ist nicht nur die Archivierung von Unterlagen aus dem Lastenausgleich (§ 1), sondern auch gemäß dem § 2 die Übernahme von Unterlagen der Heimatortskarteien vorgesehen. Die Heimatortskarteien – ein Gemeinschaftswerk der kirchlichen Wohlfahrts-verbände – führen zur Klärung des Schicksals der ehemaligen deutschen Bevölkerung in den Vertreibungsgebieten umfangreiche Karteien (Ortskarteien, Straßenkarteien, Namenskarteien etc.), die in ihrer Gesamtheit einen weitgehend vollständigen Überblick über den Personenstand der Deutschen in den Vertreibungsgebieten bilden. Durch die Archivierung der insgesamt sieben Heimatortskarteien mit 22 Millionen Karteikarten im Lastenausgleichsarchiv wird also neben einem Vermögensnachweis ein zentraler Personenstandsnachweis realisiert.

Eine Reihe von Aktenbeständen des Bundesarchivs, die inhaltlich dem Bereich Flucht und Vertreibung zuzuordnen sind und nach dem Bundesarchivgesetz übernommen wurden – also nicht dem Lastenausgleichsarchiv-Gesetz unterliegen – sind inzwischen zur Erweiterung der Forschungsmöglichkeiten von Koblenz nach Bayreuth verlagert worden. Hierzu zählen die Überlieferung des Bundesausgleichsamtes, seines Vorgängers, des Amtes für Soforthilfe, das von 1949 – 1952 bestand, und die Ost-Dokumentation, die in den fünfziger Jahren auf Initiative des Bundesministeriums für Vertriebene erarbeitet wurde.

Bei dieser Quellensammlung handelt es sich um über 6.000 Aktenbände mit Berichten und Befragungen von zahlreichen Flüchtlingen und Vertriebenen zu ihrem Vertreibungsschicksal, aber auch um Tätigkeitsberichte von beamten und Amtsträgern zu Fragen der Verwaltung, Wirtschaft, Kultur und der sozialen Verhältnisse in den Vertreibungsgebieten. Diese Dokumente sind Ersatzquellen über historische Vorgänge, zu denen amtliche Akten nicht vorliegen oder keine hinreichende Aussagekraft besitzen.

Abschließend noch einige Worte zu den wissenschaftlichen Auswertungs- und Nutzungsmöglichkeiten. Durch die zentrale Archivierung der Unterlagen aus dem Bereich des Kriegsfolgenrechts sowie der Ost-Dokumentation entsteht eine geschlossene Überlieferung zum Vertreibungskomplex. Angesichts der Zerstörung und der Verluste an Schriftgut in den Vertreibungsgebieten und angesichts der Tatsache, daß das Vertreibungsgeschehen selbst in seinem ganzen dramatischen Ausmaß wenig Niederschlag in amtlichen Akten gefunden haben dürfte, stellt die Überlieferung im Lastenausgleichsarchiv in vielerlei Hinsicht die einzige Quelle dar zu den persönlichen, wirtschaftlichen und rechtlichen Verhältnissen der Deutschen vor ihrer Vertreibung und ihrem späteren Vertreibungsschicksal.

Wissenschaftliche Benutzungen können sinnvollerweise erst einsetzen, wenn eine gewisse Quellenbasis vorhanden ist. Die wissenschaftliche Benutzung der nach dem Lastenausgleichsarchivgesetz übernommenen Archivalien ist bis auf weiteres nur in beschränktem Umfang möglich, da erst ein Teil dieser Unterlagen übernommen werden konnte. Die große Masse der zu übernehmenden Lastenausgleichsunterlagen – nämlich die Feststellungsakten – wird bereits im vorarchivischen Feld in Zusammenarbeit mit der Ausgleichsverwaltung IT-gestützt erschlossen. Kleinere Schriftgutgruppen werden im Lastenausgleichsarchiv ebenfalls mittels EDV erfaßt. Die 23 Millionen Karteikarten der Heimatortskarteien werden IT-gestützt erschlossen und in digitalisierter Form in das Lastenausgleichsarchiv übernommen. Nach Abschluß der Archivierungsaktion in etwa 8-10 Jahren werden für Wissenschaftler mit historischen und sozialwissenschaftlichen Themenstellungen eine Vielzahl von Daten zur Verfügung stehen, die sich auch für quantifizierende Auswertungen anbieten.

Am intensivsten genutzt wird derzeit noch die Ost-Dokumentation und zwar fast ausschließlich von ausländischen Wissenschaftlern, insbesondere aus Polen. Freilich haben wir auch deutsche Benutzer, die zunehmend auch die Feststellungsakten als ergiebige Quellen entdecken. Es handelt sich um Heimat- und Familienforscher.

Rainer Brüning
Vermögenskontrolle nach 1945. Quellen an der Nahtstelle zwischen
Drittem Reich und früher Bundesrepublik

Lassen Sie mich mit einer Abschweifung beginnen: Sie alle kennen Jacob
Burckhardts Wort vom archivalischen „Schuttschleppen". Gerade die „viri
eruditissimi" wurden nicht von seiner Ironie verschont, doch betonte er zugleich unmißverständlich, daß das Amt und die Wissenschaft des Archivars
in der allgemeinen Pflicht des Rettens und Konservierens bestehe, auch wo
die Aussicht auf historische Nutzbarkeit ferne liegt.[1] Noch ein wenig staubbe-
deckt versuche ich heute Ihnen einen kurzen Werkstattbericht von einem
gemeinsam vom Staatsarchiv Ludwigsburg und der Landesarchivdirektion
Baden-Württemberg durchgeführten Projekt zur Erschliessung von Akten
der alliierten Vermögenskontrolle nach dem 2. Weltkrieg zu geben. Bekanntermaßen stellt der Fund von Edelsteinen im Archiv eher die Ausnahme dar,
doch möchte ich Ihnen einen teilweise unbekannten oder vernachlässigten
Aktenbestand näherbringen, der von großer Bedeutung für die Geschichte
der Nachkriegszeit und des Dritten Reiches ist. – Die historische Nutzbarkeit
liegt nicht etwa fern, sondern ist ein Gebot der Stunde.

Vermögenskontrolle, was ist das?[2] Die unmittelbar mit Einmarsch der alliierten Truppen einsetzende Vermögenskontrolle stellt eine direkte Verbindung
zwischen den beiden großen von den Siegermächten veranlaßten Maßnahmen zur Entnazifizierung und Wiedergutmachung her.[3] Die amerikanische

---

1 Vgl. Jacob Burckhardt, Über das Studium der Geschichte. Der Text der 'Weltgeschichtlichen
Betrachtungen' auf Grund der Vorarbeiten von Ernst Ziegler nach den Handschriften hg. von
Peter Ganz. München 1982, S. 27 u. S. 102.
2 Vgl. Rainer Brüning, Vermögenskontrolle nach 1945. Eine Aktenübernahme von der Oberfinanzdirektion Stuttgart. In: Robert Kretzschmar (Hg.), Historische Überlieferung aus Verwaltungsunterlagen. Zur Praxis der archivischen Bewertung in Baden-Württemberg. Stuttgart
1997 (Werkhefte der Staatlichen Archivverwaltung Baden-Württemberg, A 7), S. 171-178.
Wichtige Informationen zur Behördengeschichte finden sich in den Beständen des Finanzministeriums im Hauptstaatsarchiv Stuttgart (EA 5/001, Nr. 139; EA 5/102, II.A.42 und
V.H.1).
3 Vgl. neben den einschlägigen Amts-, Regierungs und Gesetzesblättern bzw. -sammlungen
nebst Kommentaren für die Amerikanische Militärregierung, Württemberg-Baden und
Baden-Württemberg insbesondere: Hans Döll, Konrad Zweigert, Gesetz Nr. 52 über Sperre
und Beaufsichtigung von Vermögen. Kommentar. Stuttgart 1947; Erich Schullze (Hg.), Gesetz
zur Befreiung von Nationalsozialismus und Militarismus vom 5. März 1946, 2. ergänzte
(Fortsetzung...)

Militärregierung für Deutschland beschrieb ihr Ziel wie folgt: „The general objective of the property control function of Military Government in the static period is the imposition of control over certain properties located in Germany, as a necessary step towards the accomplishments of the general objectives of the occupation including denazification, demilitarization, concomitant deindustrialization, relief, restitution, reparations, and assuring that Germany will never again threaten her neighbors or the peace of the world."[4]

Die Vermögenskontrolle war somit ein wesentlicher Bestandteil der alliierten Nachkriegspolitik. Auch die entsprechende deutsche Fassung des eben zitierten Textes aus dem Jahre 1946 benennt allgemein die Bereiche Entnazifizierung, Entmilitarisierung und Entindustrialisierung auf der einen, Wiedererstattung, Wiedergutmachung und Hilfsleistungen auf der anderen Seite. Erstere wurden nun aber konkret damit begründet, daß es notwendig sei, die belasteten Personen aus ihren Macht- und Einflußstellungen zu entfernen, letztere, daß es gelte, den Opfern der Nazi-Unterdrückung, Staaten und Einzelpersonen, „ein letztes Hilfsmittel zu verschaffen."[5]

Die Vermögenskontrolle oblag gemäß Gesetz Nr. 52 der Militärregierung Deutschland im damaligen Württemberg-Baden direkt der amerikanischen Militärregierung. Sie errichtete ein zentrales Land Property Control Bureau in Stuttgart und 29 Property Control Offices auf Kreisebene. Diese beschäftigten sich nicht bloß mit „NS-Vermögen", also dem Besitz von Staat, NSDAP, belasteten Firmen und Personen, sondern arbeiteten zugleich an der erst später, 1947 im Gesetz Nr. 59 ausgestalteten Rückerstattung, d.h. der tatsächlichen Rückgabe oder Entschädigung von Grund- und Vermögenswerten

---

3　(...Fortsetzung)
　　Auflage München 1947; Christoph Weisz (Hg.), OMGUS-Handbuch. Die amerikanische Militärregierung in Deutschland 1945-1949. München 1994 (Quellen und Darstellungen zur Zeitgeschichte, 35); Klaus-Dietmar Henke, Die amerikanische Besetzung Deutschlands, 2. Auflage. München 1996 (Quellen und Darstellungen zur Zeitgeschichte, 27); Paul Sauer, Demokratischer Neubeginn in Not und Elend. Das Land Württemberg-Baden von 1945 bis 1952. Ulm 1978; Constantin Goschler, Wiedergutmachung. Westdeutschland und die Verfolgten des Nationalsozialismus (1945-1954). München 1992 (Quellen und Darstellungen zur Zeitgeschichte, 34); Clemens Vollnhals, Thomas Schlemmer (Hg.), Entnazifizierung. Politische Säuberung und Rehabilitierung in den vier Besatzungszonen 1945-1949. München 1991.

4　Office of Military Government for Germany, US (Hg.): Title 17. Military Government Regulations. Property Control for Germany, o.O., o.J., S. 12.

5　Amt der Militärregierung für Deutschland (US Zone) (Hg.): Titel 17. Finanzabteilung APO 742. Revidiert am 1. September 1946, 2. berichtigte Auflage. o.O. [1946] (Dienstanweisungen des Landesamtes für Vermögensverwaltung und Wiedergutmachung, 1), S. 11.

vornehmlich jüdischer Alteigentümer. Ihre Tätigkeit ging im Juni 1946 auf deutsche Stellen, die Abteilung VI des Finanzministeriums „Verwaltung der Gesperrten Vermögen" über, der die 29 Ämter für Vermögenskontrolle unterstanden. 70% des bisherigen deutschen Personals wurde beibehalten, ebenso die amerikanische Oberaufsicht. Noch im März 1947 scheint es zu vereinzelten Konflikten zwischen deutschen und amerikanischen Dienststellen um Weisungsbefugnisse und Kontrollrechte gekommen zu sein. Innerhalb der deutschen Verwaltung waren bereits im Juli 1946 von badischen Vertretern Vorbehalte gegen die Stuttgarter Zentrale geäußert und vergeblich die Errichtung einer speziellen Dienststelle bei der badischen Landesbezirksverwaltung gefordert worden.

Der Höchststand der kontrollierten Vermögen in Württemberg-Baden lag bei ca. 19.000 Vermögen mit etwa 7.000 Treuhändern und einem Wert von 3,6 Milliarden Mark, der Höchststand an Personal betrug im Jahre 1948 600 Personen. Die Ämter für Vermögenskontrolle wurden mit Erledigung ihrer Aufgaben nach und nach aufgelöst, die noch verbliebenen Geschäfte 1952 von der Oberfinanzdirektion Stuttgart für die Regierungsbezirke Nordwürttemberg und Nordbaden übernommen. Pläne zur Vernichtung der in Stuttgart zusammengezogenen Akten scheiterten im Jahre 1954 nicht so sehr wegen der möglicherweise zu beachtenden Aufbewahrungsfristen. Entscheidend waren vielmehr rechtliche Bedenken in Bezug auf mögliche Regreßansprüche und hoheitliche Befugnisse der Alliierten. Die Akten der Vermögenskontrolle für Württemberg-Baden befinden sich jetzt im Staatsarchiv Ludwigsburg, für Württemberg-Hohenzollern in Sigmaringen und für (Süd-) Baden in Freiburg.

Die in den Jahren 1990 bis 1997 aus den geheimnisvollen Kellern der Oberfinanzdirektion Stuttgart in das Staatsarchiv Ludwigsburg übernommenen Akten bilden den Bestand EL 402 mit 450 lfd.m. Umfang. Die Laufzeit erstreckt sich im allgemeinen von 1945 bis in die späten 1950er Jahre. Die Generalia umfassen ca. 10%, der Rest sind Einzelfallakten. Während erstere leicht chaotisch erscheinen, zeichnen sich letztere immerhin durch ein Aktenzeichen aus, das nicht nur die territoriale Zugehörigkeit anzeigt, sondern vor allem, welche der zehn verschiedenen Arten der Vermögenskontrolle überhaupt durchzuführen ist:
1. Das Vermögen der Vereinten Nationen und Neutraler wird unterschieden in
   - Alliiertes Vermögen (A),
   - Erbeutetes oder verschlepptes Vermögen aus Gebieten außerhalb Deutschlands (F),

- Vermögen, das unter Druck oder Zwang übertragen wurde (G),
- Vermögen neutraler Staaten und ihrer Staatsangehörigen (K).

2. Das Deutsche Vermögen wird unterschieden in
- Deutsches Staatsvermögen (B),
- Vermögen der NSDAP und ihrer Mitglieder (C)
- Sonstiges feindliches Vermögen (D),
- Vermögen von Personen, die auf der schwarzen Liste stehen (E),
- Vermögen von abwesenden deutschen Eigentümern (H),
- Sonstiges Vermögen (J).

Die Masse des Materials stellen hierbei die Gruppen A (hauptsächlich ameri-
kanische Staatsbürger deutscher Abstammung), G (vornehmlich jüdisches
Vermögen), B (in der Regel Wehrmacht) und C (Mitglieder, Funktionäre und
Unterorganisationen der NSDAP). Die IG-Farben allerdings firmiert unter J
(Sonstiges Vermögen). Die Einzelfallakten selbst enthalten normalerweise die
Ermittlungsunterlagen zu Tätern und Opfern, die Arbeit des staatlich eingesetzten Treuhänders, Angaben zur Vermögensaufsicht, Miet- und Pachtver-
träge, Außenprüfungsberichte, Sonderausgaben, den allgemeinen Schriftwechsel und die abschließende Freigabe aus der Vermögenskontrolle. Neben
der Provenienzvermischung bereitet vor allem der Umstand Schwierigkeiten,
daß zwar alle Akten nach dem Namen des Eigentümers formiert werden
sollten, tatsächlich aber zahllose Verwechslungen zwischen Eigentümer
(owner), Besitzer (occupant) und Treuhänder auftreten. Die behördlichen
Findmittel selbst erwiesen sich als lückenhaft und in ihren Angaben unzuver-
lässig.

Eine Erschliessung, die sich an der Struktur der Akten, potentiellen Nutzer-
interessen, den begrenzten Ressourcen des Archivs und den bisherigen Erfahrungen des Staatsarchivs Freiburg orientiert, sieht die Oberfinanzdirektion
Stuttgart als Endprovenienz an, dessen Gesamtbestand in 1. Generalia und 2.
Landkreise A-Z unterteilt wird. Erstere können noch nach (Vor-) Provenienzen geordnet werden, letztere werden nach Ort, Vermögenskontrollart und
Namen erschlossen. Die Gegenakten der Ober- und Unterbehörden werden
unter einer Verzeichnungsnummer zusammengeführt, bleiben aber physisch
getrennt. Bei den G-Fällen, den unter Zwang erfolgten Eigentumsübertragun-
gen, ist es überaus wichtig, alle relevanten Namen zu erfassen: die der ehemaligen Eigentümer und die der späteren Besitzer.

Bis jetzt sind im Staatsarchiv Ludwigsburg für 17 Landkreise Findbücher mit knapp 9.000 Titelaufnahmen für 175 lfd.m. erstellt worden. Wir hoffen, am Ende des Jahres auf 200 lfd.m. vorgerückt zu sein. Für die Benutzung gelten natürlich die Auflagen des Landesarchivgesetzes: Da die Akten nicht als Steuerakten qualifiziert werden, können sie bei Angaben über NS-Organisationen, Wehrmacht und Deutschem Reich nach 30 Jahren eingesehen werden. Bei personenbezogenen Akten sind die üblichen 10 Jahre nach Tod bzw. 90 nach Geburt einzuhalten, doch besteht die Möglichkeit zur Sperrfristenverkürzung.

Die Vermögenskontrolle war, was ein kurzer Blick über den Sprengelrand sofort bestätigt, keine regionale Besonderheit, sondern fand gleichzeitig in allen drei westalliierten Besatzungszonen statt, mochte die Behördenorganisation auch jeweils differieren. Im heutigen Baden-Württemberg sind Unterschiede zwischen dem amerikanisch besetzten Württemberg-Baden und den unter französischer Verwaltung stehenden Württemberg-Hohenzollern und (Süd-) Baden zu beachten. Insgesamt zeigen sich jedoch weitgehende strukturelle Übereinstimmungen innerhalb der einzelnen Besatzungszonen wie darüber hinaus: Zum Vergleich könnten hier das amerikanisch kontrollierte Hessen, das britisch verwaltete Niedersachsen oder das französisch bestimmte Rheinland-Pfalz dienen. Ob und inwieweit Varianten in der konkreten Durchführung der Einzelfälle bestanden, muß einer zukünftigen Auswertung der Akten vorbehalten bleiben. Möglicherweise waren die Amerikaner hier etwas konsequenter als andere?

Die allgemeine Überlieferungsbildung weist eine gewisse Bandbreite auf. An einem Ort sind die Akten gar nicht oder nur unvollständig ins Archiv gelangt, andern Orts sind umfangreiche Kassationen im Bereich der vermeintlichen Bagatellfälle vorgenommen worden, an einem dritten verläßt man sich auf die übernommenen Findmittel usw. usw. – Kurz gesagt: Es gibt mehrere vertretbare, von den unmittelbaren Umständen abhängige, Bewertungs- und Erschliessungsmodelle. Zudem scheinen die jeweiligen Benutzungsbestimmungen noch einigen Interpretationsspielraum offen zu lassen.

Eine Anmerkung zur sowjetischen Besatzungszone: Dort traten an die Stelle des Gesetzes Nr. 52 Ende Oktober 1945 die Befehle Nr. 124 und Nr. 126 der Sowjetischen Militäradministration (SMAD), die die Beschlagnahmung des Eigentums von Staat, NSDAP, ihren Unterorganisationen und Mitgliedern verfügten.[6] Der Wortlaut des sogenannten „Sequesterbefehls" ist in unserem Zusammenhang unspektakulär, seine tatsächliche Ausführung war es bekanntermaßen nicht: Reparationen, Entnazifizierung, Enteignung und Bodenreform seien nur als Stichworte für eine von Anfang an andere Politik angeführt. Ihren Niederschlag fanden diese Entwicklungen vornehmlich in den Akten der bis 1952 existierenden Landesregierungen bzw. ihrer Ministerien.[7]

Doch zurück nach Baden-Württemberg. Das Staatsarchiv Ludwigsburg hat sich zu einer Vollarchivierung der Vermögenskontrollakten entschlossen. Eine Bewertungsentscheidung muß nicht zwangsläufig mit einer – wie auch immer gearteten – Kassationsrate verknüpft werden. Bei der Begründung sind zwei Ebenen zu unterscheiden:[8]

1. Die Akten enthalten Informationen, die für damals Geschädigte oder deren Nachkommen von aktueller rechtlicher Bedeutung sein können. Diese wäre allerdings durch eine bloße Verlängerung der Aufbewahrungsfristen zu gewährleisten.

2. Der Gesamtbestand ist von bleibendem historischem Wert. Eine Auswahl nach isolierten geographischen, statistischen oder inhaltlichen Kriterien ist wie bei den vollständig zu archivierenden Spruchkammer- und Wiedergutmachungsakten nicht möglich. Eine Parallelüberlieferung in den Stadt- und Kreisarchiven ist nicht vorhanden.

Die Behörden der Vermögenskontrolle nahmen, wie bereits dargelegt, einen wichtigen eigenständigen Aufgabenbereich im Nachkriegsdeutschland wahr, ihre Organisation selbst war jedoch sehr instabil und ihre konkrete Aufgabenerledigung führte sogar bei den einzelnen Landkreisen zu bemerkenswerten Unterschieden nicht nur in der Aktenführung. Die Gegenakten enthalten unterschiedliche Evidenz- und Informationswerte. Die Akten der Vermögenskontrolle stehen janusgesichtig auf der Schwelle des Jahres 1945: Ihnen kommt ein doppelter Abbildcharakter zu. Sie sind keine bloße Variation der Entnazifizierungs- und Wiedergutmachungsakten. Ihr eigenständi-

---

6 Vgl. Inventar der Befehle des Obersten Chefs der Sowjetischen Militäradministration in Deutschland (SMAD) 1945-1949. Offene Serie. Im Auftrag des Instituts für Zeitgeschichte zusammengestellt und bearbeitet von Jan Foitzik. München 1995 (Texte und Materialien zur Zeitgeschichte, 8), S. 79f.

7 Vgl. Friedrich Beck: Archive und archivalische Quellenlage in den neuen Bundesländern zur Zeitgeschichtlichen Forschung. In: Der Archivar 44 (1991) Sp. 411-428.

8 Vgl. allgemein Robert Kretzschmar, Aussonderung und Bewertung von sogenannten Massenakten. Erfahrungen der staatlichen Archivverwaltung Baden-Württemberg. In: Derselbe, (wie Anm.2), S. 103-118, bes. S. 110-112.

ger Quellenwert besteht in den andernorts so nicht aufzufindenden Einzelinformationen über NSDAP-Mitglieder, die Masse von NS-Organisationen, Wehrmacht, Firmen, Vereine und Institutionen aller Art auf der einen und hauptsächlich jüdische Bürger und Gemeinden sowie Angehörige der Siegerstaaten auf der andern Seite. Gerade die enge und komplexe Verzahnung der Akten untereinander ermöglicht neue Einblicke in die Topographie des Dritten Reiches. Die Zusammenschau der in den Einzelfallakten enthaltenen Informationen ermöglicht einen Qualitätssprung in der Interpretation: Besonders deutlich wird dies bei den unter Zwang übertragenen Vermögenswerten. Hier lassen sich Ort für Ort die vielfältigen Beziehungsgeflechte der Alteigentümer, aber auch die der neuen Besitzergruppen und NS-Profiteure klären. Zugleich werden blitzlichtartig die individuellen sozialen und wirtschaftlichen Verhältnisse in der viel beschworenen Stunde Null beleuchtet.

Der zum Zeitpunkt einer fundamentalen gesamtgesellschaftlichen Krise stattfindende Vorgang der Vermögenskontrolle ist von so einmaliger historischer Bedeutung, daß er flächendeckend, d.h. für jeden Ort dokumentiert bleiben muß, wenn er von der Orts- und Landesgeschichte im allgemeinen, der Alltagsgeschichte und Mikrohistorie im besonderen nutzbringend analysiert werden soll.[9] Das heißt, nicht nur die spektakulären Fälle, die großen Industriebestriebe und die hohen NS-Funktionäre oder die geschändeten Synagogen sind von Interesse, sondern gerade die ach so belächelten Details, die Kleinstvermögen in Form von Sparkassenbüchern, Schmuck, Wohnungs- und Büroeinrichtungen, Häusern, Obstwiesen, Ladengeschäften, Gaststätten und Handwerksbetrieben. Die überall sichtbare Anwesenheit von NS-Institutionen und Wehrmacht, die ökonomische Basis vieler NSDAP-Mitglieder, die Beziehungen zwischen jüdischen Alteigentümern, bzw. ihren Erben, und den neuen Besitzern während und nach dem Dritten Reich, die umstrittenen Aktivitäten der Treuhänder, das Verhalten der deutschen und amerikanischen Behörden, die Firmenbilanzen und Inventare, Kaufverträge und Zeugenberichte, all dies kann in den Akten aufgefunden werden. – Strukturen werden deutlich, Einzelschicksale nachvollziehbar. Die Möglichkeiten zur Auswertung sind Legion. Ich betone: Nur in seiner Gesamtheit bleibt der Bestand für alle Fragen zu Tätern und Opfern, zu Drittem Reich und Nachkriegsdeutschland offen.

---

9 Vgl. programmatisch Hans Medick, Weben und Überleben in Laichingen 1650-1900. Lokalgeschichte als Allgemeine Geschichte. Göttingen 1996 (Veröffentlichungen des Max-Planck-Instituts für Geschichte, 126).

Die Akten der Vermögenskontrolle helfen in besonderer Weise die Lücken in der Überlieferung des Dritten Reichs, vor allem im Bereich der „Arisierung", zu ergänzen und können im Zusammenspiel mit den Akten des Landesamtes für Wiedergutmachung, der Spruchkammern und der Schlichter für Wiedergutmachung bei den Amtsgerichten wie auch den Akten der amerikanischen Militärregierung – OMGUS – weiterführende Erkenntnisse über zentrale Vorgänge der deutschen Geschichte zutage fördern. Zum Beleg möchte ich auf zwei Neuerscheinungen des Jahres 1997 verweisen:

Zum einen Alex Bruns-Wüstefeld: „Lohnende Geschäfte. Die 'Entjudung' der Wirtschaft am Beispiel Göttingens."[10] Er wertete im Niedersächsischen Hauptstaatsarchiv Hannover u.a. die Bestände des Landesamtes für die Beaufsichtigung gesperrten Vermögens (Nds 210) und des Bezirksamtes Hildesheim (Nds 211) aus.

Zum andern Christhard Schrenk: „Schatzkammer Salzbergwerk. Kulturgüter überdauern in Heilbronn und Kochendorf den Zweiten Weltkrieg."[11] Er war der erste Benutzer des hier vorgestellten Bestands im Staatsarchiv Ludwigsburg.

Diese Arbeiten, die jeweils nur einen Aspekt der Unterlagen herausgreifen, und die Ihnen allen bekannte aktuelle Diskussion über schweizer Banken und deutsche Versicherungen haben unsere Bewertungsentscheidung nochmals, wie ich meine, eindeutig bestätigt. Mag die damals verhaßte Vermögenskontrolle, wie so vieles andere, hinter den ursprünglichen Zielen zurückgeblieben sein, ihre auf uns überkommenen Akten können den Historikern – und hier greife ich die Formulierung von 1946 wieder auf – 'ein letztes Hilfsmittel' sein, einen wichtigen Teil vergangener Wirklichkeit zu rekonstruieren.

---

10 Alex Bruns-Wüstefeld, Lohnende Geschäft. Die „Entjudung" der Wirtschaft am Beispiel Göttingens. Hannover 1997. Vgl. auch Stephan H. Lindner, Das Reichskommissariat für die Behandlung feindlichen Vermögens im Zweiten Weltkrieg. Eine Studie zur Verwaltungs-, Rechts- und Wirtschaftsgeschichte des nationalsozialistischen Deutschlands. Stuttgart 1991 (Zeitschrift für Unternehmensgeschichte, Beiheft 67).

11 Christhard Schrenk, Schatzkammer Salzbergwerk. Kulturgüter überdauern in Heilbronn und Kochendorf den Zweiten Weltkrieg. Heilbronn 1997 (Quellen und Forschungen zur Geschichte der Stadt Heilbronn, 8).

Volker Eichler
Entschädigungsakten – Zeitgeschichtliche Bedeutung und Möglichkeiten der Erschließung

Entschädigungsakten: Hierbei handelt es sich um rund 1,5 Millionen Einzelfallakten, die in den alten Bundesländern angefallen sind bei der Durchführung des „Bundesgesetzes zur Entschädigung für Opfer der nationalsozialistischen Verfolgung" vom 29. Juni 1956 (kurz: Bundesentschädigungsgesetz – BEG -) und seiner Vorgängergesetze sowie weiterer landesrechtlicher Bestimmungen. Grundsätzlich betrifft die hier geregelte Entschädigung die aus nationalsozialistischen Verfolgungsmaßnahmen herrührenden Schäden an Leben, an Körper oder Gesundheit, an Freiheit, an Eigentum und Vermögen sowie Schäden, die durch Zahlung von Sonderabgaben, Geldstrafen, Bußen und Kosten entstanden sind, und schließlich Schäden im beruflichen oder wirtschaftlichen Fortkommen.

Hiervon zu unterscheiden sind die Ansprüche von Verfolgten wegen der Entziehung feststellbarer Vermögensgegenstände (z.B. Immobilien, Wertpapiere oder Bankkonten); diese waren Gegenstand besonderer Rechtsvorschriften der Militärregierungen der Westmächte sowie des Bundesrückerstattungsgesetzes von 1957.

Das BEG bestimmte als Organe für die Durchführung der Entschädigungsverfahren die Entschädigungsbehörden und die Entschädigungsgerichte. Dabei oblag ersteren die Entgegennahme von Ansprüchen sowie die Entscheidung über die Ansprüche, soweit diese nicht Gegenstand eines gerichtlichen Verfahrens wurden. Die Einrichtung der Entschädigungsbehörden sowie die Regelung des Verwaltungsverfahrens war Ländersache. Demnach fiel die Ausgestaltung unterschiedlich aus: Während in Hessen, Niedersachsen und Nordrhein-Westfalen die Regierungspräsidenten als Entschädigungsbehörden fungierten, schufen die übrigen Länder hierfür gesonderte Ämter bzw. Landesämter für Entschädigung bzw. Wiedergutmachung. Aufgrund des BEG-Schlußgesetzes von 1965 wurde schließlich auch das Bundesverwaltungsamt Entschädigungsbehörde.

In Hessen fungierten als Entschädigungsbehörden schon seit 1946 die Regierungspräsidenten in Darmstadt, Kassel und Wiesbaden. Im Zuge der Verwaltungsreform, die den Regierungsbezirk Wiesbaden auflöste, wurde im

Juli 1968 der Regierungspräsident in Darmstadt alleinige Entschädigungsbehörde für Hessen. Die betreffenden Dezernate haben seitdem ihren Sitz in
dessen Außenstelle in Wiesbaden, wo denn auch alle hessischen Entschädigungsakten vereinigt worden sind. Dabei handelt es sich um rund 117.000
Akten im Umfang von schätzungsweise 2,5 Regalkilometern. Hiervon sind
bislang etwa 11.500 Akten vom Hessischen Hauptstaatsarchiv übernommen
worden.

Wieviele Entschädigungsakten *insgesamt* angefallen sind, läßt sich nur annähernd schätzen. Denn statistisch erfaßt werden lediglich die Ansprüche – d.h.
Anspruch pro Schadensart -, und das waren bis Anfang 1988 exakt 4.384.138.
Da im allgemeinen etwa drei Ansprüche auf einen Antragsteller entfallen,
wird man von rund 1,5 Millionen Antragstellern bzw. Akten ausgehen dür-
fen. Der Gesamtumfang aller Entschädigungsakten dürfte sich somit auf 30
bis 35 Regalkilometer belaufen. In Hessen erhalten derzeit noch ca. 7.500
Personen eine laufende Rente nach dem BEG; bundesweit hat man für die
Jahrtausendwende noch rund 100.000 Rentenempfänger berechnet. Das bedeutet, daß die Entschädigungsbehörden schon jetzt mehr als 90 % ihrer Akten nicht mehr laufend benötigen. Anforderungen bereits abgelegter Akten
kann man heute auf bundesweit rund 9.000 pro Jahr beziffern, so daß vermutlich rund 85 % aller Entschädigungsakten von der Verwaltung derzeit
und auch künftig nicht mehr benötigt werden.

Die Abgabe von Entschädigungsakten an die Archive dürfte daher unmittelbar bevorstehen; zum Teil hat sie schon stattgefunden – wie meines Wissens
in Baden-Württemberg und dem Saarland -, zum Teil ist mit ihr begonnen
worden – wie in Hessen, Nordrhein-Westfalen und Niedersachsen. Meines
Erachtens sind die Entschädigungsakten grundsätzlich archivwürdig und
daher als Archivgut dauernd aufzubewahren, weil sie in ihrer Gesamtheit
wie sonst keine andere Quellengruppe wenigstens mittelbar Aufschluß geben
über die Verfolgungsmaßnahmen des NS-Staats gegen Einzelpersonen sowie
ggf. über deren weiteres Schicksal nach 1945. Denn bei der Geltendmachung
verfolgungsbedingter Schäden war jeder Antragsteller und jede Antragstel-
lerin gehalten, den den Antrag begründenden Sachverhalt darzulegen und
Beweismittel anzugeben. Darüber hinaus waren die Entschädigungsorgane
ihrerseits verpflichtet, alle für die Entscheidung erheblichen Tatsachen zu
ermitteln und die erforderlichen Beweise zu erheben. Dieser besondere Quellenwert der Entschädigungsakten ergibt sich vor dem Hintergrund des sehr

weitgehenden Verlusts an unmittelbaren Quellen über die Verfolgungsmaßnahmen des NS-Staats.

Freilich können die Entschädigungsakten nur bedingt als eine Art Ersatzüberlieferung für diese verlorengegangen Quellen gelten. Abstriche wird
man schon deshalb machen müssen, weil nicht alle Personen, die Verfolgungsmaßnahmen erlitten haben bzw. deren Angehörige, überhaupt Entschädigung beantragt haben. Hinzu kommt, daß Verfolgungsmaßnahmen
nur unter bestimmten Voraussetzungen entschädigungsfähig waren und
natürlich auch nur dann, wenn sie nachweislich zu Schäden im Sinne des
BEG geführt haben, und selbst dann auch nur, wenn ein bestimmter Scha-
densumfang erreicht war. So wurden Körperschäden bei einer Erwerbsmin-
derung unter 25 % nicht ausgeglichen, Entschädigung für Freiheitsentzug
oder -beschränkung nur für jeden vollen Monat geleistet, Vermögensschäden
unter 500 RM nicht ersetzt usw.

Auch darf nicht davon ausgegangen werden, daß die in einem Bundesland
angefallenen Entschädigungsakten die *dort* während der NS-Zeit stattgefun-
denen Verfolgungsmaßnahmen – und sei es auch unvollkommen – dokumentieren: Denn die örtliche Zuständigkeit der Entschädigungsbehörden
richtete sich nicht nach dem Ort des zugefügten Schadens, sondern nach
einer komplizierten Wohnsitz- und Stichtagsregelung, die es mit sich bringt,
daß die in einem Bundesland angefallenen Entschädigungsakten auch Personen betreffen, die dort während der NS-Zeit gar nicht wohnhaft waren. Hierzu zählen vor allem die nach Kriegsende in den Geltungsbereich des BEG
gelangten Displaced Persons (in Hessen schätzungsweise 30 % aller Entschä-
digungsfälle), aber auch Vertriebene und Sowjetzonenflüchtlinge, die in dem
betreffenden Land ihren Wohnsitz genommen hatten.

Im übrigen gibt es noch eine Reihe von Sonderzuständigkeiten, die dazu
führten, daß bei den Entschädigungsbehörden bestimmter Länder eine nicht
unbeträchtliche Zahl von Entschädigungsakten angefallen ist, die sich auf
Verfolgte beziehen, die zu dem betreffenden Land an sich keine Beziehung
hatten. Dabei handelt es sich vor allem um Verfolgte aus den nichtdeutschen
Vertreibungsgebieten sowie um Staatenlose und um Flüchtlinge im Sinne der
Genfer Konvention, die die Wohnsitz- oder Stichtagsvoraussetzungen des
BEG nicht erfüllten; für diese sind die Entschädigungsbehörden der Länder
Nordrhein-Westfalen und Rheinland-Pfalz sowie das Bundesverwaltungsamt
zuständig. Für das Gebiet der ehemaligen DDR waren die Entschädigungs-

behörden der Länder Niedersachsen bzw. Berlin hilfsweise zuständig. All dies beeinträchtigt den Quellenwert der Entschädigungsakten als eine Art Ersatzüberlieferung für verlorengegangenes Schriftgut der NS-Zeit jedoch nicht entscheidend.

Die wirklichen Probleme bei der Bewertung liegen auf einem anderen Gebiet. Denn es handelt sich hier um Verwaltungsverfahrensakten, die nicht nur die Geltendmachung von Ansprüchen und die Feststellung von Schäden umfassen – mithin das, was hauptsächlich interessiert –, sondern auch die Bescheidung von Anträgen und die Gewährung von Leistungen. Ginge es ausschließlich darum, die Entschädigungsakten als Quelle für die Durchführung des BEG oder die Geschichte der Wiedergutmachung zu archivieren, dann würde die Vollarchivierung eines Teilbereichs oder die Auswahl eines geeigneten Samples genügen und mein Referat sich weitgehend erübrigen. Das Problem für die Archive stellt sich dadurch, daß im allgemeinen gerade *nicht* die Durchführung der Entschädigung interessiert, sondern die Geltendmachung von Schadensansprüchen bzw. die zugrundeliegenden Sachverhalte und die verfolgten Personen als solche.

Hierzu ein willkürlich aus der Masse der Entschädigungsakten herausgegriffenes Beispiel: Als der als Kommunist verfolgte Fritz F. im Jahr 1949 Leistungen nach dem sogenannten US-Entschädigungsgesetz – einem Vorläufer des BEG – beantragte, legte er dar, daß er wegen Vorbereitung zum Hochverrat verurteilt worden war und eine Haftstrafe von fünfeinhalb Jahren verbüßt hatte. Gleichzeitig machte er weitere Schäden geltend und belegte all das, soweit es ihm möglich war. Die Entschädigungsbehörde überprüfte die einzelnen Ansprüche ihrerseits und beschied sie. Wegen eines Gesundheitsschadens erhielt Fritz F. eine laufende Rente, im übrigen Kapitalentschädigung und Kostenerstattung für Kuraufenthalte.

Die Entschädigungsakte des Fritz F. umfaßt 443 Blatt und reicht bis zum Tod des Verfolgten im Jahr 1974. Von Bedeutung ist nun, daß nur 14 % der Akte auf die Antragstellung selbst entfallen; 16 % nehmen die diversen Bescheide ein, 23 % die Unterlagen zu Heilverfahren usw. Nicht weniger als 19 % der Akte sind rein formale Schriftstücke wie Berechnungsbögen, Auszahlungsanordnungen und dergleichen. Der Umfang dessen, was den Quellenwert eigentlich ausmacht, reduziert sich mithin auf gerade mal ein Siebtel der Akte. Einen gewissen Ausweg bietet hier die äußere Struktur der Entschädigungsakten. Denn neben der „eigentlichen" Entschädigungsakte sind vielfach gesonderte Aktenbände angelegt worden, insbesondere Heilverfahrensakten, Rentenakten und Darlehnsakten. Diese Unterlagen erscheinen nicht archivwürdig. Allerdings ist das Anlegen gesonderter Aktenbände nicht überall einheitlich erfolgt.

Das Beispiel der Entschädigungsakte des Fritz F. bedarf noch der Ergänzung. Im Unterschied zu dieser enthalten nämlich zahlreiche Entschädigungsakten auch Einzelstücke von besonderer Dokumentationsqualität, die meist aus der NS-Zeit stammen. Bei 150 hessischen Entschädigungsakten – die ich ebenfalls nur zufällig herausgegriffen habe, aber insgesamt dem Durchschnitt nahekommen dürften – enthielten 43 solche Stücke: Fotos der Verfolgten (meist in Reisepässen, Kennkarten oder Verfolgtenausweisen), Schutzhaftbefehle, Briefe, Postkarten und sonstige Dokumente aus Konzentrationslagern und Gefängnissen, Arbeitsbücher, Dokumente jüdischer Selbsthilfeeinrichtungen usw. Viele Akten – und *ihr* Anteil dürfte eher noch höher liegen – enthalten auch ausführliche, oft lebenslaufartig gefaßte Schilderungen von Verfolgungsmaßnahmen oder von dem Leben in der Emigration. Oft enthalten Entschädigungsakten Ausfertigungen oder Abschriften von Gerichtsurteilen, deren Prozeßakten nicht erhalten geblieben sind. Ich denke, daß bei der Entscheidung über die Archivwürdigkeit auch der Umstand, daß solche Stücke in den Akten – wie gesagt: vielfach – enthalten sind, berücksichtigt werden muß.

Die Möglichkeiten der Nutzung von Entschädigungsakten hängen natürlich wesentlich von deren Erschließung ab. Umgekehrt muß aber die Erschließung von den Fragestellungen der Nutzerinnen und Nutzer ausgehen sowie überhaupt alle irgendwie sinnvollen Nutzungsmöglichkeiten in Erwägung ziehen. Ich werde deshalb im letzten Teil meines Referats zunächst die Möglichkeiten der Nutzung erörtern und dann auf die Erschließung eingehen.

Immer wieder werden in den Archiven Unterlagen nachgefragt, die Aufschluß geben über die Verfolgung und das Schicksal der jüdischen Bevölkerung eines bestimmten Ortes oder einer bestimmten Region. Soweit Namenslisten vorliegen, können in solchen Fällen die betreffenden Entschädigungsakten bei der Behörde angefordert und dann als Archivgut nutzbar gemacht werden. Dabei kann es sich um zehn, fünfzig oder hundert Akten handeln, aber auch um weit mehr. So arbeitet etwa das Jüdische Museum in Frankfurt a.M. derzeit an einer Datenbank, die in Einzelbiographien über die mehr als 11.000 während der NS-Zeit umgekommenen Frankfurter Juden informieren soll. Die Entschädigungsakten sind – neben den Rückerstattungs- und den Devisenakten – die wichtigste (in den meisten Fällen wohl die einzige) Quellengruppe für dieses Forschungsvorhaben. Freilich ist ein Zugriff auf die Akten derzeit nur über den Namen der jeweils betroffenen Person möglich.

Fast ebensooft wird nach Angehörigen weiterer Verfolgtengruppen gefragt: Kommunisten und Sozialdemokraten, Sinti und Roma, Bibelforscher, Deserteure usw. Wenn in diesen Fällen keine Namensangaben vorliegen, können die Entschädigungsakten hierfür noch nicht genutzt werden, da die Zugehörigkeit zu einer bestimmten Verfolgtengruppe bei der Bearbeitung von Entschädigungsansprüchen unerheblich war und daher auch in den Karteien der Entschädigungsbehörde nicht vermerkt ist. Nun haben die hessischen Staatsarchive kürzlich in einem mehrjährigen Dokumentationsprojekt eine Datenbank zum Thema „Widerstand und Verfolgung unter dem Nationalsozialismus in Hessen" erstellt, für die sie ihr sämtliches einschlägiges Schriftgut der NS-Zeit ausgewertet haben, aber auch rund 6.500 Entschädigungsakten. Da es sich bei diesen vor allem um solche zu politisch und religiös Verfolgten handelt, können nunmehr auch Entschädigungsakten etwa zu Personen, die der Sozialistischen Arbeiterpartei, einer bestimmten Gewerkschaft oder den „Edelweißpiraten" angehört haben, gezielt ermittelt und nutzbar gemacht werden.

Häufig wird auch nach Unterlagen zu Ereignissen oder zu bestimmten Haftstätten gefragt: z.B. nach dem Novemberpogrom von 1938 und den dabei erfolgten Verhaftungen oder nach den Verhaftungen nach dem 20. Juli 1944 oder nach den Häftlingen des Konzentrationslagers Osthofen. Die vorhin genannte Datenbank ermöglicht es, daß zumindest ein Teil der Entschädigungsakten für solche Fragestellungen jetzt schon genutzt werden kann; ansonsten ist ein Zugriff aber auch hier nur über die Namen der betroffenen Personen möglich.

Ein besonderer Aspekt ist die Emigrationsforschung. Wer wann wohin emigriert, ggf. weitergewandert und ggf. nach 1945 nach Deutschland zurückgekehrt ist, läßt sich umfassend *ohne* Heranziehung der Entschädigungsakten nicht rekonstruieren. Wären diese entsprechend erschlossen, dann hätte die Emigrationsforschung hier einen immensen Quellenfundus, der bislang von ihr so gut wie noch nicht genutzt worden ist. Schließlich werden Entschädigungsakten auch immer wieder zu „einfachen" biographischen Forschungen herangezogen. Tatsächlich geben sie – schon wegen der darin enthaltenen

Personenstandsurkunden, Erbscheine, Schul- und Arbeitszeugnisse, Aufenthalts- und Lebensbescheinigungen usw. – regelmäßig auch über persönliche Verhältnisse vor und nach der Verfolgung vielerlei Auskünfte.

Wie aber sollten nun Entschädigungsakten archivisch erschlossen werden? Beachtet man, daß es hier *nicht* um eine Auswertung geht, sondern um eine Erschließung, die Auswertungen erst ermöglichen soll, dann ist die Erschließung verhältnismäßig einfach. Im Grunde betreffen die zu erfassenden Merkmale zum einen die Person als solche, zum anderen die aus der Akte ersichtlichen Verfolgungsmaßnahmen und drittens etwaige besonders erwähnenswerte Einzelstücke.

Selbstverständlich ist die Erfassung aller Namensangaben sowie der Geburts- und Sterbedaten. Alle Wohnorte sowie die erlernten und ausgeübten Berufe sollten nacheinander in zeitlicher Reihenfolge erfaßt werden. Sämtlichen Ortsangaben sollte der jeweilige Staat hinzugefügt werden. Aufzunehmen wären schließlich noch das Geschlecht sowie die Staatsangehörigkeit, letztere ggf. wieder nacheinander in zeitlicher Reihenfolge. Bei den Verfolgungsmaßnahmen wäre die Zugehörigkeit zu einer oder mehrerer der Verfolgtengruppen zu erfassen, dann die Haftstätten (wobei auch die betreffenden Jahre anzugeben wären) und schließlich Ja/Nein-Angaben zu bestimmten, wohl zu überlegenden Sachverhalten: z.B. ob eine Emigration stattgefunden hat, ob die verfolgte Person im Zuge des Novemberpogroms von 1938 verhaftet wurde, ob sie in der Illegalität gelebt hat usw. Ein abschließendes Feld sollte für die Schilderung des Verfolgungshergangs in besonderen Fällen zur Verfügung stehen (beispielsweise sogenannte „Sippenhaft" nach dem 20. Juli 1944). Als Einzelstücke besonders erfaßt werden sollten Fotos, Dokumente aus Haftstätten, sonstige erwähnenswerte Stücke aus der NS-Zeit und dergleichen.

Einschließlich der formalen Angaben müßte in den meisten Fällen mit 30 bis 40 Feldern auszukommen sein. Natürlich sollten bei Abfragen der so erstellten Datenbank Verknüpfungen zwischen allen Feldern möglich sein sowie Volltextrecherchen da, wo es sinnvoll ist. Insgesamt wird man für die Erschließung einer Entschädigungsakte nach diesem Muster etwa eine halbe Stunde veranschlagen müssen.

Nicht in die Erschließung aufzunehmen sind meines Erachtens Angaben zur Durchführung der Entschädigung selbst. Abgesehen davon, daß die Nutzung

der Entschädigungsakten in den allermeisten Fällen gerade nicht hierauf
zielt, ist die Erfassung dieser Angaben überaus zeitaufwendig. Vorstellbar
wäre allenfalls noch die Angabe der geltend gemachten Schadensarten; doch
bleibt fraglich, ob dies wirklich sinnvoll ist. So geht es in der Entschädigungsakte zu Anne Frank lediglich um einen Freiheitsschaden, nicht aber um einen
„Schaden an Leben" – obwohl Anne Frank bekanntlich im März 1945 im KZ
Bergen-Belsen umgekommen ist. Nur wenn ihr Vater, der den Holocaust
überlebt hatte, bedürftig gewesen wäre und außerdem Anne – wäre sie noch
am Leben gewesen – ihren Vater voraussichtlich überwiegend unterhalten
hätte, hätte eine Elternrente wegen Lebensschadens in Betracht kommen
können. Beides war aber nicht der Fall. Das Beispiel zeigt, daß die Schadensarten als solche keinen Aufschluß geben über die tatsächlich erlittene Verfolgung, selbst wenn diese in der Akte dokumentiert ist.

Auch mit dieser Einschränkung wäre die Erschließung sämtlicher Entschädigungsakten immer noch ein wirklich gigantisches Vorhaben, das nicht weniger als 1,5 Millionen mal 30 Minuten Zeitaufwand oder rund 500 Personen-
jahre erfordert. Will man die Entschädigungsakten gleichwohl in absehbarer
Zeit nutzbar machen, dann sind erhebliche Abstriche erforderlich. Schon jetzt
ist absehbar, daß die Erschließungslage dieser gewaltigen Aktenmenge auf
lange Zeit hin unterschiedlich sein wird, je nach den Ressourcen des einzelnen Archivs. Im Interesse der Nutzerinnen und Nutzer wäre es daher wünschenswert, daß die Archive sich möglichst bald wenigstens auf einen gemeinsamen Kerndatensatz für die Erschließung verständigen, der künftig
auch übergreifende Recherchen ermöglicht.

Die Archive sollten aber auch die Bewertungsfrage noch einmal gemeinsam
stellen und dabei die Entschädigungsakten in den Gesamtkontext der Schriftgutüberlieferung zur Wiedergutmachung einordnen: Mit Ausnahme der
Stadtstaaten sowie von Bayern, dem Saarland und Schleswig-Holstein fun-
giert nämlich die jeweils zuständige oberste Landesbehörde auch als „oberste
Entschädigungsbehörde", die weitere Einzelfallakten produziert hat: in Hessen immerhin rund einen halben Regalkilometer. Hinzu kommen die Verfah-
rensakten der Entschädigungskammern bei den Landgerichten: in Hessen
rund 60.000 im Umfang von sicher mehr als einem Regalkilometer. Auf beide
Aktengruppen wird man weitgehend verzichten können, wenn die Entschädigungsakten vollständig archiviert werden. In diesem Kontext gehören
schließlich auch die Rückerstattungsakten, die bei den jeweiligen Fachbehör-
den der Länder angefallen sind sowie bei den Wiedergutmachungskammern

der Landgerichte, den Oberfinanzdirektionen, den Ministerien bzw. Senats-
verwaltungen für Finanzen und sonstigen Stellen: in Hessen rund anderthalb
weitere Regalkilometer. Das Ergebnis einer solchen gemeinsamen Überle-
gung könnte sein – salvo meliori -, daß die Entschädigungsakten wegen ihres
besonderen Quellenwerts *weitgehend vollständig*, die Verwaltungsverfahrensakten der Rückerstattung *womöglich teilweise* und die übrigen genannten Unterlagen *im allgemeinen nicht* zu archivieren sind. Damit könnte die Empfeh-
lung der Archivreferentenkonferenz aus dem Jahr 1959, alle Wiedergutmachungsakten aufzubewahren, präzisiert und umgesetzt und deren planvolle
Erschließung eingeleitet werden.

Renate Schwärzel
Die Überlieferung der von der Treuhand abgewickelten Betriebe

Mit diesem Themenkomplex beschäftigten sich bereits 1995 die Teilnehmerinnen und Teilnehmer des 66. Deutschen Archivtages in Hamburg. Claudia Keusch sprach über die Landesdepots der Bundesanstalt für vereinigungsbedingte Sonderaufgaben.[1] Daß dieses Thema auf dem 68. Deutschen Archivtag erneut zur Diskussion gestellt wird, hat einen guten Grund. Im Beitrag von Hermann Schreyer im Archivar, Heft 3/1997, ist dazu zu lesen: „Eine sinnvolle Kooperation zwischen staatlichen und nichtstaatlichen Archiven wird auch zur Sicherung und Nutzung der massenhaften Schriftgut-Überlieferung der ehemals volkseigenen Industrie der DDR erforderlich sein und ist in wichtigen Punkten mittlerweile auf den Weg gebracht." Über diesen „Weg" möchte ich heute zu Ihnen sprechen.

Als der Treuhandanstalt im Sommer 1990 auf Beschluß der Volkskammer nahezu das gesamte verstaatlichte industrielle Vermögen der DDR zur Verwaltung und Verwertung übertragen wurde, hatte man wohl kaum an die nachhaltigen Auswirkungen auf die Verwaltung des Schriftgutes dieser annähernd 8.500 Staatsbetriebe gedacht. Doch bereits mit der 1990 erfolgten Umwandlung der volkseigenen Betriebe in Kapitalgesellschaften hatten diese die privatrechtliche Verantwortung für ihr Schriftgut erhalten und je nach der wirtschaftlichen Situation des Unternehmens entwickelten sich die Formen, in denen die privatrechtliche Verantwortung wahrgenommen wurde. Diese reichten von der Schließung bis zum Ausbau von Unternehmensarchiven bzw. Übergabe des Schriftgutes an staatliche und kommunale Archive.

War nun das Wirtschaftsschriftgut früherer DDR-Betriebe durch Umwandlung in Kapitalgesellschaften, Entflechtungen und Privatisierung potentiell gefährdet, so war es insbesondere im Falle der Liquidation von Unternehmen von Vernichtung bedroht. Die Landesarchive, die zweifellos große Anstrengungen zur Sicherung des Wirtschaftsschriftgutes unternahmen, mußten sich entsprechend ihrer Zuständigkeit und den ihnen zur Verfügung stehenden materiellen, personellen sowie finanziellen Möglichkeiten vor allem auf das Schriftgut der Unternehmen konzentrieren, deren Bestände bereits in den Archiven vorhanden und mit dem Schriftgut bis 1990 zu ergänzen waren.

---

1 Hermann Schreyer, Entwicklungen im ostdeutschen Archivwesen seit dem 3. Oktober 1990. In: Der Archivar, 50 (1997) Sp. 509/510.

Die Treuhandanstalt hatte dem Bundesarchiv Anfang 1991 zugesagt, bis zur
Übernahme der Archive in die Rechtsträgerschaft der neuen privaten Eigentümer für den Erhalt des Schriftgutes zu garantieren, allein die Praxis sah
anders aus. Mehrfach ist in der Zeitschrift „Archivmitteilungen[2]" auf die Gefährdung des Wirtschaftsarchivgutes in den Unternehmen aufmerksam gemacht worden.[3]

Die alarmierende Situation war Anlaß für eine Archivkonferenz der Länder
am 23. Juli 1991 im Bundesarchiv, Abteilungen Potsdam, mit Vertretern der
Treuhandanstalt. Die Teilnehmer der Konferenz sahen die Sicherung des
Archivgutes als ein gemeinsames Anliegen an und verständigten sich dahin-
gehend, daß das gesamte Archivgut der volkseigenen Betriebe bis ca. 1990 als
staatliches Archivgut zu betrachten und in die Landesarchive zu übernehmen
sei. Es wurde vereinbart, daß Ende Oktober 1991 alle Unternehmen der Treuhandanstalt schriftlich über den Beschluß „Maßnahmen zur Archivierung des
Schriftgutes der liquidierten Unternehmen mit Treuhandverwaltung sowie
zur Sicherung des Schriftgutes der Treuhandunternehmen überhaupt" informiert und zum sorgfältigen Umgang mit Schriftgut verpflichtet werden sollten. Mit diesem Beschluß sollte das Ziel verfolgt werden, die bereits vorhandenen Bestände von volkseigenen Betrieben in den Landesarchiven aus der
Zeit vor 1989/90 bis zum Termin der Privatisierung zu vervollständigen. Zur
Minderung der für die Landesarchive entstehenden Belastungen erklärte sich
die Treuhandanstalt zu einer Beteiligung an den steigenden Personal- und
Sachkosten bereit.

In ihrem Bemühen, Regelungen für die gesetzliche Aufbewahrung des Liquidationsschriftgutes zu schaffen, fand am 29. Oktober 1991 zwischen der Treuhandanstalt, dem Bundesarchiv und den Archiven der Länder ein weiteres
Arbeitstreffen statt. In diesem Gespräch erklärten die Vertreter der staatlichen
Archive gegenüber der Treuhand, daß sie sich entgegen ursprünglicher Ab-
sichten gegenwärtig nicht in der Lage sähen, das gesamte aufbewahrungs-
pflichtige Schriftgut der zu liquidierenden Unternehmen in ihre Verantwortung zu übernehmen. Insbesondere die Auskunftsverpflichtungen im Rahmen des Rentenüberleitungsgesetzes, die sich aus der Übernahme der Lohn-
und Gehaltsunterlagen ergeben würden, könnten von seiten der Archive
nicht gesichert werden.

---

2   Diese Zeitschrift hat ihr Erscheinen im Verlaufe des Jahres 1994 eingestellt.
3   Vgl. Kurt Metschies, Betriebs- und Unternehmensgeschichte als Kultur- und Sozialgeschichte.
    In: Archivmitteilungen, (1991) S. 80.

Für die nach Handels-, Steuer- und Sozialgesetzbuch notwendige Sicherung des aufbewahrungspflichtigen Schriftgutes der ca. 3.500 bis 4.000 von Liquidation bedrohten Unternehmen, die sich in der Verantwortung der Treuhandanstalt befanden, bestand dringender Handlungsbedarf. Hier waren es vor allem die sozialen Anforderungen des Rentenüberleitungsgesetzes, die zum Handeln zwangen. So sieht das Rentenüberleitungsgesetz vor, daß jeder Arbeitnehmer der Neuen Länder zur Beantragung seiner Rentenansprüche einen lückenlosen Nachweis seiner Beschäftigungszeiten und Arbeitseinkommen bis zum 31. Dezember 1991 erbringen muß. Dazu bedurfte es der möglichst vollständigen Überlieferung der volkseigenen Betriebe.

Der Vorstand der Treuhandanstalt faßte daraufhin den Beschluß zur Einrichtung eigener Depots auf regionaler Ebene. Mit einem Rundschreiben vom 12. Dezember 1991 informierte der Vizepräsident der Treuhandanstalt, Herr Hero Brahms, die Vorstandsvorsitzenden und Geschäftsführer der Treuhandunternehmen darüber, daß das „Schriftgut liquidierter Unternehmen mit Treuhandbeteiligung ... künftig in gesonderten Depots der Treuhandanstalt aufbewahrt (wird), die gegenwärtig in den Städten Berlin, Dresden, Erfurt, Magdeburg, Potsdam und Schwerin eingerichtet werden." Ausdrücklich wies er darauf hin, daß eine Vernichtung des Schriftgutes liquidierter Unternehmen unzulässig sei.[4] Mit der Gründung der 6 Landesdepots war in den neuen Bundesländern eine „neue Archivgestalt" nach dem Vorbild der regionalen Wirtschaftsarchive in Köln, Dortmund, Stuttgart und München als „Auffangstellen für gefährdetes Wirtschaftsschriftgut" entstanden.

Der sich in nur wenigen Jahren vollziehende wirtschaftliche Umstrukturierungsprozeß in den neuen Bundesländern ließ die Anforderungen an die Landesdepots klar erkennen. In kürzester Zeit mußten geeignete Objekte angemietet und zu modernen, aufnahmefähigen und sicheren Depots ausgebaut werden. Mittelfristig waren Voraussetzungen zu schaffen, um das Archivgut von bis zu 4.000 Liquidationsunternehmen, d.h. ca. 200.000 Regalkilometern Schriftgut aufnehmen zu können. Damit war schon bei der Entstehung der Landesdepots eine Größenordnung abzusehen, die mit den Mitteln historisch gewachsener Archive nicht zu bewältigen war und ein neues Herangehen an die Fragen der Verwaltung notwendig machte.

---

4   Vgl. Schreiben des Vizepräsidenten der Treuhandanstalt, Herrn Hero Brahms, an die Vorstandsvorsitzenden/Geschäftsführer der Treuhandunternehmen vom 12.12.1991.

Gestützt auf die Grundsätze einer modernen Schriftgutverwaltung begannen die regional strukturierten Depots nach möglichst einheitlichen Regeln bereits 1992 mit der Übernahme und Verwaltung des Schriftgutes. In der Arbeitsanweisung der Treuhandanstalt zur Archivierung von Schriftgut liquidierter Unternehmen vom 20. Mai 1992 werden die grundsätzlichen Regelungen zur Zuständigkeit, Auskunftserteilung, Schriftgutaufbereitung, Formulargestaltung, Anlieferung des Schriftgutes u.a. beschrieben. So ist geregelt, daß im Rahmen der Liquidation der beauftragte Liquidator für die ordnungsmäßige Erstellung von Nachweisen und die Schriftgutaufbereitung einschließlich einer korrekten Übergabe der vorhandenen Unterlagen an das zuständige Depot voll verantwortlich ist.[5]

Entsprechend der Arbeitsanweisung verwalten die Landesdepots die Geschäftsunterlagen aller durch die Treuhandanstalt bzw. Bundesanstalt für vereinigungsbedingte Sonderaufgaben liquidierten Unternehmen nach § 257 des Handelsgesetzbuches sowie Abgabenordnung § 147, GmbH-Gesetz § 74, § 63 und Aktiengesetz § 273 für die Dauer von 10 Jahren nach Abschluß der Liquidation bzw. Vollendung des Konkursverfahrens. Zum aufbewahrungspflichtigen Schriftgut gehören u.a. Handels-/Kassenbücher, Inventare, Eröffnungsbilanzen, Jahresbilanzen, Geschäfts- und Lageberichte, Konzernabschlüsse, Konzernlageberichte sowie die zu ihrem Verständnis erforderlichen Arbeitsanweisungen und sonstigen Organisationsunterlagen, Planungs- und Absatzdaten, Forschungsberichte, empfangene und abgesandte Handelsbriefe sowie Belege für Buchungen in den nach § 238 I HGB zu führenden Büchern.

Mit einem Anteil von bis zu 60 % bilden die Lohn-, Gehalts- und Personalunterlagen ehemaliger Beschäftigter aus der Zeit vor dem 31. Dezember 1991, die im Zusammenhang mit der Veränderung des Rentenrechts für Auskunftserfordernisse (Sozialgesetzbuch VI § 256a und § 8 AAÜG) noch benötigt werden, den größten Überlieferungsbestandteil. Dazu gehören u.a. auch Unterlagen über Sozialversicherungs- und andere Sozialleistungen. Diese sind vom Arbeitgeber auf der Grundlage des § 15b des Sozialgesetzbuches IV mindestens bis zum 31. Dezember 2006 aufzubewahren. Über diesen aufgezeigten Rahmen hinaus bewahren die Depots Schriftgut auf, das über wesentliche realisierte bzw. weiterhin rechtlich relevante Verpflichtungen/Vereinbarungen zwischen der Unternehmensführung und der Unternehmen

---

5   Vgl. THA-Arbeitsanweisung zur Archivierung von Schriftgut liquidierter Unternehmen vom 20.05.1992, S. 2.

zum Zeitpunkt der Liquidation des Unternehmens Auskunft gibt, wie z.B. Tarifvereinbarungen, Betriebsvereinbarungen, Sozialpläne u.ä.

Nach mehr als zweijähriger Tätigkeit der Treuhandanstalt-Landesdepots wurde die Depotverwaltung im Rahmen eines Geschäftsbesorgungsvertrages der DISOS GmbH, dem ausgegründeten Org/EDV-Bereich der Treuhandanstalt, zum 1. Januar 1995 übertragen. An den vorgenannten Arbeitsrichtlinien bzw. Rahmenbedingungen zur Aufbewahrung des Liquidationsschriftgutes veränderte sich dadurch nichts. Allein die Zahl der Depots wurde durch die Zusammenlegung des Berliner und des Brandenburger Depots am Standort Damsdorf bei Potsdam von 6 auf 5 reduziert.

Neben dem Auftrag zur Sicherung und Aufbewahrung des Liquidationsschriftgutes stehen vor allem die Auskünfte zu ehemaligen Arbeitseinkommen und Beschäftigungszeiten für die Rentenberechnung im Mittelpunkt der Tätigkeit. Während z.B. das Depot Berlin und Brandenburg im Januar 1995 ca. 900 Anfragen erhielt, waren es im August 1997 ca. 3.500. Auf der Basis von Vereinbarungen mit den Rentenversicherungsträgern ist die DISOS GmbH berechtigt, Entgeltbescheide zu berechnen, die die Grundlage für die Rentenberechnung bilden. Diese Aufgabe haben in den Depots zahlreiche Lohnbuchhalter übernommen. Insgesamt konnten sich die Depots in den Folgejahren durch den Aufbau von Informations- und Datenbanken zu leistungsfähigen Einrichtungen mit hohen Zugriffsgeschwindigkeiten und umfassenden Auskunftsleistungen entwickeln. Gegenwärtig befinden sich ca. 100 laufende Kilometer Akten von ungefähr 2/3 aller liquidierten Unternehmen in den Landesdepots.

Mit ihrem Entstehen wurden die Landesdepots der Treuhandanstalt von den Archivaren der Neuen Länder mit Skepsis, vielleicht sogar mit Argwohn betrachtet. Sie sahen in der Bildung der Depots einen möglichen Eingriff in die Zuständigkeit für das Wirtschaftsschriftgut bis 1990, die sich zu diesem Zeitpunkt noch auf die archivrechtlichen Bestimmungen der DDR gründete. So galt bis zum Inkrafttreten der Archivgesetze der Neuen Länder die Archivordnung vom 11. März 1977 für die staatlichen, kommunalen und übrigen Archive, soweit sie nicht dem neuen Recht widersprach. Demzufolge gehörte die Gesamtheit des in Volkseigentum befindlichen Archivguts unabhängig vom Entstehungsdatum und konkreten Aufbewahrungsort zum Staatlichen Archivfonds und somit in die Zuständigkeit der staatlichen Archive. Erst nach und nach erließen die Neuen Länder eigene Archivgesetze, die die archivrechtlichen Bestimmungen der DDR außer Kraft setzten.[6]

Nachdem die Zuständigkeit für das Wirtschaftsschriftgut vor 1990 im Rahmen der Landesarchivgesetzgebung geregelt war, mußte es darum gehen, diese Zuständigkeitsregelungen für das Schriftgut der Liquidationsunternehmen zwischen den Archiven der Länder (d.h. Landesarchiven, Kommunal- und Wirtschaftsarchiven) und den Landesdepots einvernehmlich zu regeln. Allen Beteiligten war bewußt, daß es sich bei der Übernahme des aufbewahrungspflichtigen Schriftgutes der Liquidationsunternehmen in die Landesdepots nur um eine zeitlich begrenzte Übernahme handeln kann, die die Zuständigkeit der Archive der Länder für das Wirtschaftsschriftgut vor 1990 nicht aufhebt. Nach Ablauf der Aufbewahrungsfristen endet die Verantwortung der BvS (Bundesanstalt für vereinigungsbedingte Sonderaufgaben) – somit auch der DISOS GmbH – für das Schriftgut und dessen Aufbewahrung in den Landesdepots und entsprechend der Zuständigkeitsregelungen muß die Übernahme des Schriftgutes durch die Archive der Länder erfolgen.

Um diesen Übernahmeprozeß in die Archive der Länder nach Ablauf der Aufbewahrungsfristen optimal zu gestalten, entstand bereits im Herbst 1994 die Idee, schon im Verlaufe des Aufbewahrungszeitraumes eine Bewertung des Schriftgutes vorzunehmen und Entscheidungen zum späteren dauerhaften Verbleib zu treffen. So fand am 7. September 1994 das erste Treffen mit Vertretern der Treuhandanstalt, des Bundesarchivs, einzelner Landesarchive, der Vereinigung deutscher Wirtschaftsarchivare e.V. und wissenschaftlicher Einrichtungen statt. Im Ergebnis weiterer Sitzungen am 11. Oktober und 18. November 1994 entstanden die „Empfehlungen der Bewertungskommission". Diese Empfehlungen vom 18. November 1994 sahen im Punkt 3. vor, daß es neben der zentralen Bewertungskommisson in Berlin „in den fünf neuen

---

6 Vgl. Thüringer Gesetz über die Sicherung und Nutzung von Archivgut vom 23. April 1992. In: Gesetz- und Verordnungsblatt für das Land Thüringen, Nr. 10/1992, vom 30. April 1992; Archivgesetz für den Freistaat Sachsen vom 17. Mai 1993. In: Sächsisches Gesetz- und Verordnungsblatt, Nr. 24/1993, vom 14. Juni 1993; Gesetz über die Sicherung und Nutzung von Archivgut des Landes Berlin vom 29. November 1993. In: Gesetz- und Verordnungsblatt für Berlin, Nr. 65/1993 vom 8. Dezember 1993; Gesetz über die Sicherung und Nutzung von öffentlichem Archivgut im Land Brandenburg vom 7. April 1994. In: Gesetz- und Verordnungsblatt für das Land Brandenburg, Nr. 9/1994 vom 12. April 1994; Landesarchivgesetz des Landes Sachsen-Anhalt vom 28. Juni 1995. In: Gesetz- und Verordnungsblatt des Landes Sachsen-Anhalt, Nr. 22/1995 vom 4. Juli 1995. Archivgesetz für das Land Mecklenburg-Vorpommern vom 07. Juli 1997; GSS Mecklenburg-Vorpommern Gl. Nr. 244-5.

Bundesländern und Berlin regionale Bewertungskommissionen" geben soll. „Federführend für die Bewertung auf Landesebene sollten die zuständigen Archivreferenten der Länder sein. Mitglieder der regionalen Bewertungskommissionen sollten Vertreter der Treuhandanstalt-Depots, der Landesarchive, der Kommunalarchive, des jeweiligen Wirtschaftsarchivs oder ein von der Vereinigung deutscher Wirtschaftsarchivare e.V. benannten Vertreters sowie ein Vertreter der Forschung ... sein."

Nach einer Unterbrechung von fast einem Jahr – inzwischen hatte die Treuhandanstalt ihre Tätigkeit beendet, die Bundesanstalt für vereinigungsbedingte Sonderaufgaben (BvS) hatte die Nachfolge angetreten, womit eine Veränderung der internen Zuständigkeiten verbunden war, die Landesdepots waren im Rahmen eines Geschäftsbesorgungsvertrages in die Verwaltung der DISOS GmbH übergegangen, die Kommission für die Bewertung von Unterlagen liquidierter Treuhand-Betriebe in Sachsen[7] war gegründet worden – fand am 20. November 1995 unter Leitung der BvS, der DISOS GmbH, den Archivreferenten aus Berlin, Brandenburg, Mecklenburg-Vorpommern, Sachsen, Sachsen-Anhalt und Thüringen sowie Vertretern des Bundesarchivs und wissenschaftlicher Einrichtungen die nächste Sitzung zur Frage der Bewertung des Liquidationsschriftgutes in Berlin statt.

Im Verlaufe dieser Beratung wurde die bisher vorgesehene Bildung von Länderbewertungskommissionen grundsätzlich in Frage gestellt. Die BvS strebte einen Ansprechpartner pro Land an. Hinzu kam, daß die Archivreferenten den Standpunkt vertraten, daß es in den Ländern wirksame Instrumentarien auf Landesebene gibt, um mit der nötigen Fachkompetenz die Unterlagen in den Landesdepots zu bewerten. Die Bewertung des Schriftgutes sollte jeweils durch die Endarchive, d.h. Staatsarchive, Kommunalarchive oder Wirtschaftsarchive, vorgenommen werden. Die Steuerung dieses Prozesses übernahmen von seiten der Länder die Archivreferenten. Sie übernahmen damit die Verantwortung für die Berücksichtigung der Interessen *aller* archivischen Einrichtungen der Länder. Die Entscheidung für einen Ansprechpartner pro Land erleichterte das Zusammenwirken von Ländern, Bundesanstalt für vereinigungsbedingte Sonderaufgaben und DISOS GmbH. Die konkrete Zusammenarbeit, so wurde im November 1995 entschieden, sollte mit Hilfe von Verfahrenshinweisen geregelt werden, die die verbindliche Handlungsgrundlage für den Bewertungsprozeß darstellen sollten.

---

7   Michael Merchel, Kommission für die Bewertung von Unterlagen liquidierter Treuhand-
    Betriebe in Sachsen. In: Der Archivar, 49 (1996) Sp. 154f.

Mit Datum vom 12. Januar 1996 wurde der 1. Entwurf der Verfahrenshinweise den Archivreferenten der Länder von der DISOS GmbH zur Diskussion vorgelegt. Nachdem in vielen Detailfragen Übereinstimmung erzielt werden konnte, konzentrierte sich anfangs die Diskussion auf den Grad der Verbindlichkeit der durch die Länder getroffenen Bewertungsempfehlungen und des Vorschlages zur Übernahme der Unterlagen nach Ablauf der Aufbewahrungsfristen aus den Landesdepots in ein Endarchiv. In nachfolgenden Diskussionen standen Fragen der Zuständigkeiten für die konkreten Bewertungsprozesse, Aspekte der Koordination der Handlungsabläufe zwischen den DISOS-Landesdepots und den Archivreferenten der Länder, die Anbietungs- und Bringepflicht bei Übergabe der Akten an die Archive der Länder und der damit zusammenhängenden Kosten im Mittelpunkt der Diskussionen.

In fast zweijährigen Verhandlungen zwischen Vertretern der BvS, der DISOS GmbH und den Archivreferenten der Neuen Länder wurden die „Verfahrenshinweise zur Zusammenarbeit der DISOS-Landesdepots mit den Archivreferenten der Neuen Länder" am 13. November 1996 unterzeichnet, die die verbindliche Handlungsgrundlage für die Bewertung des Schriftgutes in den Landesdepots darstellen, archivische Zuständigkeiten und den Verfahrensablauf der Bewertung sowie der Übernahme des archivwürdigen Schriftgutes in die Archive der Länder regeln sowie Hinweise zu den gesetzlichen Bestimmungen enthalten.

Ein Jahr nach Unterzeichnung der Verfahrenshinweise stehen wir noch am Anfang des Bewertungsprozesses. Im Rahmen des nächsten Treffens mit den Archivreferenten der Neuen Länder im März 1998 ist eine erste Bilanz der gemeinsamen Bewertungstätigkeit geplant. Anhand statistischer Analysen sind dann Hochrechnungen über den zu erwartenden Anteil an aufbewahrungswürdigem und demzufolge der Archiven der Länder zu übergebendem Schriftgut bzw. über den Anteil des zu kassierenden Schriftgutes geplant. Auf der Basis dieser Hochrechnungen wird sich auch abschätzen lassen, ob mit den bisherigen Anstrengungen von seiten der Landesdepots und der Archivare der Länder der Bewertungsprozeß im vorgegebenen Zeitrahmen zu realisieren ist.

Dokumentation „Forum Gehobener Dienst"

unter Leitung von *Wolfgang Kramer*

Zum dritten Forum „Gehobener Dienst" bei einem deutschen Archivtag darf ich Sie ganz herzlich begrüßen. Zum dritten Mal möchten wir uns mit den ureigenen Problemen der Diplomarchivarinnen und Diplomarchivare beschäftigen. Hierzu darf ich auch die Angehörigen des höheren Dienstes, die Vertreter der deutschen Archivschulen und natürlich den Vorsitzenden des Vereins Deutscher Archivare ganz herzlich willkommen heißen. Ihre Anwesenheit ist für uns ein Zeichen dafür, daß Sie den gehobenen Dienst insgesamt und unsere Arbeit im Arbeitskreis ernstnehmen und Ihnen die Probleme dieser Archivarsgruppe nicht gleichgültig sind. Daß es unterschiedliche Meinungen zwischen Vertretern des gehobenen und des höheren Dienstes gibt, ist natürlich und sicherlich nicht zum Schaden unseres Berufsstandes oder des Vereins deutscher Archivare.

Die Mitglieder des Arbeitskreises haben sich seit dem letzten Forum zweimal, im November in Marburg und im Mai in Erfurt, getroffen. Neben den „Dauerbrennern" wie die Ergänzung des Bundesangestelltentarifs (BAT), über die Herr Bettge vom Stadtarchiv Iserlohn berichten wird, wie das Thema Fort- und Weiterbildung, zu dem wir einen kleinen Fragebogen mit ein paar Fragen vorbereitet haben, haben wir uns seit dem letzten Forum ganz intensiv um eine Reform der verwaltungsinternen Ausbildung gekümmert und Vorschläge für eine Modernisierung der Ausbildung für Diplomarchivarinnen und Diplomarchivare, also der Marburger Ausbildung, und damit ihre Anpassung an die Archivwirklichkeit in den verschiedenen Archivtypen nach stundenlangen Diskussionen aufs Papier gebracht. Wir wissen, daß viele Marburger Kurse des gehobenen, aber vor allem des höheren Dienstes Verbesserungsvorschläge für eine Reformierung der Marburger Ausbildung gemacht haben, diese Vorschläge sind nach dem Weggang der Kurse jedoch von der Archivschule Marburg nicht umgesetzt werden, die meisten landeten, wenn überhaupt, im Archiv der Archivschule.

Der Arbeitskreis hat sich bereit erklärt, einen weiteren Vorschlag auszuarbeiten. Wir haben Absolventen der letzten Kurse eingeladen, uns dabei zu unterstützen und sie haben es gemacht: Dank an dieser Stelle an Frau Maunz aus Sigmaringen, Frau Metzing aus Magdeburg und Herrn Müller aus Düsseldorf. Die Archivschule Marburg war durch Herrn Dr. Uhde vertreten, der natürlich auch seine Verbesserungsvorschläge einbrachte.

Das Papier soll auf unserer nächsten Sitzung in München verabschiedet werden. Hier darf ich Ihnen ein paar Kernforderungen aus dem Papier nennen:
- Harmonisierung der praktischen Ausbildung der verschiedenen Länder untereinander
- Abstimmung des theoretischen Teils auf den praktischen Teil
Wir sind der Meinung, daß die Ausbildung der Diplomarchivare in Theorie und Praxis eine Einheit bilden muß
- Zusammenfassung der Fachhochschulabschnitte an der Archivschule Marburg zu einem zwei- bis dreimonatigen Block mit abschließender Prüfung
- Demnach sähe die dreijährige Ausbildung für den gehobenen Archivdienst wie folgt aus: Ein halbes Jahr Praxis im Ausbildungsarchiv inklusive Informationsbesuchen in der Verwaltung, ein viertel Jahr Verwaltungsfachhochschule in Marburg, eineinhalb Jahre theoretische Ausbildung in Marburg, dreiviertel Jahr Praxis im Ausbildungsarchiv und in einem Archiv eines anderen Ausbildungstyps.
- Wir machen in dem Papier auch Vorschläge hinsichtlich des Sprachenunterrichts an der Archivschule Marburg – Fachenglisch halten wir für sehr wichtig
- Wir machen Vorschläge hinsichtlich der Zusammenlegung der historischen Fächer
- Wir sind für den Umbau des Faches Archivwissenschaft (mehr Bewertungslehre und praktische Übungen), stärke Berücksichtigung des Bereichs IUD und vieles andere mehr

In München werden wir noch einmal dieses Papier, das sich im Entwurfstadium befindet, kritisch durchsehen, und dann entscheiden, was damit passieren soll. Wenn wir es nur dem Vorsitzenden der Archivreferentenkonferenz schicken, können wir es wahrscheinlich gleich verschwinden lassen... Es muß mit Bedacht plaziert werden, sonst, das lehrt uns die Vergangenheit, geht es unter. Des weiteren wollen wir in München auch über die Zukunft des Arbeitskreises diskutieren: weitere Vorhaben und Initiativen, Straffung der Arbeit, Hebung der Effizienz u.a. bei gleichzeitiger Senkung der Kosten für den Verein und für die verschiedenen Arbeitgeber, die die nicht unbeträchtlichen Reisekosten für die Sitzungen tragen.

Doch heute geht es um eine Art „Leistungsschau" des gehobenen Archivdienstes. Die Diplomarchivarinnen und -archivare sind in allen Archivtypen und in fast allen Hierarchieebenen eingesetzt. Heute werden Repräsentanten des gehobenen Archivdienstes sich und ihre Arbeit vorstellen. Es geht darum, die Bandbreite aufzuzeigen, in denen Archivare des gehobenen Archivdientes arbeiten, die Rahmenbedingungen zu benennen, Schwerpunkte, Kompetenzen und Grenzen derselben, Möglichkeiten und Chancen für das persönliche Fortkommen darzulegen. Es soll auch das Verhältnis zu anderen Archivmitarbeitern und zu Angehörigen anderer Archivlaufbahnen angesprochen werden.

Mögen die nun folgenden sechs kurzen Statements Sie über die Möglichkeiten und Fähigkeiten der deutschen Diplom-Archivare und -Archivarinnen informieren und Sie zu einer möglichst lebendigen Diskussion am Schluß der Beiträge animieren. Vielleicht können die Referate Ihnen die eine oder andere Anregung geben für Ihre Arbeit, für Ihren Kampf ums knappe Geld, um den Aufstieg und für das persönliche Fortkommen.

Dorothee Le Maire
Als Leiterin des Stadtarchivs Ettlingen

Zur Person:
Jahrgang 1956, Abitur, Staatsexamen in Geschichte und Anglistik, von 1981 bis 1983 im Generallandesarchiv Karlsruhe angestellt, Ausbildung zur Diplom-Archivarin von 1983 bis 1986, anschließend zwei Jahre Stadtarchiv Pforzheim, seit 1989 erste hauptamtliche Leiterin des Stadtarchivs Ettlingen.

Zum Archiv:
Ettlingen ist eine große Kreisstadt mit ca. 40.000 Einwohnern, die auf eine über 1200jährige Geschichte zurückblicken kann, seit über 800 Jahren Stadtrechte hat und vor der Entstehung Karlsruhes zentralörtliche Funktionen wahrgenommen hat. Die schriftliche Überlieferung ist teilweise durch den Stadtbrand von 1689 in Flammen aufgegangen oder Anfang des 19. Jahrhunderts in das Generallandesarchiv Karlsruhe gebracht worden, so daß vor Ort der Dokumentationsschwerpunkt eindeutig im 19. und 20. Jahrhundert liegt. Ausnahmen hiervon bilden die Rechnungen, die unmittelbar nach 1689 einsetzen und über 300 Jahre Wirtschafts-, Sozial- und Bevölkerungsgeschichte dokumentieren. Die Einrichtung eines historischen Archivs geht auf das Jahr 1951 zurück, als in Personalunion mit dem Museum ein „Museumsmann" die Betreuung übernahm, bevor es 1978 von einem Schulamtsdirektor a. D. zur Darstellung der lokalen Geschichte genutzt wurde. Die knapp 1.000 lfd. Aktenmeter werden seit 1989 von drei Mitarbeiterinnen bearbeitet, von denen zwei halbtags beschäftigt sind.

Rahmenbedingungen:
Das Stadtarchiv Ettlingen gehörte organisatorisch bis 1991 zum Hauptamt und führte ein kleines aber selbständiges Dasein im Rahmen seiner Aufgabenerfüllung. Es wurde dann Dienststelle des neu geschaffenen Kultur- und Sportamtes, dem auch das Museum, die Stadtbibliothek, die Musikschule, die VHS und die Schloßfestspiele angehören. Dieses neue Amt bündelt kulturelle Angebote stärker zu Paketen, Programmen und Reihen, um so durch Dauereinrichtungen bzw. Schwerpunkte in der Bevölkerung, sprich Kundschaft, wahrgenommen zu werden. Einzelangebote des Stadtarchivs gehen leicht unter, wenn sie sich nicht thematisch mit anderen Veranstaltungen des Kultur- und Sportamtes bündeln lassen. Die Tendenz für das Stadtarchiv geht daher mehr in Richtung Zulieferer als eigener Veranstalter, ein Tatbestand, der die Wahrnehmung archivischen Tuns in der Öffentlichkeit er-

schwert. So sind Ausstellungen, die das Archiv konzipiert hat, immer in Räumen gezeigt worden, die dem Museum für ähnliche Zwecke dienen; die Folge war, daß sie dem Museum zugeschrieben wurden, weil die Möglichkeit spezieller Archivalienausstellungen nicht in Betracht gezogen wurde. Dies könnte gelöst werden, wenn das Stadtarchiv aufgrund nicht vorhandener Raumkapazitäten in einen Gebäudekomplex der von den Amerikaner geräumten Rheinlandkaserne umzieht, worüber allerdings noch keine Entscheidung gefallen ist.

Verhältnis Ausbildung – Praxis:
In meiner Ausbildungszeit 1983-1986 war wenig vom Einsatz der EDV im Archivwesen die Rede, entsprechende Unterrichtseinheiten beschäftigten sich mit der Erfassung hessischer Auswanderer auf Lochkarten. Mittlerweile haben sich die Inhalte und praktischen Übungen an die Bedürfnisse angepaßt, eine Notwendigkeit, die derjenige zu schätzen weiß, der als Leiter eines kleinen Archivs mit seiner Verwaltung abstimmen muß. Nicht immer ist es möglich, sich das Archivierungsprogramm zuzulegen, für das man aus archivischen Gründen stimmen würde. Vielmehr muß man sich an eventuell bereits vorhandene Systeme der Textverarbeitung mit einem Archivierungsteil anhängen. In Ettlingen wird in der Verwaltung mit AS 400 gearbeitet, zu dem es ein Archivprogramm gibt.

Als unzureichend vorbereitet fand ich mich im weiten Feld der verwaltungsinternen Kommunikation. Ich sehe mich zunehmend in einem Kenntnisdefizit, wenn ich als Diplom-Archivarin mit drei Monaten Verwaltungsfachhochschule den Diplom-Verwaltungswirten, die innerhalb der allgemeinen Verwaltung keine Leitungsfunktionen wahrnehmen, Verwaltungsvorgänge bearbeiten soll. Unsere Zeit in der Verwaltungsfachhochschule sollte beinhalten: Kommunales Finanzwesen, wobei bei der Betrachtung des Haushaltsplanes nicht genügt, auf Vermögens- und Verwaltungshaushalt hinzuweisen. Ich hätte es als nützlich empfunden, mehr zu erfahren über die Systematik eines Haushaltsplans, über die Kategorien, in denen Finanzfachleute denken, wie Vorgänge zu verbuchen sind, wie interne Verrechnungen vonstatten gehen und ähnliche Fragen mehr. Neben kommunalem Finanzwesen hätte mich auch interessiert, welchen Weg mit welchen Formalia eine Idee bis zu ihrer Durchführung gehen muß. Fragen, wie die schriftliche Kommunikation gestaltet sein muß, damit Verwaltungsfachwirte oder Juristen wissen, wie ein Schreiben und damit ein Anliegen weiter bearbeitet werden soll. Fragen, wie bringe ich eine Idee in die Form einer entscheidungsreifen Vorlage für den

Gemeinderat, und praktische Fragen dieser Art, wurden in der Verwaltungsfachhochschule nicht durchgespielt. Mehr Arbeit an Fallbeispielen statt Vor-
lesungen über allgemeine Inhalte kann die Richtung nur heißen. Inwieweit
sich hier die Ausbildung seit 1986 geändert hat, entzieht sich leider meiner
Kenntnis.

Die Frage der Kommunikation und des damit verbundenen Einsatzes von
Sprache und Stil ist nicht nur verwaltungsintern interessant. Hat man auf der
Universität gelernt, wissenschaftliche Arbeiten zu schreiben, so zwingt die
Verwaltungsarbeit zum Einsatz anderer Mittel. Im Umgang mit der Öffentlichkeit, die man als Archivar ja für einen Bereich interessieren will, über den
der Normalbürger nicht täglich stolpert, kommt man nicht umhin, sich
sprachlich dem zu öffnen, womit der Normalbürger umgeht. Will man, daß
die zu vermittelnden Inhalte aufgenommen werden, dann hat es sich als
nützlich erwiesen, sich mit den Themen PR-Arbeit, Öffentlichkeitsarbeit in
mittleren Betrieben bzw. journalistisches Schreiben zu beschäftigen und praktisch zu üben. Sie werden vom Lokalredakteur mit ihren Belangen mit einer
größeren Wahrscheinlichkeit dann wahrgenommen, wenn Sie ihre Belange in
der diesem Personenkreis vertrauten Form anbieten. Wenn der Redakteur
den Eindruck hat, er muß selbst an einem Text noch viel verändern oder gar
selbst recherchieren, dann landet ihr Anliegen in der Ablage. Es fruchtet,
wenn man sich als Archivar theoretisch und praktisch damit beschäftigt, wie
ein Journalist seine Nachrichten auswählt und darstellt. Für den Archivar hat
dies den Vorteil, daß er als Sachkundiger für den zu vermittelnden Inhalt die
korrekte Wiedergabe in der Hand hat. Für lokale Rundfunkstationen gilt dies
im verstärktem Maß. Die Aufgabe ist für den Archivar nicht ganz einfach,
weil die Texte, mit denen er tagtäglich zu tun hat, in einer Sprache und einem
Stil abgefaßt sind, die einer journalistischen Schreibweise diametral entgegen-
gesetzt sind, so daß man den veränderten Einsatz von Sprache bewußt üben
muß.

Um die Bevölkerung zu erreichen, kann man auf Formen zurückgreifen, die
nicht archivischen Ursprungs sind. Auf der Leistungsschau des Gewerbever-
eins habe ich als Dienst-Leistungs-Unternehmen einen Stand gehabt, bei dem
Lose zu kaufen waren. Es ist nicht zu glauben, wieviel Leute Lose kaufen,
ohne zu wissen, was es zu gewinnen gibt. Die Lust auf das Spiel steht hierbei
im Vordergrund. Zu gewinnen gab es stadtgeschichtliche Publikationen. Das
half mir, die Lagerhaltung zu dezimieren und manch einen, den man nicht
bei Vorträgen und Ausstellungen sieht, auf das Archiv und Stadtgeschichte

im allgemeinen aufmerksam zu machen. Der Losstand hatte noch eine weitere Bedeutung: Der Erlös floß in die Restaurierung einer topographischen Karte von 1762, die in den Ausmaßen 2,50 auf 3,10 m die Haushaltsmittel für diesen Sektor stark strapazierte. Das war für Besucher auch ein Anreiz, sich zu beteiligen, denn sich als Pate eines konkreten Objektes der Stadt, in der man wohnt, zu fühlen, spricht das bürgerliche Engagement an. Auf diese Weise kamen 2.000 DM zusammen und Leute wurden neugierig gemacht auf die Veranstaltung, bei der die restaurierte Karte der Öffentlichkeit übergeben wird. Die Arbeit des Archivs kann dadurch auch als „work in progress" dargestellt werden.

Horst Gehringer
Als Diplom-Archivar im Stadtarchiv München

Das Stadtarchiv München, das innerhalb der Stadtverwaltung dem als Direktorium bezeichneten Referat des Oberbürgermeisters unterstellt ist, hat insgesamt 30 Mitarbeiter. Davon gehören fünf dem höheren und vier dem gehobenen Archivdienst an. Drei Kollegen des gehobenen Dienstes sind Beamte. In einem Fall erfolgt die Beschäftigung auf der Grundlage des Bundesangestelltentarifvertrages. Eine Kollegin absolvierte ihre Ausbildung an der Archivschule Marburg, die übrigen an der Bayerischen Beamtenfachhochschule, Fachrichtung Archiv- und Bibliothekswesen.

Eine Kollegin leitet in der Abteilung Historisches Bildarchiv, das aus rund 1,5 Millionen Fotos zur Münchner Stadtgeschichte besteht, das Sachgebiet Stadtbild und Architektur. Die Erteilung schriftlicher und mündlicher Auskünfte, die Beratung der Benutzer im Lesesaal, die technikunterstützte Ordnung und Verzeichnung der Fotos sowie Fragen der Konservierungs- und Restaurierungstechnik gehören zu diesem Aufgabenbereich. Der Schwerpunkt der zweiten Kollegin des gehobenen Dienstes liegt im Bereich der Beantwortung von Anfragen aus dem Bereich der Personen- und Melderecherchen. Aufgrund seiner Bedeutung als königlich-bayerische Haupt- und Residenzstadt und seines Ausbaus zu einem der Kristallisationspunkte der Wissenschaft und Technik, der Kunst und Kultur insbesondere seit der Regierungszeit König Ludwigs I. übte München eine große Anziehungskraft aus. Zahlreiche Persönlichkeiten hielten sich in der bayerischen Landeshauptstadt auf, mit denen sich heute die Geschichtswissenschaft, die Volkskunde, die Kunstgeschichte oder Musik- und Technikgeschichte beschäftigen. Ganz schlaglichtartig seien hier nur die Namen von Thomas und Heinrich Mann, Franz Marc oder Rainer Maria Rilke bis hin zu den Personen der Zeitgeschichte, in der München durch Revolution und Räterepublik, Hitler-Putsch und seine Funktion als „Hauptstadt der Bewegung" mehrmals im Brennpunkt des Geschehens stand.

Die seit dem frühen 19. Jahrhundert vorhandene dichte Überlieferung an Meldebögen und Meldekarten erlaubt die Beantwortung auch detaillierter prosopographischer Fragestellungen. Bei quantitativ-statistischem Forschungsansatz können Aussagen zur Mobilität von Bevölkerungskreisen und zur Sozialgeschichte der Münchner Bevölkerung getroffen werden. Darüberhinaus stellt diese Überlieferung ein einzigartiges Reservoir für die Familiengeschichtsforschung dar. Freilich erfordert die Vorlage bzw. Weitergabe der Informationen aufgrund der langen Sperrfristen des Bayerischen Meldegesetzes, die als bereichsspezifische Regelung Vorrang gegenüber den Sperrfristen des Bayerischen Archivgesetzes besitzen, eine eingehende Prüfung der Rechtslage.

Ein weiterer Kollege des gehobenen Dienstes ist der Sachgebietsleiter der umfangreichen Karten- und Plansammlung des Stadtarchivs. Ordnung und Verzeichnung, insbesondere aber auch Bestandsergänzung und Restaurierungsfragen stehen dabei im Mittelpunkt dieser Tätigkeit. Auch hier spielt die Erteilung von Auskünften bezüglich der Stadtentwicklung Münchens eine wichtige Rolle und dies sowohl extern von der Klärung von Fragen der Straßenbenennung und Straßennumerierung angefangen bis hin zu wissenschaftlichen Anfragen als auch stadtintern bei Fragen der Bauleitplanung, Altlastenrecherchen und Flächennutzung. Darüberhinaus fallen als weiterer Schwerpunkt seiner Tätigkeit die Erschließung von Archivalien jenseits der städtischen Verwaltungsprovenienz an. Dazu gehören dem Aufgabenprofil eines kommunalen Archivs gemäß insbesondere Archivalien aus dem Bereich der Wirtschaft und vor allem aus dem Sektor der Nachlässe von Privatpersonen. Aufgrund der äußerst heterogenen sowohl quantitativen wie auch qualitativen Struktur von Nachlässen reicht auf diesem Gebiet das Aufgabenspektrum von der Erschließung einiger Privatbriefe bis hin zur Verzeichnung umfangreicher Nachlässe regional oder überregional bedeutender Persönlichkeiten aus Politik, Wirtschaft, Publizistik, Kunst und Kultur.

Schließlich sei noch mein Aufgabenbereich skizziert. Darunter fällt zunächst die Tätigkeit als Systemverwalter der Hard- und Softwareausstattung des Stadtarchivs. Dies umfaßt den gesamten Bereich der Software- und Datenpflege bezüglich zweier Textverarbeitungsprogramme wegen in der Vergangenheit wechselnder städtischer Standardsoftware sowie insbesondere bezüglich des bei uns eingesetzten Programmes FAUST. Die technische Betreuung der Hardware von der Erstinstallation der Einzelplatz-PC bis zur Durchführung von Wartungs- und Reparaturarbeit gehört ebenfalls hierher. Derzeit wird der Aufbau einer strukturierten Vernetzung des Stadtarchivs konzipiert, was die Bereiche Datensicherung und Systempflege sicher erleichtern wird, aber mit der Verwaltung und Organisation des Netzes andere Aufgaben bringen wird.

Zu meinem Sachgebiet gehört weiterhin die Beratung der städtischen Ämter in allen Fragen der Schriftgutverwaltung und Registraturwesens. Vor dem Hintergrund der Verwaltungsreform und den forcierten Überlegungen zum Einsatz der EDV – hier seien nur die Stichworte Workflow und Dokumentenmanagement genannt – gewinnen Fragen im Hinblick auf die klassischen Instrumente der Schriftgutverwaltung (Aktenplan, Aufbewahrungsfristen, Aktenkartei, Schlagwortkartei usw.) sowie insbesondere die Rückbesinnung auf diese lange in den Hintergrund gedrängten Aspekte eine neue und aktuelle Bedeutung.

Einen dritten Bereich meiner Aufgaben umfaßt schließlich die Vorbereitung von Publikationen des Stadtarchivs. Dazu gehört neben der Reihe der „Quellen und Forschungen zur Münchner Stadtgeschichte" vor allem die Schriftleitung der „Miscellanea Bavarica Monacensia", einer Schriftenreihe zu Bayerischen Landes- und Münchner Stadtgeschichte. Dabei geht es um die klassischen Lektoratsaufgaben vom Abschluß der Verträge mit den Autoren, über die Korrekturen und den Entwurf des Satzspiegels bis hin zur Übergabe der fertigen Arbeiten an die Druckerei.

Die Aufgaben und der Einsatz des gehobenen Dienstes im Stadtarchiv München sind also durchaus breit gefächert. Mit Ausnahme der Vertretung der Lesesaalaufsicht fallen keine Aufgaben im Bereich der Verwaltung wegen der Größe des Amtes an, das über eine eigene Verwaltungsabteilung für den Postein- und -ausgang, Haushaltsaufstellung und -vollzug, personal- und tarifrechtliche Fragestellungen sowie Gebäudebewirtschaftung verfügt. Die Wahrnehmung der Aufgaben durch die Mitarbeiter des gehobenen Dienstes erfolgt weitgehend selbständig. Auch die Mitarbeit an Publikationen und Ausstellungen, die vom Stadtarchiv erarbeitet werden, ist gängige Praxis.

Bezüglich des Verhältnisses zwischen Ausbildung und beruflicher Tätigkeit besteht sicher eine gewisse Differenz. Dies liegt zum einen an der breiteren Aufgabenstruktur eines kommunalen Archivs, das in den Bereichen der archivischen Sammlungstätigkeit, der Nachlaßakzession und der Öffentlichkeitsarbeit Unterschiede etwa gegenüber einem Staatsarchiv aufweist. Zum andern ist auch der zunehmende Umfang des Einsatzes neuer Medien in der Verwaltung bis hin zum Internet ein Grund dafür. Die teilweise unterschiedlichen Anforderungsprofile kommunaler Archivare sowie insbesondere die Bedeutung des Einsatzes neuer Medien für die Arbeit der Kommunalverwaltungen, die dabei auf vielen Gebieten eine Vorreiterrolle innehaben, und damit für die Überlieferungsbildung und -sicherung sowie für die Zugänglichkeit dieser Unterlagen im Archiv bedarf dabei noch einer intensiveren Würdigung innerhalb der Ausbildung an den Archivschulen und des kollegialen Informationsaustausches im Rahmen künftiger Fortbildungsveranstaltungen und Archivtage.

Annelie Jägersküpper
Als Diplom-Archivarin in einem kleinen Kommunalarchiv

Von 1992-1995 absolvierte ich beim Land Baden-Württemberg die Ausbildung zur Archivarin des gehobenen Dienstes. Nach meinem Abschluß wurde ich im November 1995 als erste hauptamtliche Archivarin in der Gemeinde Rheinstetten eingestellt. Die Gemeinde liegt im Landkreis Karlsruhe und wurde während der Gemeindereform 1975 aus drei selbständigen Ortschaften gebildet. Sie hat heute rund 20.000 Einwohner. Meine Stelle war zunächst auf zwei Jahre befristet, inzwischen wurde aber auf Beschluß des Gemeinderats eine Beamtenstelle für das Gemeindearchiv geschaffen. Diese Entscheidung bringt zum Ausdruck, daß die Notwendigkeit eines Archivs erkannt wurde. Entsprechend werde ich auch von der Verwaltung unterstützt.

Organisatorisch ist das Archiv ein Sachgebiet des Hauptamtes. Im Bereich der Öffentlichkeitsarbeit arbeite ich jedoch meistens direkt mit dem Bürgermeister zusammen. Untergebracht ist das Archiv in einem der drei vorhandenen Rathäuser. Die Räumlichkeiten des Archivs bestehen aus einem Büro, einem Benutzer- bzw. Arbeitsraum und zwei Magazinräumen.

Der Schwerpunkt des Archivguts liegt im 19. und 20. Jahrhundert. In zwei Ortsteilen setzt die vollständige Überlieferung aufgrund von schweren Kriegszerstörungen erst 1945 ein. Teilweise sind die Unterlagen in den 50er bzw. 70er Jahren schon von staatlichen Archivpflegern geordnet und oberflächlich verzeichnet worden. Bei meinem Dienstantritt befanden sich die übrigen archivreifen Unterlagen mehr oder weniger gut geordnet in den Altregistraturen, d.h. den Kellern der drei Rathäuser, oder auch noch in den laufenden Registraturen. Bisher habe ich rund 150 laufende Meter Archivgut in das Magazin übernommen, etwa 300 Meter in den Altregistraturen müssen noch bewertet werden.

Als einzige Fachkraft für das Archivwesen bin ich für alle Aufgaben zuständig, die mein Fachgebiet berühren. Dabei können einzelne Fragestellungen auch schon einmal über das Sachgebiet des Archivs hinausgehen und Bereiche wie Museum, Denkmalschutz oder Pflege des Heimatbewußtseins berühren. Der Schwerpunkt meiner Tätigkeit liegt jedoch im archivfachlichen Bereich. Dabei muß berücksichtigt werden, daß ich a) alleine bin und b) das Archiv vollständig neu aufbauen muß, da es bisher in Rheinstetten kein Archiv gab.

Entsprechend sind auch die Aufgabenbereiche sehr vielfältig:
1. Organisation des Sachgebiets Archiv und allgemeine Verwaltungstätigkeit
2. Bewertung, Übernahme und Erschließung des gemeindlichen Verwaltungsschriftguts
3. Aufbau und Pflege archivischer Sammlungen
4. Benutzerberatung
5. Beratung bei der vorarchivischen Schriftgutverwaltung
6. Historische Bildungs- und Öffentlichkeitsarbeit
7. Beratung und Unterstützung des örtlichen Heimatvereins
Knapp 2/3 meiner Arbeitszeit verwende ich auf die archivischen Kernaufgaben und die Beratung bei der vorarchivischen Schriftgutverwaltung, etwa 25 Prozent entfallen auf die historische Öffentlichkeitsarbeit, die restliche Zeit verteilt sich auf die übrigen Aufgaben.

Im Folgenden gehe ich kurz auf die einzelnen Arbeitsfelder ein. Als Sachgebietsleiterin muß ich mich mit der allgemeinen Verwaltung meines Sachgebiets befassen, dazu gehört vor allem die Beantragung und Bewirtschaftung der Haushaltsmittel. Abgesehen von der laufenden Materialbeschaffung, mußte ich zu Beginn meiner Tätigkeit die Archivräume mit entsprechenden Archivmöbeln einrichten. Zur Regelung der rechtlichen Fragen und der Zuständigkeiten des Archivs erarbeitete ich eine Archivsatzung und eine Dienstanweisung für das Archivwesen. Die innere Organisation des Archivs legte ich durch den Entwurf einer Beständegliederung fest. Zusätzlich zu der Bewertung und Verzeichnung der Unterlagen führe ich auch Maßnahmen zur konservatorischen Sicherung der Bestände durch.

Neben der Einrichtung einer Archivbibliothek habe ich mit dem Aufbau verschiedener archivischer Sammlungen begonnen. Dabei kommt der Gewinnung des Sammlungsgutes durch Kontaktpflege zu Organisationen und Vereinen, sowie dem gezielten Ansprechen einzelner Personen eine besondere Bedeutung zu. Die Beantwortung interner sowie externer Anfragen und die Benutzerbetreuung gehören gleichfalls zu meinen Aufgaben, wobei die Zahl der Benutzer mit zunehmender Bekanntheit des Archivs steigen könnte. Sowohl im Rahmen der Benutzung als auch für den Aufbau der Fotosammlung fertige ich selbst die fotografischen Reproduktionen an. Die Beratung der Sachbearbeiter bei der vorarchivischen Schriftgutverwaltung macht einen erheblichen Teil meiner Tätigkeit aus. Dazu gehört vor allem, sie bei der Einführung und Anwendung des Aktenplans zu unterstützen, wobei ich häufig im Vorfeld Überzeugungsarbeit über den Sinn des Aktenplans leisten muß.

Historische Bildungs- und Öffentlichkeitsarbeit werden von der Verwaltung von dem Archiv erwartet, zumal das Archiv die einzige Einrichtung in der Gemeinde ist, die diese Aufgabe leisten kann. Hinzu kommt, daß ich besonders in der ersten Zeit bemüht war, das Archiv, seine Bedeutung und seine Möglichkeiten in der Öffentlichkeit bekannt zu machen, um zu erreichen, daß eine unbefristete Stelle für das Gemeindearchiv eingerichtet wird. Ein größeres Projekt war bisher eine Ausstellung unter dem Titel „Vertreibung und Flucht – Flüchtlinge in Rheinstetten 1946", die ich im letzten Herbst gemeinsam mit engagierten Bürgern gestaltet habe. In dem lokalen Nachrichtenblatt veröffentliche ich immer wieder kleinere Aufsätze oder Artikel, entweder über ortsgeschichtliche Themen oder unter der Überschrift „Neuigkeiten aus dem Gemeindearchiv". Außerdem habe ich ein Archivschaufenster eingerichtet, in dem ich in regelmäßigen Abständen kleinere Ausstellungen prä-

sentiere. Daneben organisiere ich die Durchführung von Vorträgen zu orts-
geschichtlichen Themen oder veranstalte Fahrten, so erst kürzlich zur Ala-
mannenausstellung nach Stuttgart. Mit den Schulen habe ich bisher nur auf
Anregung einzelner Lehrer zusammengearbeitet, diesen Bereich möchte ich
aber gerne weiter ausbauen.

Eine nicht genau zu definierende Rolle spiele ich bei der Zusammenarbeit mit
dem örtlichen Heimatverein. Dieser Verein wurde erst vor zwei Jahren auf
Anregung des Bürgermeisters gegründet, wobei der Bürgermeister auch den
Vorsitz führt. Meine Aufgabe wird von ihm darin gesehen, daß ich den Heimatverein in seiner Tätigkeit unterstütze und ihm Anregungen für seine
Arbeit gebe, da die Mitglieder in Anfangsschwierigkeiten stecken. So bin ich
inzwischen Anlaufstelle für verschiedene Fragen, wenn es sich anbietet, führen wir auch gemeinsame Veranstaltungen durch. Für die nächsten Jahre
wird die Herausgabe einer Ortsgeschichte des einen Ortsteils bzw. eine Publikation zum 25jährigen Jubiläum der Gemeinde Rheinstetten ins Auge gefaßt,
woran ich dann sicherlich schwerpunktmäßig beteiligt sein werde.

Aus heutiger Sicht würde ich mir auf manche Bereiche der Ausbildung etwas
mehr Gewichtung wünschen. So wäre es angebracht, das Thema Öffentlichkeitsarbeit noch zu vertiefen, da man sich diesem Bereich in einem Kommunalarchiv mit Sicherheit nicht entziehen kann. Ein weiterer Punkt, der meiner
Meinung nach viel stärker Beachtung finden sollte, ist die vorarchivische
Schriftgutverwaltung, der Aufbau von Registraturen und der Umgang mit
bzw. die Anwendung des Aktenplans. Besonders profitiert habe ich jedoch
von dem dreimonatigen Studium an der Fachhochschule für Öffentliche Verwaltung. Das Wissen, das ich mir dort über die allgemeine Verwaltung erworben habe, erleichtert mir heute meine Arbeit. Ebenfalls sehr sinnvoll finde
ich die Regelung in Baden-Württemberg, daß das Abschlußpraktikum in der
Regel in einem Kommunalarchiv stattfindet. Die dort gesammelten Erfahrungen sind mir noch häufig sehr hilfreich.

Zusammenfassend kann ich nur sagen, daß meine Tätigkeit fast die gesamte
Bandbreite der archivarischen Ausbildung umfaßt, manchmal sogar noch
darüber hinausgeht. Sie erfordert ein hohes Maß an Flexibilität und die Bereitschaft, über den Tellerrand der archivischen Kernaufgaben hinauszu-
schauen. Auch braucht man organisatorisches Geschick, Phantasie und
Durchsetzungskraft, um die Interessen des Archivs gegenüber der Verwaltung und in der Öffentlichkeit zu vertreten. Die eigenen Gestaltungsmöglich-

keiten und das breite Spektrum der Aufgaben sind es aber auch, die die Tätigkeit in einem kleinen Kommunalarchiv so reizvoll und interessant machen.

Ulrich Stenzel
**Keine arme Kirchenmaus: Als Diplom-Archivar in einem Kirchen-
archiv**

Kirchenarchiv – das suggeriert manchem vielleicht noch mehr den Eindruck
eines Archivs, das sich auf eine ganz spezielle Klientel beschränkt. Doch läßt
sich leicht feststellen, daß auch ein kleines Archiv, das auf eine ganz bestimmte Körperschaft ausgerichtet ist, einen großen Interessenkreis besitzt –
und ein weites Betätigungsfeld. Das Nordelbische Kirchenarchiv hat seinen
Sitz in Kiel und ist ein Teil des Nordelbischen Kirchenamts, der Zentralbehör-
de der Nordelbischen Kirche. Das Personal besteht aus vier Facharchivaren
und vier weiteren Angestellten. Wir betreuen zum einen die zentrale Überlieferung der Nordelbischen Kirche und zum anderen die Kirchenkreise mit
etwa 700 Kirchengemeinden in Nordelbien. Nordelbien umfaßt die Bundesländer Schleswig-Holstein und Hamburg.

Die Leiterin des Archivs ist eine Archivarin im höheren Dienst. Wir drei anderen haben eine Ausbildung als Archivare im gehobenen Dienst absolviert.
Alle Archivare sind verbeamtet. Abgesehen davon, daß eine Wiederbeset-
zung einer Stelle für die nächste Zukunft unwahrscheinlich ist, wird sich an
dieser Struktur nichts ändern. Eingangsstufe für den gehobenen Dienst ist A
9. Außerdem arbeiten im Archiv zwei Angestellte als Sachbearbeiter mit einem weitgesteckten Aufgabengebiet und eineinhalb Kräfte im Sekretariat.
Die personelle Stärke ist also passabel. Es erhellt jedoch daraus, daß jeder von
uns sich sehr unterschiedlichen Aufgaben widmen muß. Nicht nur versehen
wir die klassischen archivarischen Aufgaben, sondern müssen auch sehr viel
organisatorische und Verwaltungstätigkeiten miterledigen. Dies ist aber nicht
nur als Last zu sehen, sondern auch als reizvolle Abwechslung.

Die personelle Struktur bringt es mit sich, daß die Felder 'höherer Dienst',
'gehobener Dienst' oder den Angestellten nicht eindeutig getrennt werden
können. Besonders die drei Archivare im gehobenen Dienst übernehmen
viele Aufgaben, die in großen Archiven dem höheren Dienst vorbehalten
bleiben. So wird der Haushalt von einer Archivarin im gehobenen Dienst

geführt. Damit wird nicht an der Qualifikation des höheren Dienstes gezweifelt. Gerade hier, wo die Leiterin 'einsam' an der Spitze steht, zeigt sich deutlich, daß sie den Rahmen für die tägliche Archivarbeit setzt. Der Rahmen wird aber von den Mitarbeitern selbständig und eigenverantwortlich ausgefüllt. Das ist natürlich eine enorme Motivation. Wichtig ist dabei, daß die Leiterin sich mit ihren Mitarbeitern abspricht – und in unserem Fall kann ich erfreut feststellen, daß die Kommunikation nicht von Eifersüchteleien oder Kompetenzgerangel behindert wird. Neue Ideen können unproblematisch umgesetzt werden!

Das ist ein Hinweis darauf, wie die Motivation der Mitarbeiter gesteigert werden kann. Das ist eine dieser Binsenweisheiten, aber gerade die können nicht oft genug gesagt werden. Aus verschiedenen Berichten, nicht zuletzt auf dem Archivtag in Darmstadt, wird für mich deutlich, daß die Qualifikation des gehobenen Dienstes in manchen großen Archiven nicht richtig zur Kenntnis genommen und genutzt wird.

Meine speziellen Zuständigkeiten können einen guten Überblick über die Bandbreite der Aufgaben geben:
- Betreuung von sechs Kirchenkreisen mit ihren Kirchengemeinden: Bewertung vor Ort, Absprache über Verzeichnung und ggf. Abtransport nach Kiel zur Bearbeitung
- Betreuung der Ablieferungen der Zentralregistratur des Nordelbischen Kirchenamts
- Fotosammlung – Erarbeitung eines Konzepts; Zusammenstellung der Materialien; Erstellung der Klassifikation
- Anleitung der Werkstudenten bei der Verzeichnung von Archiven der Kirchengemeinden
- Betreuung der Ablieferungen der Registratur der Synode
- Mitarbeit bei Fortbildungen für die Archivpfleger (zum Teil eigenständig), Führungen im Archiv
- Herausgabe der „Mitteilungen aus dem Archivwesen der Ev.-Luth. Nordelbischen Kirche" zweimal im Jahr, Mitarbeit bei der Herausgabe von weiteren Informationsheften

Zum Schluß noch ein paar Worte zu meinem Werdegang: Auch beim Nordelbischen Kirchenarchiv wird die abgeschlossene Laufbahnprüfung für den gehobenen Archivdienst verlangt. Nach dem Abitur studierte ich Ur- und Frühgeschichte, Geschichte und Nordistik in Berlin, Norwegen und Kiel.

Dort schloß ich mit dem Magister ab. Da in diesem Beruf keine Anstellung zu erlangen war, begann ich eine zweite Ausbildung als Archivar.

Meine Ausbildung setzt sich zusammen aus drei Phasen: 1992-1993 Vorlauf beim Landesarchiv Schleswig-Holstein, 1993-1994 Abordnung nach Marburg für 18 Monate, 1994-1995 Zweite Phase im Landesarchiv, darin 1995 Abordnung nach Bad Münder zu einem zweimonatigen Verwaltungslehrgang. Nach der Ausbildung wurde ich glücklicherweise November 1995 sofort in das Nordelbische Kirchenarchiv in Kiel übernommen.

Angela Ullmann
Als Diplom-Archivarin im Sächsischen Hauptstaatsarchiv Dresden

Nach insgesamt 6jähriger archivarischer Ausbildung nahm ich 1994 eine Tätigkeit als Angestellte des gehobenen Archivdienstes im Sächsischen Hauptstaatsarchiv auf. Aus den verschiedensten Gründen waren zu dieser Zeit nur wenige Archivare des höheren Dienstes im Hauptstaatsarchiv beschäftigt. So sind einzelne Gebiete ausschließlich durch Archivare des gehobenen Dienstes betreut worden.

Die für diese Bereich zuständigen Sachbearbeiter waren i.d.R. als Verantwortliche für Querschnittsaufgaben direkt dem Leiter des Archivs unterstellt und entschieden in Fachfragen eigenverantwortlich. Bei der Fragebogenaktion des Arbeitskreises „Gehobener Archivdienst", der im Frühjahr 1995 auch nach der persönlichen Einschätzung der beruflichen Situation durch Diplom-Archivare in den neuen Bundesländern fragte, äußerten sich viele Archivare des gehobenen Dienstes im Sächsischen Hauptstaatsarchiv postitiv zu ihrem Tätigkeitsfeld und ihrer beruflichen Stellung. Heute schätzen diese Archivare ihre Situation erheblich schlechter ein.

Meine vorrangige Aufgabe in Dresden war zunächst die Erschließung von Archivgut der Parteien und Massenorganisationen der DDR. Ich bereitete den Bestand „FDGB-Bezirksvorstand Dresden" für die Benutzung auf und unterzog den Bestand „FDGB-Landesvorstand Sachsen" einer Neubearbeitung. Alle Archivare des höheren und gehobenen Dienstes im Sächsischen Hauptstaatsarchiv vertreten turnusmäßig den Lesesaaldienst. Daneben konnten und können sie jederzeit in Sonderprojekte eingebunden werden. Im

Rahmen eines solchen Sonderprojektes habe ich mit einem Kollegen des höheren Dienstes 1995 an der Vorbereitung einer Ausstellung mitgewirkt. Außerdem vertrat ich unser Archiv in der Arbeitsgruppe „landeseinheitlicher Aktenplan", den die Archive zur Einführung und Umsetzung dieses Aktenplans in den eigenen Registraturen ins Leben gerufen hatten.

Später wurde mir die Zuständigkeit für maschinenlesbare Daten übertragen. Im Rahmen dieser Tätigkeit wirkte ich an Bewertungsentscheidungen bzw. -überlegungen über Altdaten sowie Daten laufender Projekte des Statistischen Landesamtes mit. Grundkenntnisse hierzu eignete ich mir während eines einwöchigen Informationsbesuches im Bundesarchiv Koblenz sowie auf mehreren Fortbildungsveranstaltungen an den Archivschulen Marburg und Potsdam und im Sächsischen Staatsministerium des Innern an. Bis zum jetzigen Zeitpunkt habe ich – allerdings in Zusammenarbeit mit Kolleginnen und Kollegen des höheren Dienstes – schon einige Aktivitäten auf diesem Gebiet unternommen.

Aber auch im Bereich der EDV-Anwendung im Archiv bin ich seit 1995 tätig geworden. So entwickelte ich mit der damaligen EDV-Verantwortlichen des Archivs, einer Kollegin des gehobenen Dienstes, ein einheitliches Findbuchlayout für das Sächsische Hauptstaatsarchiv und betreute EDV-gestützte Verzeichnungsprojekte. Im Rahmen der Mutterschaftsvertretung für unsere EDV-Verantwortliche war ich vom Frühjahr 1996 bis Sommer 1997 für die hausinterne EDV zuständig. Ich nahm diesen Aufgabenkomplex völlig eigenständig wahr, bis eine Kollegin des höheren Dienstes als EDV-Referentin eingesetzt und damit meine Vorgesetzte wurde. Im Sommer diesen Jahres erfolgte eine Aufteilung des EDV-Gebietes. Dadurch obliegt mir weiterhin die Betreuung der Anwender, die Anwendungsprogramme, die Beschaffung von Hard- und Software sowie die technische Betreuung unseres Bestandsnachweises.

Erfreulicherweise konnte ich jedoch auch noch Archivarbeit im engeren Sinn leisten, so die Erschließung mehrerer DDR-Bestände und die Bearbeitung von Anfragen. Insgesamt kann ich also auf ein vielfältiges Spektrum archivischer Arbeiten verweisen, von denen einige sehr anspruchsvoll sind. In letzter Zeit zeichnet sich jedoch immer mehr eine Verlagerung der verantwortungsvollen Tätigkeiten vom gehobenen zum höheren Dienst ab. Diese Tendenz wirkt auf den gehobenen Dienst demotivierend und das in einer Zeit, in der es aufgrund der abnehmenden Personalresourcen auf jeden Archivmitarbeiter besonders ankommt. Ob sich Archive die Folgen dieser Demotivierung leisten können?

Alexander Schulz-Luckenbach
Als Diplom-Archivar in einem Parlamentsarchiv

Als Diplom-Archivar mit Ausbildung für den gehobenen Archivdienst an der Archivschule Marburg und im Stadtarchiv Kiel bin ich seit sieben Jahren im Archiv des Hessischen Landtags tätig, nachdem ich zuvor sechs Jahre am Hessischen Hauptstaatsarchiv beschäftigt gewesen war.

Im Hessischen Landtag bilden die Bereiche Archiv, Bibliothek und Dokumentation eine Abteilung. Dies hat den Vorteil, daß die Abgeordneten (die Hauptnutzer des Archivs) bei der Informationsbeschaffung aus einer breiten Palette von Quellen schöpfen können. Personell ist die Abteilung neben dem Abteilungsleiter (Bibliothekar des Höheren Dienstes) mit 11 Sachbearbeitern besetzt, wobei der Referent der einzige ausgebildete Archivar ist. Von besonderer Wichtigkeit für den um Auskunft nachsuchenden Politiker ist der aktuelle Beratungsstand parlamentarischer Initiativen, die sogleich nach ihrem Erscheinen von einer Kollegin formal und intellektuell erschlossen werden. Hierbei kommt seit Jahren das Datenbanksystem „LEDOC" zum Einsatz, das auf einem Großrechner in der Hessischen Zentrale für Datenverarbeitung vorgehalten wird.

Die parlamentarischen Initiativen werden als sogenannte „Landtagsdrucksachen" gedruckt und veröffentlicht. Vom Referenten werden diese Drucksachen sowie die ebenfalls veröffentlichten Plenarprotokolle geordnet, einsortiert und an interne und externe Benutzer abgegeben. Außerdem werden diese Dokumente mit Hilfe des optischen Speichersystems „HYPERDOC" eingescannt und auf Speichermedien abgelegt. Die Rückwärtserfassung der Landtagsdrucksachen, Plenarprotokolle sowie weiterer Dokumente, wie etwa des Staatsanzeigers und des Gesetz- und Verordnungsblatts hat dazu geführt, daß Dokumente aller Wahlperioden aus dem Speichersystem schnell ausgedruckt werden können. Zeitaufwendige Kopierarbeiten und die Inanspruchnahme großer Magazinräume entfallen auf diese Weise. Neben dem

Ausdruck ist auch die Versendung eines Faxes direkt aus dem Archivsystem möglich, so daß Informationen nunmehr in kurzer Zeit den Empfänger erreichen.

Überhaupt ist die schnellstmögliche Bereitstellung von Informationen in einem Parlamentsarchiv von größter Bedeutung. So kann es etwa vorkommen, daß ein Abgeordneter wenige Minuten vor einer Ausschuß- und Plenarsitzung Material zu einem bestimmten Thema benötigt und dann natürlich nicht etwa auf den nächsten Tag vertröstet werden kann. Außer mit den oben genannten Landtagsdrucksachen, bei denen es sich ja um in großer Zahl vervielfältigte Dokumente handelt, kommt der Landtagsarchivar auch mit klassischem Archivgut in Berührung, wenn er etwa die Akten der Landtagsverwaltung oder den im Zuge parlamentarischer Vorgänge anfallenden Schriftwechsel verzeichnet. Soweit es die Zeit erlaubt, steht ferner die Pflege bestandsergänzender Sammlungen, wie Fotos, Ton- und Pressedokumenten, auf dem Aufgabenplan des Parlamentarchivars.

Neben den Parlamentariern steht das Archivgut, wie es in der Archivordnung des Hessischen Landtags vom 6. Juli 1993 dargelegt ist, auch externen Benutzern zu wissenschaftlichen Zwecken zur Verfügung. Das Benutzeraufkommen ist jedoch eher gering und spielt im Vergleich zu anderen Archiven eine untergeordnete Rolle.

Was das berufliche Fortkommen betrifft, ist zu sagen, daß eine im Jahre 1991 durchgeführte Umfrage bei den Parlamentsarchiven recht günstige Aufstiegschancen deutlich werden ließ. Dies und die Tatsache, daß der politisch interessierte Archivar Politik aus nächster Nähe erlebt, machen die Tätigkeit in einem Parlamentarchiv sicher reizvoll.

Ammerich, Hans – Archiv des Bistums Speyer

Bischoff, Frank M. – NW-Staatsarchiv Münster
Brinkhus, Gerd – Universitätsbibliothek Tübingen
Brüning, Rainer – Staatsarchiv Ludwigsburg

Degreif, Diether – Hessisches Staatsarchiv Darmstadt

Ebeling, Hans-Heinrich – Stadtarchiv Duderstadt
Eichler, Volker – Hessisches Hauptstaatsarchiv Wiesbaden

Fiedler, Gudrun – Niedersächsisches Hauptstaatsarchiv Hannover
Förster, Bärbel – Schweizerisches Bundesarchiv Bern

Gauck, Joachim – Bundesbeauftragter für die Unterlagen des Staatssicherheits-
    dienstes der ehemaligen DDR, Berlin
Gehringer, Horst – Stadtarchiv München
Graßmann, Antjekathrin – Archiv der Hansestadt Lübeck
Gussek-Revermann, Anja – Stadtarchiv Münster

Honigmann, Peter – Zentralarchiv zur Erforschung der Geschichte der Juden in
    Deutschland, Heidelberg

Jägersküpper, Annelie – Gemeindearchiv Rheinstetten

Kramer, Wolfgang – Kreisarchiv Konstanz

Le Maire, Dorothee – Stadtarchiv Ettlingen
Lupprian, Karl-Ernst – Bayerisches Hauptstaatsarchiv München

Rasch, Manfred – Archiv der Thyssen AG, Duisburg
Rebstock, Michael – Fachhochschule Darmstadt
Reimann, Norbert – Westfälisches Archivamt, Münster
Reininghaus, Wilfried – NW-Staatsarchiv Münster
Richter, Barbara – Archiv der sozialen Demokratie der Friedrich-Ebert-Stiftung,
    Bonn
Ringsdorf, Ulrich – Lastenausgleichsarchiv, Bayreuth

Schäfer, Udo – Landesarchivdirektion Baden-Württemberg, Stuttgart
Schmitt, Heiner – ZDF – Hauptabteilung Archiv-Bibliothek-Dokumentation, Mainz
Schulz-Luckenbach, Alexander – Archiv des Hessischen Landtags, Wiesbaden
Schwärzel, Renate – DISOS GmbH, Berlin
Simon, Ulrich – Archiv der Hansestadt Lübeck

Stenzel, Ulrich – Nordelbisches Kirchenarchiv, Kiel
Stülb, Hans-Gerhard – Norddeutscher Rundfunk, Hamburg

Taddey, Gerhard – Staatsarchiv Ludwigsburg
Thaller, Manfred – Max-Planck-Institut für Geschichte, Göttingen
Treml, Manfred – Haus der Bayerischen Geschichte, Augsburg
Trugenberger, Volker – Staatsarchiv Sigmaringen

Ullmann, Angela – Sächsisches Hauptstaatsarchiv, Dresden
Unverhau, Dagmar – Der Bundesbeauftragte für die Unterlagen des Staatssicherheitsdienstes der ehemaligen DDR, Berlin

Wagner, Dietrich – DISOS GmbH, Berlin
Walberg, Hartwig – FH Potsdam, FB Archiv, Bibliothek und Dokumentation

Ziwes, Franz-Josef – Generallandesarchiv Karlsruhe

Programm

68. Deutscher Archivtag

„Vom Findbuch zum Internet"

– Erschließung von Archivgut
vor neuen Herausforderungen –

Ulm, 23. bis 26. September 1997

Dienstag, 23. September 1997

9.00–16.00 Uhr   **Bundeskonferenz der Kommunalarchive beim Deutschen Städtetag**
(auf besondere Einladung)

9.00–16.00 Uhr   **Konferenz der Archivreferenten bzw. Leiter der Archivverwaltungen des Bundes und der Länder**
(auf besondere Einladung)

9.30–17.00 Uhr   **Gemeinsame Sitzung der Fachgruppe 6 (Archivare an Archiven der Parlamente, der politischen Parteien, Stiftungen und Verbände) und der Fachgruppe 7 (Archivare an Medienarchiven)**
(siehe Abschnitt B des Programms)

14.00–17.00 Uhr   **Kolloquium mit ausländischen Archivtagsteilnehmern**
Kommunikation unter Archivaren

14.00–17.30 Uhr   **Sitzung der Fachgruppe 8: Archivare an Hochschularchiven und Archiven wissenschaftlicher Institutionen**
(siehe Abschnitt B des Programms)

18.00 Uhr   **Empfang für die ausländischen Gäste**
(auf besondere Einladung)

20.00 Uhr   **Eröffnungsvortrag**
Prof. Dr. Hans-Eugen Specker (Ulm): *Ulm – Akzente der historischen Entwicklung* (mit Lichtbildern)

Mittwoch, 24. September 1997

9.00 Uhr	**Eröffnung des 68. Deutschen Archivtages**

Begrüßung durch den Vorsitzenden des VdA, Dr. Norbert Reimann (Münster)

Eröffnungsvortrag
Joachim Gauck (Berlin), *Die Arbeit mit den Quellen der SED-Diktatur als Förderung des Demokratiediskurses*

11.00–13.00 Uhr	**Erste Gemeinsame Arbeitssitzung:**

Leitung: Dr. Diether Degreif (Darmstadt)

Prof. Dr. Hartwig Walberg (Potsdam), *Die Rolle der Archive im Netzwerk der Informationssysteme*

Prof. Dr. Michael Rebstock (Darmstadt), *Internet – Möglichkeiten und Grenzen*

Sektionssitzungen

14.00–16.30 Uhr	**Sektion I**

Archivische Findmittel: Die Arbeit der Archivare und die Erwartungen der Benutzer
Leitung: Dr. Antjekathrin Graßmann (Lübeck)

Dr. Volker Trugenberger (Sigmaringen), *Provenienz und Pertinenz – Von der Antithese zur Synthese durch neue Möglichkeiten des Zugriffs auf Archivgut im Zeitalter der EDV*

Dr. Ulrich Simon (Lübeck), *Puzzlen im Archiv – Findbucherstellung, eine Arbeit für jedermann?*

Dr. Franz-Josef Ziwes (Karlsruhe), *Neue Formen der Erschließung im Generallandesarchiv Karlsruhe*

Bärbel Förster (Bern), *Archivische Erschließung im Schweizerischen Bundesarchiv. Vom Findmittel zum Findsystem*

Dr. Manfred Rasch (Duisburg), *Learning by doing oder the user's manuel. Zur Funktion eines „klassischen" Findbuchs im Zeitalter elektronischer Findmittel*

14.00–16.30 Uhr   **Sektion II**
Kommunikation im Internet
Leitung: Dr. Wilfried Reininghaus (Münster)

Dietrich Wagner (Berlin), *Archive im Internet: Erfahrungen am Beispiel zweier Archive (Sächsisches Hauptstaatsarchiv Dresden und Bergbau-Archiv Bochum)*

Dr. Peter Honigmann (Heidelberg), *Erfahrungen mit der Veröffentlichung von Verzeichnissen im Internet*

Dr. Frank M. Bischoff (Münster), *NRW–Archive im Internet – Informationsvermittlung im landesweiten Verbund*

Dr. Manfred Thaller (Göttingen) / Dr. Hans-Heinrich Ebeling (Duderstadt), *Ein Bestand im World Wide Web: Der Benutzer ohne Gesicht*

14.00–16.30 Uhr   **Sektion III**
Sicherung digitalisierter Informationen: Erfahrungsberichte und Perspektiven
Leitung: Dr. Heiner Schmitt (Mainz)

Anja Gussek-Revermann (Münster), *Die Einführung der digitalen Archivierung bei der Stadtverwaltung Münster*

Dr. Karl-Ernst Lupprian (München), *Speicherung und Archivierung digitaler Akten*

Dr. Gudrun Fiedler (Hannover), *Effektives Management für die elektronischen Unterlagen am Beispiel des Landes Niedersachsen: Der Aufbau einer praktikablen und kostengünstigen Infrastruktur*

Barbara Richter (Bonn), *Digitalisierung und Vorhaltung von Bildbeständen*

Hans-Gerhard Stülb (Hamburg), *Die Entmaterialisierung von Tondokumenten und deren Sicherung*

14.00–16.30 Uhr   **Sektion IV**
Effizienz durch Kooperation
Leitung: Prof. Dr. Reiner Groß (Chemnitz)

Dr. Udo Schäfer (Stuttgart), *Archivische Überlieferungsbildung in Kooperation zwischen Archiven und Behörden verschiedener Träger. Das Projekt zur vertikalen und horizontalen Bewertung in Baden-Württemberg*

Dr. Hans Ammerich (Speyer), *„Wir kennen uns, wir helfen uns" – Effizienz durch Zusammenarbeit zwischen kulturellen Institutionen: Die Beispiele Speyer und Köln*

Dr. Gerd Brinkkus (Tübingen), *Kooperation Archive – Bibliotheken auf dem Gebiet der Bestandserhaltung am Beispiel Baden-Württemberg*

Dr. Dagmar Unverhau (Berlin), *Andere Wege der Forschung beim Bundesbeauftragten für die Stasi-Unterlagen der ehemaligen DDR: Über eine Kooperationsvereinbarung mit dem Institut für Deutschlandforschung der Ruhr-Universität Bochum*

Dr. Manfred Treml (Augsburg), *Ausstellungen als Kooperationsprojekte. Beispiele aus der Arbeit des Hauses der Bayerischen Geschichte*

17.00–18.30 Uhr   **Forum Gehobener Dienst**
Leitung: Wolfgang Kramer (Konstanz)

– *Aus der Sicht der Arbeit des Arbeitskreises „Gehobener Archivdienst"*
– *Diplomarchivare und -archivarinnen berichten aus der Praxis: Aufgaben, Rahmenbedingungen und Zukunfschancen*
– *Diskussion über die Kurzbeiträge*
– *Aktuelle Viertelstunde*
– *Verschiedenes*

19.30 Uhr   **Begegnungs- und Gesprächsabend** der Archivtagsteilnehmer und Gäste

Donnerstag, 25. September 1997

9.00–12.00 Uhr **Veranstaltungen der Fachgruppen**
(siehe Abschnitt B des Programms)

13.30–15.00 Uhr **Zweite Gemeinsame Arbeitssitzung**
Massenakten zur Zeitgeschichte
Leitung: Dr. Gerhard Taddey (Ludwigsburg)

Dr. Ulrich Ringsdorf (Bayreuth), *Das Lastenausgleichsarchiv in Bayreuth. Stand – Aufgaben – Auswertungsmöglichkeiten*

Dr. Rainer Brüning (Ludwigsburg), *Vermögenskontrolle nach 1945. Quellen an der Nahtstelle zwischen Drittem Reich und früher Bundesrepublik*

Dr. Volker Eichler (Wiesbaden), *Entschädigungsakten: Zeitgeschichtliche Bedeutung und Möglichkeiten der archivischen Erschließung*

Dr. Renate Schwärzel (Berlin), *Die Überlieferung der von der Treuhand abgewickelten Betriebe*

15.30–17.00 Uhr **Mitgliederversammlung** des Vereins deutscher Archivare
Tagesordnung:
1. Bericht des Vorsitzenden
2. Bericht des Schatzmeisters
3. Bericht der Rechnungsprüfer
4. Entlastung des Vorstandes
5. Bestätigung der Vorstandswahlen der Fachgruppen
6. Wahl des Vorsitzenden und des stellvertretenden Vorsitzenden
7. Bestellung der Rechnungsprüfer
6. 69. Deutscher Archivtag 1998
7. Verschiedenes / Aktuelle Fragen

18.00–19.00 Uhr **Orgelkonzert im Ulmer Münster**
Kirchenmusikdirektor Friedrich Fröschle

Dienstag, 23. September 1997

9.30–17.00 Uhr	**Gemeinsame Sitzung der Fachgruppe 6 (Archivare an Archiven der Parlamente, der politischen Parteien, Stiftungen und Verbände) und der Fachgruppe 7 (Archivare an Medienarchiven)** Leitung: Dr. Günter Buchstab (Sankt Augustin)
9.30 Uhr	Dieter Heske (Stuttgart): *Der Informationsdienst im Landtag von Baden-Württemberg*
14.30 Uhr	Hanna Klenk-Schubert (Stuttgart): *Vom Pappkarton zum digitalen Speicher – Bildarchivierung im Archiv der Stuttgarter Zeitung / Stuttgarter Nachrichten*
14.00–17.30 Uhr	**Sitzung der Fachgruppe 8: Archivare an Hochschularchiven und Archiven wissenschaftlicher Institutionen**

Leitung: Dr. Gerald Wiemers (Leipzig)

Rainer Maaß (Darmstadt), *Studentische Quellen des 20. Jahrhunderts. Bedeutung und Sicherung studentischer Überlieferung dargestellt am Beispiel des Universitätsarchivs Braunschweig*

Dr. Magdalene Droste / Elke Eckert (Berlin), Ines Hildebrand (Dessau) / Christine Eichert (Weimar), *Zur Geschichte der Überlieferung der Bauhausakten*

Wahl der Fachgruppenvertreter

Donnerstag, 25. September 1997

9.00–12.00 Uhr	**Sitzung der Fachgruppe 1: Archivare an staatlichen Archiven** Leitung: Dr. Diether Degreif (Darmstadt)

Dr. Rainer Stahlschmidt (Düsseldorf), *Richtlinien für die Bewertung massenhaft anfallender Justizakten – Zwischenbericht der von der ARK eingesetzten Arbeitsgruppe*

Wahl der Fachgruppenvertreter

9.00–12.00 Uhr   **Sitzung der Fachgruppe 2: Archivare an Stadtarchiven und Archiven sonstiger Gebietskörperschaften**
Leitung: Dr. Antjekathrin Graßmann (Lübeck)

Hans-Joachim Hecker (München), *Neue Medien und Archivrecht*

Dr. Irene Jung (Wetzlar), *Deutsche Stadtarchive im Vergleich – Ergebnisse einer Umfrage zu Stadt (-verwaltung), Personalsituation, Archivbestand und Nutzung des Archivs / Öffentlichkeitsarbeit*

Ingelore Buchholz (Magdeburg), *Herstellung von technikgestützten Ratsvorlagen und Drucksachen – eine Information*

Roswitha Link (Münster), *Neue Fragen – Neue Antworten. Im Lesesaal des Stadtarchivs*

Wahl der Fachgruppenvertreter

9.00–12.00 Uhr   **Sitzung der Fachgruppe 3: Archivare an kirchlichen Archiven**
Sammlungen in kirchlichen Archiven
Leitung: Msgr. Dr. Paul Mai (Regensburg)

Dr. Hermann Ehmer (Stuttgart), *Die evangelische Landeskirche in Württemberg und ihr Archivwesen*

Dr. Stephan Janker (Rottenburg-Stuttgart), *Das Bistum Rottenburg / Stuttgart und sein Archivwesen*

Dr. Hartmut Sander (Berlin), *Sammlungen in kirchlichen Archiven am Beispiel des Evangelischen Zentralarchivs in Berlin*

Dr. Ulrich Helbach (Köln), *Sammlungen in katholischen Kirchenarchiven*

Wahl der Fachgruppenvertreter

19.30 Uhr   **Empfang der Fachgruppe 3**
(auf besondere Einladung)

9.00–12.00 Uhr   **Sitzung der Fachgruppe 4: Archivare an Herrschafts-, Familien- und Hausarchiven**
Probleme in nicht hauptamtlich verwalteten Adelsarchiven
Leitung: Dr. Martin Dallmeier (Regensburg)

Fachgruppengespräch mit vorbereiteten Beiträgen

Wahl des Fachgruppenvertreters

9.00–12.00 Uhr **Sitzung der Fachgruppe 5: Archivare an Archiven der Wirtschaft**
Bewertung in Wirtschaftsarchiven
Leitung: Dr. Evelyn Kroker M.A. (Bochum)

Dr. Renate Köhne-Lindenlaub (Essen), *Das Bewerten: die Auswahl des Wichtigen*

Beispiele aus der Praxis:

Dr. Frank Wittendörfer (München), *Zur Bewertung von Unternehmensakten vor Ort*

Veronique Töpel (Leipzig), *Zur Bewertung von Bauakten*

Stefan Przigoda M.A.(Bochum), *Zur Bewertung von Verbandsakten*

Im Anschluß lädt die Industrie- und Handelskammer Ulm zu einem Imbiß ein.

9.00–12.00 Uhr **Sitzung der Fachgruppe 6: Archivare an Archiven der Parlamente, der politischen Parteien, Stiftungen und Verbände**
Leitung: Dr. Günter Buchstab (Sankt Augustin) / Helga Schmöger (München)

Wahl der Fachgruppenvertreter

Diskussion spezieller Fragen der elektronischen Parlamentsdokumentation

Erfassung und Digitalisierung im Bereich der visuellen Sammlungen

Bernd Raschke (Bonn), *Erfahrungen im Archiv der sozialen Demokratie*

Harald Odehnal (Sankt Augustin), *Erfahrungen im Archiv für Christlich-Demokratische Politik*